유엔외교 최전선에서

박수길 대사, 외교관 36년의 기록

박수길 지음

▶ 1996~1997년 유엔안보리이사국 회의장에서의 박수길 대사
  유엔안보리 수석대표 및 안보리의장 역임(1996.5)

▶ 2006년 서울평화상 수상자 무하마드 유누스(Muhammad Yunus)와
평화상 수상 후 함께 대화를 나누는 모습(같은 해 유누스는 노벨평화상을 수상함)

▶ 한·미 외상회담 시.
슐츠(Shultz)
미국 국무장관(가운데),
최광수 외무부장관(왼쪽),
박수길 정무차관보(오른쪽)
(1987.3.6)

▶ 반기문 사무총장(2007.1〜 _앞줄 오른쪽), 박수길 전 유엔협회 회장, 고려대 석좌교수(앞줄 왼쪽)
김승연 유엔한국협회 회장(2006.7〜 _뒷줄 중앙)

▶ 미 대사관저 오찬 시
매들린 올브라이트
(Madeleine Albright)
전 미국 국무장관과 함께
(1998.5)

▶ 제임스 릴리(James R. Lilley) 주한 미국 대사(왼쪽)와 박수길 차관보(가운데)(1987)

1987년 최광수 외무장관
주최로 열린
2차 공관장회의 참석
(1987.3.19)

▶ 1987년 2차 공관장회의 참석 시, 외무부장관 공관에서의 동부인 리셉션

유엔외교 최전선에서

박수길 대사, 외교관 36년의 기록

박수길 지음

머리말

    젊은 시절 공직생활을 시작하며 아내와 아이들과 함께 처음 미국 땅을 밟았을 때의 기억이 아직도 생생하다. 1960년대 중반, 경제적으로 후진국의 대열에 머무르며 지극히 가난했던 대한민국과는 비교할 수도 없을 정도로 풍요롭고 발전된 미국의 로스앤젤레스 고속도로를 달리면서 나는 나도 모르게 놀라움의 충격 속에서 눈물을 흘렸다. 그것은 6·25전쟁의 참화와 조국의 빈곤 속에서 느꼈던 통한임과 동시에 이제 막 시작한 내 공직생활 목표에의 도전과 다짐의 시작이기도 했다.

    6·25한국전쟁 후 잿더미에서 한강의 기적을 만들어내며 산업화, 민주화 시대를 거쳐 지금 선진화로 달리고 있는 한국의 위상은 너무나 많이 바뀌었다. 이제 대한민국은 OECD 회원국이 되었고, 반기문 유엔사무총장, 이종욱 WHO 사무총장을 배출했으며 과거 원조를 받는 나라에서 개발도상국을 지원하는 국가로 바뀌었다. 한국의 경제력은 세계 10

위권에 진입했고 무역규모는 일조 원대를 초과하였으며 정보통신기술 분야는 세계 선두를 달리고 있다. 우리 대한민국이 반세기 만에 겪은 이러한 변화와 발전은 그야말로 경천동지(驚天動地)이고, 또한 상전벽해(桑田碧海)인 셈이다. 이 좁고 분단된 땅덩어리에서 대한민국 사람들이 꿈과 희망을 키우면서 우리 앞에 펼쳐진 무한한 가능성을 믿고 노력해 왔던 결실이라 하겠다.

나는 반평생에 가까운 외교관 생활을 주 모로코, 주 캐나다 대사에 더하여 유엔무대에서 참사관, 공사, 대사로 근무하는 행운을 가졌다. 제네바에서는 세계무역기구(WTO)를 창설하는 우루과이라운드 협상에 참여했고, 뉴욕에서는 유엔안보리 수석대표(1996~97년)로 냉전붕괴 이후의 유엔을 중심으로 새로운 세계질서를 형성하는 협상에 미력하나마 역할을 담당하기도 했다.

이 책은 공직생활 중에 그리고 공직 후에 틈틈이 나의 생각과 고민, 그리고 희망과 바람을 정리한 칼럼, 대담 및 인터뷰 글들을 엮은 것이다. 이 모음집과 함께 좀 더 상세한 나의 자전적 에세이는 앞으로 출간할 『나의 외교관 생활 36년간의 스토리』(가칭)에서 더하고자 한다. 이 책의 출판에 도움을 준 박희정 군과 고려대 일민국제관계연구원의 하경

석 팀장에게 감사하며, 더불어 이 책의 출판을 맡아준 도서출판 오름의 편집진에게도 고마움을 전한다.

반평생에 가까운 세월 동안 외교관이라는 공직생활을 통해서 나라와 지구촌의 공공선을 위해 나름대로 최선의 노력을 다했다고 믿는다. 그러나 그 과정에서 나라와 국민에게 진 빚과 은혜가 너무 컸기에 나의 어떠한 노력도 그 보답에는 미진할 수밖에 없다. 바라건대 이 책자가 외교계에 종사할 후진들을 위해서 또 일반인의 한국 외교에 대한 이해를 증진하는 데 참고자료로 도움이 되었으면 한다.

끝으로 내 오랜 공직생활을 뒤에서 항상 지지해 주었던 나의 사랑하는 아내 서정자와 가족에게 이 책을 바친다.

2014년 5월
박수길

차 례

유엔과 대한민국

제2부 한반도와 동아시아

제3부 평화로운 세계를 위하여

한국 외교의 회고와 전망:
역사의 주변부에서 유엔사무총장까지

1965년 미국 로스앤젤레스 총영사관의 부영사로 근무한 것이 내 외교관 생활의 시작이었다. 당시 월급이 미화 350불 정도 되었는데 그 월급으로는 주택과 생활수준 면에서 도저히 일국의 외교관이라고 할 수 없을 정도로 낮은 수준의 생활을 할 수밖에 없었다. 이따금씩 외교관 번호판이 붙어 있는 차를 몰고 주유소에 가면 직원들이 아주 불친절하게 냉대하는 경우가 있었다. 당시 그들의 눈에 비친 한국은 세계에서도 가장 못사는 나라 중의 하나였고, 나는 최빈국 출신의 풋내기 외교관에 지나지 않았기 때문이다. 어쩌면 그 주유소 직원의 시선은 당시 한국을 바라보는 세계인들의 시선을 상징적으로 보여주는 것이었다.

그런데 그로부터 약 50여 년이 지난 지금의 한국은 완전히 다른 모습의 국가가 되었다. 한국은 근대화 과정을 겪은 국가들 중에서도 가장 빠르게 성공한 사례로 평가받고 있으며, 국제적으로도 거의 모든 개발도상국들이 롤모델 국가로 삼고 싶어 하는 선망의 대상이 되었다. 우리나라는 현재 세계 10위권에 속하는 경제 강국이며, 스포츠나 IT 등 과학기술 분야에 있어서는 세계 최고의 선진국이라고 말할 수 있는 나라가 되었다. 불과 50년 만에 온 몸으로 느낄 수 있는 격세지감(隔世之感)이다. 나는 이런 멋진 대한민국에 대해 굉장한 자부심을 갖고 외교관으로 반평생을 살았다.

전쟁의 소용돌이에서 G20 선진국가로

지정학적으로 볼 때 한국은 국위를 떨치기엔 상당히 어려운 위치에 놓여 있다. 전직 워싱턴포스트, 뉴욕타임스 기자이며 『두 개의 한국(The Two Koreas)』의 저자로 유명한 돈 오버도퍼(Don Oberdorfer)는 한국의 지정학적 위치에 대해 다음과 같이 설명하고 있다.

> "한국은 잘못된 장소에서 잘못된 크기로 존재하고 있는 나라다. 한반도는 주변 강대국들의 실질적인 이해관계가 얽힌 각축장이 되어왔으며, 이러한 강대국들의 이해관계가 한반도를 둘러싼 전쟁의 원인으로 작용하였다. 그러나 지금까지 한국은 주변 강대국들에 의해서 독립변수로 취급되지 않고 종속변수로만 취급되었다." _돈 오버도퍼, 『두 개의 한국』 중에서

여기서 한국이 종속변수로 취급되었다는 것은, 주변의 강대국들이 한반도 이슈를 다루면서 자국의 이익을 우선시하였다는 것이고, 한국의 이익은 강대국 이해관계의 부산물로 치부되었다는 뜻이다. 지도를 펼쳐

놓고 한국을 보면, 동쪽에는 일본이 있고 일본을 통해 태평양을 건너 미국이 있다. 서쪽에는 중국이 있고 북쪽에는 러시아가 있는데 이를 통해 유라시아 대륙으로 연결되어 우리는 유럽과 통하게 된다. 한국이 어떻게 처신하고 주변 강대국이 한국을 어떻게 대우하느냐에 따라 우리의 운명은 주변국으로 전락할 수도 있고, 상당히 주도적으로 활동하는 국가가 될 수도 있는 환경이다. 운명 앞에 기회와 도전이 동시에 놓인 한반도. 이것이 한국이 처한 지정학적 현실이다.

물론 한국의 긴 역사를 따져본다면 우리도 전성기에는 만주벌판 대부분을 점령하고 통치권을 행사했던 적이 있었다. 하지만 전반적으로 봤을 때, 대한민국 60년 이전의 역사는 대부분 주변부로 전락하는 운명을 피하지 못했다. 특히 19세기 말, 동아시아의 문호가 서구 열강에 의해 개방되던 근현대에 이르러 우리나라의 국운이 몰락한 것은 두 개의 전쟁이 계기가 되었다. 1894년 청일전쟁과 1904년의 러일전쟁이 바로 그것이다. 이 두 전쟁을 통해 한반도에서 제국주의의 우위가 확립되고, 마침내 1910년에는 일본에 나라를 강제로 합병당하게 된다.

그러나 이러한 불행했던 과거를 비웃듯, 건국 60년의 한국 현대사는 찬란한 성공을 이루어냈다. 국가 발전의 초석을 다지는 훌륭한 지도자들이 있었고, 무한한 잠재력을 가진 국민들의 희생과 노력이 있었다. 대한민국의 역사는 탁월한 지도자와 성실·근면한 국민이 만났을 때 무한한 발전이 가능하다는 것을 전 세계에 입증한 놀라운 하나의 사건이다. 대한민국이 스스로 현대사를 통해 증명해 낸 것이다.

그리고 2009년, 한국은 세계 20대 국가, 소위 G20의 일원이 되었다. 이것은 그야말로 우리 한반도의 반만 년 역사 속에서 유사한 사례를 찾기 어려운, 기대조차 할 수 없었던 일이다. G20은 세계의 경제와 금융 질서를 새로 만들어 균형 잡힌 경제발전을 이루고자 하는 세계의 지도적 국가 그룹이다. 보다 구체적으로 말하자면, 현재 중국이 외화를 많이 벌어들이고 있는 데 반해 미국은 빚이 계속 늘어가고 있다. 이러한 불균형 문제를 해결하는 것에서부터 시작해서, 2008년 월스트리트발 세계 금융위기 등에 대응하여 새로운 국제경제질서를 구축하는 것이 G20의 소임이자 역할이다. 오바마 대통령은 G20을 '최상위 포럼(The Premier Forum)'이라 명명하였는데, 그 20개 나라 중에 우리나라가 들어가 있다.

G20은 2013년 러시아에서 제8회 정상회담을 개최하였는데 그 모임에 한국인이 한 사람 아닌 두 사람이 들어가 있다. 박근혜 대통령과 반기문 유엔사무총장이다. 이것이 얼마나 대단한 일인지는 잠깐만 생각해 봐도 알 수 있다. 한국은 국민 5천만 명이 살고 있는 조그마한 반도국가이다. 그런데 G20 회의장에 한국인 두 명이 참석하고 있다는 것은, '국운융성(國運隆盛)'의 실증이라고 하겠다. 비유를 하자면, 한국은 오대양 전 세계를 돌아다니는 돌고래(dolphin)의 역할을 하고 있는 것이다. 이제는 전 세계 어느 곳에 가도 한국사람이 없는 곳이 없을 정도이고, 외교관 생활 37년을 돌이켜 볼 때, 세계인들 속에서 코리안 파워(Korean power)는 이제 상당한 영향력으로 작용한다고 해도 과언이 아니다.

 실패한 북한과 성공한 한국

같은 한반도의 남쪽과 북쪽을 각각 차지하고 있는 한국과 북한은, 비슷한 지정학적 환경 속에서 국가와 지도자가 어떤 선택을 했는가에 따라 결과가 얼마나 달라질 수 있는지를 확연히 보여준다. 과거 냉전시기에 북한은 밀수하다 발각되어서, 남한은 박동선 씨가 미국 국회의원에게 불법 자금을 건네다가 발각되어서, 비슷한 시기에 뉴욕타임스에 기사가 실린 적이 있었다. 당시 유엔사무국에서 일하던 인도계 직원이 나와 유엔 로비에서 마주쳤을 때, '참으로 코리안(Korean)은 유명하다'라고 비꼬듯 말했던 것을 기억한다. 하지만 이제는 그 말이 한국사람에게는 긍정적인 의미로 참이다. 요새는 한국인이라 하면 외국인들이 상당히 존경의 태도를 갖고 대한다. 그때 그 인도사람은 반기문 사무총장의 비서실장으로 근무하였다.

돌이켜 보면 북한에게 기회가 없었던 것은 아니다. 1975년에 월남이 패망하면서 베트남이 적화통일되었을 때, 북한의 김일성 주석은 자신이 한국을 다 접수한 것이나 다름없다고 생각했다. 당시 지도를 펼쳐놓고 지정학적으로 살펴보면 중국 대륙이 빨갛고, 소련도 공산주의 국가였으며, 월남까지 공산권으로 통일된 마당에 오직 한반도의 남쪽 반만 파랗게 남아 있었던 것이다. 한국의 적화(赤化)는 시간문제로 보였다. 김일성은 당시 '한국에 전쟁이 일어나면 잃을 것은 없고 통일만 얻을 것이다'라고 호언장담을 했을 정도이다. 하지만 결과는 어떠했는가? 지정학적 무게가 대륙으로 다 치우쳤을 때에도 김일성은 적화통일을 이루지 못했다.

북한은 이제 실패한 국가의 상징일 뿐이다. 김일성-김정일-김정은으로 이어지는 3대 세습을 통해 정권을 유지하고 있는 북한은 국가라고 하기엔 너무나 비정상이다. 같은 공산권인 중국의 인구는 13억에 달하면서도 1인당 GDP가 2천 불을 넘기고 있다. 그런데 북한은 어떠한가? 2천 5백만 명 주민들의 잠재력을 충분히 극대화하지 못한 채 오히려 200여만 명의 아사자(餓死者)를 내고 아직도 먹는 문제를 해결하지 못하고 있다. 그러면서도 엄청난 돈을 투자하여 핵무기를 만들고 미사일을 발사하는 등 국제사회에서 스스로 고립해가는 무모한 정책을 고수하고 있다. 이제 북한은 전형적인 실패국가가 되었다. 남한은 개도국의 성공모델로 융성하게 발전하여 산업화를 성취하고 자유로운 민주주의국가로 성장했는데, 불행히도 북쪽은 완전한 실패국가가 되어버린 것이 한반도의 안타까운 현실이다.

역대 대통령의 외교 성과와 평가

북한과 남한이 이렇게 다른 길을 걸어온 가장 큰 요인을 하나 꼽으라면 단연 지도자의 리더십이라고 할 수 있다. 특히 한국의 근대화 혁명의 성공에서 외교 분야의 기여도가 상당히 컸는데, 외교는 국내정치의 연장이라는 측면에서 지도자의 역할이 매우 중요하다. 즉, 지도자가 국가 내부의 경제와 정치를 안정적으로 발전시키면 그것이 대외적으로 투영되어 외교도 잘 되는 이치이다. 지난 60년 동안 우리 외교사를 짚어보면 한국의 정치 지도자 중에 훌륭한 대통령이 많았음을 알게 된다.

첫째로 이승만 초대 대통령을 꼽을 수 있다. 그는 물론 정권 말기에 독재주의적 경향을 드러냄으로 인해서 4·19혁명으로 비극적인 결과를 맞이했다. 그럼에도 불구하고 이 분이 초대 대통령으로서 우리나라 발전의 초석을 다지는 데 혁혁한 공로가 있음을 부인할 수 없다. 특히 건국에 있어서 이승만 대통령의 공로는 절대적이다. 그는 미국에서 독립운동을 하던 당시 일본이 미국을 상대로 전쟁을 일으키는 것을 보면서 일본이 반드시 망할 것이라고 교포들에게 방송했다. 그에게는 국제정세를 꿰뚫어보는 혜안이 있었던 것이다. 광복 이후 남한에서 대통령에 당선된 그는 대외정책 측면에서 일본을 견제하며 미국과의 관계를 긴밀하게 유지하는 정책을 채택한다. 미국과의 협력을 통해 유엔에서 '대한민국이 한반도에서 유일(唯一)한 합법정부'라는 인정을 받아냈고, 유엔 감시하의 선거를 통해 대한민국의 건국을 완성했다.

당시 독립운동가로 활동했고 민족의 지도자로 추앙받았던 김구 선생 역시 참으로 출중한 애국자이자 지도자였다. 그는 당시 평양에서 개최된 남북협상회의에 참가하였고, 끝내 남한만의 단독 정부 수립에는 참여를 하지 않았다. 김구 선생이 시도했던 남북협상의 노력은 김일성에 의해 이용당했고, 결국 그 분이 꿈꾸던 통일 한국의 소망은 이루어지지 못했다.

하지만 이승만 대통령의 판단은 달랐다. 이승만 대통령은 처음부터 스탈린의 지원하에 북한에 김일성 정권이 들어서는 것을 냉전의 한국적 시작이라고 판단했다. 스탈린은 동유럽을 공산화하기 시작했고, 한반도 공산화의 야욕도 실행에 옮기고 있었다. 이러한 상황에서 이승만 대통령은 이미 국제공산주의와 자유세계의 대결이 시작되었다는 확신을 갖고 남한만의 선거라도 먼저 해야 한다고 주장했던 것이다.

나는 건국논의가 한창이던 당시 고등학생이었고, 6·25가 발발하던 해에는 막 초급 대학에 입학했을 때였다. 당시 학생들은 나를 포함해서 대체로 단독정부 구성에 반대하는 입장이었다. 그러나 결과적으로 현재 시점에서 돌이켜보면, 역시 이승만 대통령이 탁월한 식견을 갖고 장기적 안목에서 올바른 결정을 내린 것이라고 할 수 있다. 그때 만약 이승만 대통령이 남한에서 단독정부를 수립하지 않았거나, 미국과 합동으로 유엔으로부터 대한민국이 유일한 합법정부라는 승인을 받지 않았다면, 한국은 이미 적화되었을 가능성이 높다. 정부 수립 및 유엔의 승인이 있었기에 이후에 발발한 6·25전쟁에서 미군과 유엔군의 기치하에 유엔

16개국의 지원을 받을 수 있었기 때문이다.

뿐만 아니라 이승만 대통령은 종전 1년 후 1954년에 미국과 한미상호방위조약(韓美相互防衛條約)을 체결하였는데, 이 조약이 분단 상황 속에서 대한민국을 지금까지 든든하게 지켜준 방패가 되었다. 이러한 방패의 보호 속에서 대한민국이 부강한 나라로 발전할 수 있었던 것이다. 당시 '코리아'를 잘 모르는 미국인들도 '승만 리(Syngman Rhee)'라고 하면 '고집은 세지만, 한국을 몰락으로부터 막았던 뛰어난 반공지도자'로 평가했었다. 즉, 이승만 대통령은 국내 정치에 대한 평가는 차치하고서라도, 적어도 외교적 측면에서는 초대 대통령으로서 자신의 역할을 다했으며, 국가의 미래를 위해 탁월한 업적을 남겼다고 볼 수 있다.

두 번째로 꼽을 수 있는 한국의 지도자는 박정희 대통령이다. 그를 이 시점에서 평가해보면, '인권과 민주주의(Freedom and Democracy)'를 '무역과 경제(Trade and Economy)'로 맞바꿈(trade-off)한 지도자라고 할 수 있다. 다시 말해, 박정희 대통령은 국내적으로는 독재를 하면서, 대외적으로는 '수출, 중동진출, 월남파병' 등의 과감한 정책을 통해 한국 근대화 혁명의 기초를 마련하였다. 이러한 '맞바꿈(trade-off)'은 오늘날 한국을 건설하는 데 있어 결정적인 기반이 되었다.

뿐만 아니라 박정희 대통령의 외교정책 방향도 대한민국의 발전에 엄청난 기여를 하였다. 우리 경제력의 우위를 기초로 지금까지도 남북관계의 기본 원칙으로 고려되는 '7·4남북공동성명'을 북한과 합의하는 데 성공했다. 그리고 미국이 닉슨 독트린(Nixon Doctrine)을 주창하며 주한미군 철수를 발표했을 때 그에 대한 보상으로 미국으로부터 엄청난 원조를 받았는데, 이러한 일련의 조치들은 미군철수 가능성에 대비하여 자주 국방을 달성하기 위한 것이었다. 박정희 대통령이 독재정치로 인해 많은 비판을 받았으나 외교적으로는 훌륭한 대외 업적을 남긴 대통령으로 평가받는 것이 합당하다고 하겠다.

그 다음에 전두환 대통령과 노태우 대통령으로 이어지는데, 이분들도 나름대로의 대외적인 업적이 적지 않다. 우선 전두환 대통령은 올림픽을 한국에 유치했고, 이렇게 유치한 1988년 서울올림픽은 노태우 대통령이 추진한 북방외교의 기반이 되었다. 직전 대회였던 LA 올림픽은 소련 등 공산국가들이 참가를 거부(boycott)함으로써 반쪽 성공이었는데, 서울 올림픽에는 공산권 국가들이 모두 참석하였고, 특히 소련, 중국, 동구권 선수들은 올림픽 기간에 한국의 경이적인 발전 모습을 보고 깜짝 놀라게 된다. 서울 올림픽 행사가 매우 훌륭하게 진행되었을 뿐만 아니라 자신들의 두 눈으로 '한강의 기적'을 직접 보고나니, 북한이 선전하던 한국의 모습과는 완전히 다르다는 것을 깨닫게 된 것이다.

올림픽 이후 헝가리를 필두로 해서 동구권 국가들과 한국과의 국교 정상화가 이루어지기 시작했다. 이러한 국교 정상화는 마치 도미노처럼 이루어져, 소련과 중국까지 그 물결에 합세하였으며, 그 결과 한국은 오랜 숙원이었던 유엔 가입에 성공하게 된다. 전두환 대통령의 올림픽과 노태우 대통령의 북방외교가 한국의 외교사에 큰 업적으로 남게 된 이유가 바로 여기에 있다.

김영삼 대통령의 시대에 오면 최초의 민간 대통령이라는 의미의 '문민정부'와 '세계화'라는 모토(motto)하에 적극적인 대외활동이 전개된다. 호주와 우리나라가 주도해서 아시아태평양경제협력기구, 즉, APEC을 만드는 데 주된 역할을 하였으며, 국제경제의 핵심 행위자로서 OECD(경제협력개발기구)에 가입하였다. 또한 그 당시 한국이 유엔에 가입한 지 얼마 지나지 않은 시점이었는데, 우리가 유엔안전보장이사회 비상임이사국에 당선되는 성과도 거두었다. 당시 나는 한국 수석대표로서 안보리 회의에 참석하고 있었고, 1996년 5월에는 안보리의장직을 수행했다. 김영삼 대통령 재임 중 한국의 외교적 성취가 적지 않았다.

김영삼 대통령 이후에는 좌경적인 정권이 김대중 대통령으로부터 노무현 대통령으로 이어진다. 이들 정권을 좌경적이라고 표현한 이유는, 이전까지 한미동맹과 남북관계에 있어 중도우파적인 정책을 취해온 한국 정부의 정책방향이 두 대통령의 정권하에서 상당 부분 달라졌기 때문이다. 김대중 대통령 시절에는 조지 W. 부시 대통령의 마찰이 없지 않았으나 전반적인 한미관계에는 큰 문제가 없었다. 그런데 노무현 대통령 시절에 들어와서는 여러 가지 오해를 살 수 있는 이야기들이 양국 관계 전면에 등장했고, 실제 정책 면에서도 많이 반영되었다.

사실 좌경 정권이 들어서기 전에는 중요한 외교 문제에 대해서는 어느 정도 국민적 합의(consensus)가 있었다고 볼 수 있다. 김대중, 노무현 정권 이전에는 대북정책에 있어서 우리가 견제(반공)와 포용의 양면을 균형 있게 유지해 왔고, 북한이 원하는 대로 '무조건 퍼주기식의 교류는 하지 않는다'는 정책이 존재했다. 하지만 두 좌경 정권의 정책이 다른 방향으로 향하면서 외교 문제에 대한 국내적인 합의와 국민적인 공감대가 다 무너져 버렸다. 사실상 자유민주주의 지향적인 외교정책의 방향이 상당히 좌경화한 결과가 초래된 것이다. 그러나 나는 김대중 대통령의 햇볕정책과 노무현 대통령의 대북·대미정책이 꼭 부정적인 면만 있다고 생각하지는 않는다. 두 분 대통령의 정책도 중장기적 안목에서 보면 역시 긍정적으로 평가를 받을 면도 있기 때문이다. 하지만 두 정권의 가장 치명적인 약점은, 정책의 좌경적 전환을 계기로 해서 대외정책의 기본 방향에 대한 국민적인 공감대가 무너졌다는 사실이다.

그래서 보수적인 이명박 정권이 들어서자마자 나는 외교적 측면에서 대통령의 가장 큰 과제가 대외정책에 대한 국민적인 공감대를 형성하는 것이라는 주장을 언론을 통해서 많이 했다. 그것은 새로 집권한 박근혜 대통령 정권하에서도 마찬가지이다. 예를 들어 유엔 평화유지군을 해외에 파병하는 문제에 대해서는 여야가 대립할 필요가 없다. 그러나 아직도 대북정책과 대미, 대중정책과 같은 민감한 이슈에 대해서는 여야, 또는 좌우가 대립하는 경우가 많은 것이 현실이다. 그래서 특히 외교정책에 대한 여야 간의 대립을 조화롭게 조정해나가는 것이 정부와 여당의 중요한 당면과제 중의 하나가 아닐까 생각한다.

제8대, 9대 유엔사무총장, 반기문

나는 우리나라 근대화 혁명의 성공이 '자유민주주와 시장경제' 원칙의 실현으로 대표된다고 믿는다. 한국은 경제적으로 세계 10위권의 부강국(富强國)이 되었을 뿐만 아니라 높은 수준의 민주주의를 실현하고 있는 국가이기도 하다. 이러한 민주적·경제적 발전 속에서 중요한 자랑거리 중 하나는 한국사람이 유엔사무총장이 되었다는 사실이다. 제8대, 제9대 유엔사무총장 반기문. 그 이름 석 자와 직함에 대한민국의 달라진 위상이 고스란히 담겨 있다.

유엔사무총장은 '세계 외교관 중의 톱(Top) 외교관'이라고 불린다. 초대 사무총장인 트리그브 리(Trygve Lie)는 노르웨이인이고, 제2대 총장이 덴마크인인 다그 함마르셸드(Dag Hammarskjöld), 제3대 총장이 미얀마(옛 버마)의 우탄트(U Thant)로 아시아인이다. 제4대는 오스트리아의 쿠르트 발트하임(Kurt Waldheim), 제5대는 페루출신 페레스 데 케아르(Javier Pérez de Cuéllar), 제6대는 이집트인인 부트로스 부트로스-갈리(Boutros

Boutros-Ghali), 그리고 제7대 사무총장은 아프리카 가나 출신의 코피 아난(Kofi Annan)이다.

나는 유엔 한국 대표부에 세 번 근무할 기회가 있었다. 한국 외교관 중 유엔대표부에 상대적으로 자주 근무한 사람일 것이다. 유엔에 오래 근무한 덕분으로 과거 사무총장들과도 친분이 두터웠는데 제5대 페레스 데 케아르 총장부터 부트로스 부트로스-갈리, 코피 아난까지는 잘 알고 친하게 지냈다. 페레스 데 케아르의 경우는 내가 경희대 평화복지대학원 원장으로 재임하던 시절에 경희대학교 조영식 총장의 추천으로 방한한 적이 있었다. 부트로스 부트로스-갈리와 코피 아난 총장도 방한 중 전자는 경희대학교, 후자는 고려대학교에서 박사학위도 받았다. 가까이서 역대 사무총장들의 면면을 살펴보면 반기문 총장이 경력 측면에서는 다른 총장보다 훨씬 우월하다.

반기문 총장이 사무총장에 취임한 것은 2007년 1월 1일이다. 반 총장이 2006년 4월에 출마를 결심했고, 나는 강영훈 전 총리, 서영훈 전 적십자 회장과 협력하여 민간인차원에서 후원회를 조직했는데, 후원회장을 트로이카(troika)로 하여 나와 강영훈 전 총리와 서영훈(전 적십자 총재) 씨가 맡았다. 그때만 하더라도 반기문 총장의 당선 가능성에 대하여 국내 일각에서 다소 회의론이 있었기 때문에 그러한 분위기를 사전에 봉쇄하기 위하여 의도적으로 명망이 높은 강 총리와 서 총재의 지원을 받게 되었다. 결국 반기문 총장이 당선되었는데, 돌이켜보면 유엔사무총장직과 같은 자리를 위해서는 능력도 필요했지만 운도 좋아야 했다.

당시 유력한 ASEAN 후보로 논의되던 태국의 수라끼앗 사티아라타이 외무장관(후일 부총리)은 총장직을 쟁취하기 위한 적극적인 로비활동을 했으나 때마침 그때 태국 정정(政情)의 불안 속에서 군사 쿠데타가 일어나 중도하차하지 않을 수 없었다. 국제사회는 쿠데타가 일어난 정권의 부총리에게 유엔사무총장 자리를 줄 수는 없었기 때문이다. 태국 후보의 사퇴와 함께 반기문 총장에게는 아주 유리한 상황이 전개되었다.

유엔사무총장은 유엔헌장상 정치적 역할이 부여될 뿐만 아니라 세계 정치의 도덕적 나침반의 역할도 해야 하는 매우 중요한 자리인데, 총장은 이러한 자리를 성공적으로 수행할 수 있는 역량을 충분히 갖춘 사람이다. 반기문 총장은 성격상 원칙을 지키면서도 타협을 중시함으로써 국가 간의 이해관계충돌을 조화롭게 해결하는 탁월한 능력을 가진 것으로 알려져 있다. 물론 이러한 접근방법은 이따금씩 일부 유럽 사람들의 비판의 대상이 되기도 한다.

예를 들면, 반 총장이 미얀마 정권과 접촉할 때에도, '미얀마의 독재정권, 만나봐야 아무 소득도 없는 사람을 왜 만나느냐', '왜 독재자를 만나서 독재자의 간만 키워주느냐'라는 비판이 쏟아졌다. 하지만 반 총장은 '일단 독재자라도 만나서 대화를 통하여 타협의 여지를 발견하는 것이 중요하다'는 입장을 고수했다. 결국 미얀마의 군사정권은 태풍으로 인한 엄청난 피해에도 불구하고 나라를 개방하지 않기 위해서 '대외원조를 받지 않겠다'고 했던 주장을 철회하고 반 총장의 제안에 따라 대외원조를 받게 되었다. 미얀마는 결국 문호를 개방하는 선택을 하게 되었으며, 이는 반기문 총장의 업적이라 할 수 있다.

반기문 총장의 철학과 정책 방침은 관계자들에게 공개적으로 모욕을 주기보다 직접 대면하여 '조용한 외교(quiet diplomacy),' 즉, '조용하게 이야기해서 신임을 얻는 것'을 더 중요하게 여긴다. 북한이나 미얀마와 같은 독재정권과 협상을 함에 있어 당근(carrot)과 채찍(stick), 즉 압박(pressure)과 존중(pride)의 접근법을 병용해야 한다는 점은 이제 상식으로 되어 있다. 반기문 총장은 세계인에 의하여 이러한 리더십을 인정받아 2기 연임에 성공했고 앞으로 약 2년 반의 기간이 남아 있다. 반 총장

이 취임과 동시에 가장 중요한 핵심 이슈(Flagship issue)로 제기한 기후
변화, 새천년 개발목표의 성공적 달성, 지속적 개발 목표의 추구, 자연
재해 대처, 세계평화를 위한 기여 등에 비추어 한국인들은 또 하나의 노
벨평화상을 기대하게 된다.

한국인들 앞에 펼쳐진 기회

반기문 총장의 영향이지만, 요즘 젊은 학생들 중에는 장래 유엔사무
총장이 되고 싶다는 꿈을 가진 이들이 많다. 그런데 사실 한국인이 다시
유엔사무총장이 되려면 한 세기는 족히 지나야 한다. 유엔사무총장은
유럽·북미·아프리카·남미·아시아 등 세계 5대 지역이 돌아가면서 맡
게 돼 있다. 게다가 아시아만 해도 54개 국가가 있으니 각 국가에서 사
무총장 후보를 앞 다투어 내놓을 것을 감안한다면, 다시 한국인이 유엔
사무총장이 되려면 100년으로도 턱없이 부족할지 모른다. 거기다가 한
국은 이제 선진국 대열에 들어섰으니 유엔의 수장이 되기를 꿈꾸는 젊
은이들에게는 안타까운 소식이 아닐 수 없다.

비록 유엔사무총장의 꿈은 접어야 하겠지만 한국인이 진출할 수 있는
국제기구가 너무나 많다. 지금은 고인이 된 세계보건기구(WHO: World
Health Organization)의 이종욱 전(前) 총장도 좋은 사례이다. 인류의 건강
증진을 위한 이종욱 총장의 노력은 전 세계인들의 존경과 박수를 받았
다. 반기문 총장이 유엔사무총장에 당선된 것은 한국인들의 무대가 전
세계로 넓어졌다는 것을 보여주는 상징적인 신호탄이다. 한국의 젊은이

들은 꿈을 키워라. 그리고 국제무대에서 발휘할 수 있는 리더십과 역량을 쌓아가길 권면한다.

한국 외교의 도전과제

2010년대 현재, 냉전 종식 이후 미국이 약 20년간 초강대국으로 세계를 지배하는 상황이라고 할 수 있다. 이것을 '세계 역사의 전환점이다'라고 이야기한다. 그런데 역사의 고비를 따져보면 20~30년 만에 한 번씩 전환이 이루어지는 것을 알 수 있다. 제2차 대전 후 유엔을 중심으로 새로운 세계질서가 수립되고 희망찬 새 출발을 했었다. 그러나 바로 냉전시대가 도래하고 30년 정도 지속된다. 그리고 냉전이 종식되고 이후에는 미국의 유일 초강대국 시대가 약 20년 동안 찾아온 것이다. 탈냉전 이후 현재까지의 세계는 팍스 아메리카나(Pax Americana), 즉, 미국 중심의 단극체제(unipolar world)였다.

하지만 이제 미국의 힘이 상당히 줄어들고 있다. 중국, 러시아, 인도, 브라질 등 브릭스(BRICs) 국가들이 급속히 성장하고 한국의 경제규모도 커지고 있다. 전반적으로는 아직도 미국이 선두이지만 예전에 비해 상당히 약해졌고, 후발주자들도 추격해오고 있기 때문에 현재의 세계를 다극체제(multipolar)라고 부르기도 한다. 그런데 또 어떤 학자는 다극체제가 무극체제로 가고 있다고 말한다. 왜냐하면 지금은 국가만 권력을 갖고 있는 것이 아니라, 알 카에다와 같은 비국가행위자(non-state actor), 즉, 국가 아닌 집단이 큰 영향력을 행사하기 때문이다. 한국에서도 이제는 시민사회의 힘이 상당히 강해졌다. 우리나라의 외교정책에 있어서도 국민 여론의 영향은 매우 강력하다. 우리 국내 사회도 이제 다원화되어 가고 시민사회의 힘이 더욱 커지고 있다.

그러면 이런 상황 속에서 한국은 어느 방향으로 나아가야 하는가? 대한민국은 2000년대 후반부터 소위 글로벌 코리아(Global Korea)라는 기치 아래 우리 외교안보의 가장 중요한 축인 한미동맹도 한국 방어에 국한하지 말고 한반도를 넘어서 세계적인 이슈에도 관심을 갖는 전략적 관계로 발전하자는 방향을 제시하였다. 가령 소말리아 해적 퇴치를 위해 우리 군함을 보내서 돕고, 국제 분쟁이 있어 도움이 필요한 곳이라면 유엔평화유지군에 파병하는 등의 노력을 하자는 것이다. 이와 같이 대한민국은 이제 세계 평화에 보다 적극적으로 기여하는 핵심 국가가 되어야 한다.

한국이 G20그룹의 일원이 된 것도 우리에게는 보다 넓은 세계로 나아간다는 의미가 있다. G20 의장국까지 담당했던 경험을 발판삼아 한국도 그야말로 세계의 상위 20개국 중의 하나로 활동하기 시작한 것이다. 이제 한국은 인도주의적인 활동과 같이 다른 국가의 필요에 대해 도움을 주는 일들, 즉, 개발시스템(Development System) 구축, 빈곤 구제, 세계건강문제(Global Health Problem) 증진 등의 분야에 적극적으로 참여를 해야 할 것이다. 이러한 세계의 필요를 채우는 공공선(Public Good)의 증진에 보다 적극적으로 참여하는 것은 선진국의 문턱에 선 한국의 도덕적 의무이다.

글로벌 이슈에 적극적으로 참여하는 것과 동시에, 대한민국의 미래를 위해 고려해야 할 또 하나의 도전과제는 한반도의 통일 문제이다. 미국 정보기관에서 5년마다 발행하는 보고서에서는 2025년도까지 한국이 통일될 가능성이 높다고 강하게 시사하고 있다. 나도 2025년 이전에 한국이 통일될 가능성이 있다고 생각한다. 물론 미국의 보고서가 꼭 맞으라는 법은 없지만 신뢰할 만한 분석을 통해 여러 학자들이 주장하는 근거들이 있고, 크리스천으로서 내 개인적인 믿음 또는 사명의식(sense of mission)도 존재한다. 그것은 사실 반기문 유엔사무총장과도 연결이 된다. 이 시기에 한국인이 유엔사무총장으로 10년 동안 근무한다는 사실, 나는 이것이 결코 우연이 아니라고 생각한다.

북한은 어려운 경제여건에도 불구하고 지속적으로 핵무기와 미사일을 개발하고 실험하고 있다. 그들의 대남군사도발 정책은 이 시점에서도 계속되고 있다. 언제, 어떻게가 문제이지만 북한의 붕괴 가능성은 피할 수 없을 것이다. 그 과정 중에 중국과 미국이 서로 핵무기 수습을 위해 북한에 진입할 경우 미국과 중국의 충돌 가능성은 높다. 이러한 사태가 반 총장 재임 중에 일어날 경우 반기문 총장이 갖고 있는 지위와 영향력을 봤을 때, 이런 상황에서 반 총장이 국제여론을 업고 북한사태 수습에 상당한 영향력과 역할을 할 수 있는 가능성이 높다. 경우에 따라서 '통일을 촉진하는 역할을 하지 않을까'라고 기대도 해본다.

 젊은이들이 꾸어야 할 꿈

뉴욕타임스의 저명한 칼럼니스트인 토마스 프리드먼(Thomas L. Friedman)은 어느 기자회견에서 한국인으로부터 질문을 받았다. 당신은 『세계는 평평하다』라는 저서에서 인도를 크게 칭찬했는데 한국의 장래에 대해서는 어떻게 생각하느냐는 질문이었다. 그는 "한국은 무제한의 두뇌의 샘을 가지고 있다. 즉, 두뇌 속에 마르지 않는 샘을 가지고 있는데 그것이 무제한의 자원이다"라고 대답했다. 이제 한국은 외교의 지평을 더욱 넓히고, 한반도의 통일을 준비하는 일에 집중되어야 한다. 여기에 대한민국 젊은이들이 나아가야 할 방향이 있다.

한국은 지난 100여 년의 기간 동안 아시아 변방의 약한 국가에서 산업화와 민주화를 성취하고 세계적인 지도자를 배출하는 선진일류국가로 발돋움하였다. 토마스 프리드먼은 『세계는 평평하다』에서, "세계는 이제 평평하고 장애물이 없으며, 이러한 세계는 경쟁(competition)과 협력(cooperation)이 평등한 세계다"라고 말했다. 대한민국 젊은이들이 참신한 아이디어와 열정만 있다면 세계 속에서 꿈을 실현할 기회가 얼마든지 있다. 좁은 땅덩어리에 국한해서 머물러 있을 생각만 하지 말고 한반도를 넘어, 아시아로, 세계로 뛰어 들어가 마음껏 미래를 펼치라는 것이다.

그러므로 대한민국의 미래를 책임질 젊은이들에게 나는 이렇게 외치고 싶다.

"꿈을 크게 꾸어라(Dream Big)!"
"생각을 크게 하라(Think Big)!"
"높은 곳을 향하라(Aim High)!"

제1부

유엔과 대한민국

01

한국인 유엔사무총장

 ## '한국인 유엔사무총장' 가능할까

코피 아난 유엔사무총장의 임기가 2006년 말 만료됨에 따라 아시아
와 동유럽 지역에서 사무총장 후보 이름이 심심찮게 나오고 있다. 유엔
사무총장 선출은 지역윤번제가 관례여서 아시아 그룹은 차기 총장이 아
시아에서 나와야 한다고 믿고, 동유럽은 지금까지 한 번도 그 지역에서
사무총장이 선출된 바 없으므로 차기는 자기네 몫이라고 주장한다.

우리나라에서도 홍석현 씨의 주미 대사 내정과 관련한 사무총장 진출
설을 계기로 이에 대한 관심이 커지고 있다. 필자는 1996~97년 한국의
유엔안전보장이사회 대표로서 부트로스 부트로스-갈리 사무총장이 재
선에 실패하고 아난 현 총장이 선출되는 과정에 직접 참여한 바 있다.

그 체험을 토대로 한국인 사무총장의 가능성을 살펴보고자 한다.

유엔헌장은 "사무총장은 안보리의 추천에 따라 총회가 임명한다"고 규정하고 있지만 실질적으로는 안보리의 '추천권'이 중요하다. 안보리 추천에는 미국 등 5개 상임이사국의 거부권이 적용돼 어느 한 나라라도 반대하면 추천될 수 없기 때문이다.

1945년 유엔 창설 이래 7명의 사무총장은 언제나 지루하고 어려운 협상을 거쳐 타협적인 후보가 선출됐다. 1996년 12월 코피 아난 당시 총장의 선출과정은 우리에게 시사하는 바가 적지 않다. 갈리 총장은 그의 첫 임기 중의 업적과 국제적 지지여론을 배경으로 1996년 초부터 재선 운동을 은밀히 시작했다.

그러나 당시 미국 빌 클린턴 행정부는 그가 지나치게 독자적이라고 본 데다 유엔 재정 확충을 위해 국제여행에 과세해야 한다는 그의 제안이 미국 대선에 부정적 영향을 미칠 것을 고려해 반대 입장을 밝혔다. 갈리 총장은 제3세계와 프랑스, 중국, 러시아의 지지를 과신해 재선 의지를 굽히지 않고 그해 11월 안보리 투표에서 14개국의 찬성을 확보했으나 미국의 거부권으로 탈락했다. 그 뒤 여러 차례의 비공식 투표 끝에 결국 미국이 지지한 아난 총장이 선임됐다.

사무총장 선거의 정치적 성격과 복잡한 선출 과정에 비춰볼 때 한국인의 총장 진출과 관련해서는 다음 사항을 고려해야 한다. 첫째, 미국이 한국인 후보를 지지할 것인가. 필자는 가부(可否)의 가능성이 다 있다고 본다. 이와 함께 설령 미국의 지지를 얻는다 하여도 다른 상임이사국, 특히 중국과 러시아의 태도가 중요하다. 미국의 동맹인 한국에서 사무총장이 나오는 문제에 대해 중국과 러시아의 경우 전략적 고려가 있기 마련이다.

둘째, 프랑스는 전통적으로 프랑스어와 프랑스어문화권에 익숙한 사무총장을 주장해 왔고, 아직도 언어 문제를 중요한 요건으로 간주한다.

셋째, 세계보건기구(WHO) 총장이 한국인이라는 점도 고려해야 한다. 두 개의 중요한 유엔기구 책임자를 한국인이 차지한다는 것은 상당한 부담 요인이다.

넷째, 총장 진출 계획은 한국의 2007년 안보리 진출 계획에 큰 부담이 될 것이 분명하다. 다섯째, 수라끼앗 사티아라타이 태국 외상이 이미 동남아국가연합(ASEAN)의 지지를 얻었다. 이 마당에 한국이 아시아 전체의 지지를 확보하기는 쉬운 일이 아니다.

이런 고려 요인이 있지만 커져 가는 한국의 국제적 위상과 출중한 인적자원에 비춰 언젠가 다가올 사무총장 진출 기회를 놓쳐선 안 된다. 그러나 대부분의 역대 총장들은 본인이나 소속 국가의 계획적 로비의 결과물이었다기보다 특수한 정치상황 속에서 미국 등 5개 상임이사국의 정치적 타협의 산물이었다는 사실은 주지할 필요가 있다.

_『동아일보』, 2005.1.2

'한국인 유엔사무총장' 힘 모아 주자

올해 12월 임기가 만료되는 코피 아난 유엔사무총장의 후임 후보에
대한 국제적 관심이 크다. 유엔사무총장은 유엔의 방대한 관료조직을
지휘하고 국제평화의 유지와 분쟁을 중재하는 중재인(Honest Broker)이
기에 도덕적 권위는 교황에 비유된다. 지역별로 사무총장을 결정하는
유엔의 관례에 따르면 이번은 아시아에서 맡을 차례이다. 요즘 국제 언
론이 반기문(潘基文) 외교통상부 장관의 활동을 주시하면서 그를 유력한
총장 후보로 보도하고 있어 한국의 관심은 더욱 고조돼 있다.

사실 1년 전만 하더라도 한국인의 사무총장 가능성이 크다고는 할 수
없었다. 그 이유는 태국 수라끼앗 사티아라타이 부총리가 이미 동남아
국가연합(ASEAN)의 지지를 받아 선두 주자 위치를 굳히고 있었고 또 스
리랑카의 자얀타 다나팔라 전 유엔사무차장도 공식적으로 입후보를 선
언했기 때문이다.

한편 한국은 미국의 동맹국이자 분단국이기 때문에 독립성과 중립성
이 요구되는 사무총장직에 불리하다는 인식도 있었다. 그러나 1년 동안
의 사태 발전은 총장 선거의 기상도에 큰 변화를 불러왔고 한국인의 사
무총장 당선 가능성을 높여 주고 있다. 첫째, 수라끼앗 부총리의 선두
주자로서의 입지가 흔들리고 있다. 주미 태국 대사가 미국의 반대를 예
견하고 입후보 철회를 본국 정부에 건의한 문건이 유출되고 그에 대한
부정적인 평가가 태국 안팎에서 나왔다. 둘째, 다나팔라 후보는 스리랑
카 정부의 후원 아래 강력한 로비활동을 벌였는데도 국제적 관심을 끌

지 못했다. 셋째, 중국과 러시아는 아시아 지역 외에서 거론되는 후보들을 염두에 둔 듯, 차기 총장은 지역 순환 관례에 따라 아시아에서 나와야 한다는 점을 명백히 밝혔다.

한편 반 장관은 6자회담 등을 통해 미국, 중국, 러시아 외교장관과 친밀한 인간관계를 구축했을 뿐만 아니라 그들에게 북핵 문제와 4강 관계를 균형 있게 관리하는 그의 능력을 평가할 기회를 주었다. 또 반 장관이 작년 말 미국, 프랑스, 영국 등 서방의 유엔안전보장이사회 상임이사국이 회원국인 북대서양조약기구(NATO)에서 아시아 외교관으로서는 처음 초청되어 특별 연설을 해 주목받았다. 사무총장 선거는 아직 많이 남아 있고 총장 선거의 정치적 움직임이 어떻게 전개될지는 누구도 단언할 수 없다.

유엔헌장은 사무총장 선출과 관련해 "사무총장은 안보리의 건의에 따라 총회가 임명한다"라고만 규정하고 있다. 지금까지 총회가 안보리의 건의를 거부한 일이 없으므로 결국 5대 상임이사국, 특히 미국과 중국의 정치적 타협이 핵심이라 하겠다. 21세기 유엔이 세계 문제 해결의 중심으로 돌아오기 위해서는 경영 감각이 탁월하고 비전 있는 '세계 최고경영자(CEO)'가 필요한 이때에 한국인의 사무총장 입후보는 국제적인 설득력이 있다. 다만 현시점에서 중요한 변수는 선두주자 간에 치열한 경쟁이 벌어지고 5개 상임이사국의 의견이 분열될 경우 고촉통(吳作棟) 전 싱가포르 총리 또는 빌 클린턴 전 미국 대통령 등 제3의 인물이 등장할 가능성을 배제할 수 없다는 점이다. 거물 정치인 영입론의 의도는 유엔의 위상을 높이고 미국과의 관계도 원활히 하자는 것이리라 생각된다.

따라서 현재 우리의 전략은 5개 상임이사국 전체의 지지를 확보하는 것이 최선이고, 그게 안 되면 미국, 영국, 프랑스, 러시아 4개국의 지지와 중국의 기권을 이끌어 내야 한다. 이 밖에도 일본을 비롯한 안보리

10개 비상임이사국을 설득하고 총회 회원국의 지지를 이끌어 내는 데도 전력을 쏟아야 할 것이다. '한국인 유엔사무총장' 가능성은 생각만 해도 신나는 일이다. 사무총장 입후보에 대한 한국 정부의 발표가 곧 있을 것으로 보이지만 총장직은 개인 자격으로 맡는 것임을 유념할 필요가 있다. 그 때문에 정부가 지나치게 개입하는 것은 역작용도 생길 수 있으므로 국민의 적극적 성원이 필요하다.

_『동아일보』, 2006.3.15

한국인 유엔사무총장을 기다리며

큰 국제적 관심 속에서 한국인 유엔사무총장 가능성에 대한 '진실의 순간'이 다가오고 있다. 14일 유엔안전보장이사회 2차 예비투표 결과, 반기문 외교통상부 장관이 안보리 이사국 15개국 중 14표를 얻어 선두 주자이다. 따라서 28일로 예정된 3차 투표가 총장 선거의 중요한 분수령이 될 것으로 보인다. 전시작전통제권 환수 등 외교 안보 문제가 국론 분열의 원인이 되고 있으나, 한국인 총장 진출에 대해서는 여야 진보 보수를 넘어 국민적 지지를 받고 있는 것은 참으로 다행스럽다.

반 후보의 최종 당선 가능성은 어느 정도인가를 궁금해 하는 사람이 많다. 현재로서는 5개 상임이사국의 정치적 역학관계와 단일 공통후보를 선출하기 위한 노력이 교착상태에 빠지면 새로운 후보가 등장할 가능성도 있다. 따라서 3차 투표 결과를 지켜봐야 확실해질 전망이다. 이러한 관점에서 2차 투표 결과를 다음과 같이 평가해 보았다.

첫째, 반 장관은 안보리 14개 이사국의 지지를 확보해 안보리 추천 공통 단일후보로서의 가능성을 한층 더 높였다. 그러나 유념해야 할 점은 한 표의 반대표가 거부권을 갖는 상임이사국일 경우에는 이를 극복해야 한다는 점이다. 1996년 부트로스 부트로스-갈리 총장은 최종 단계에서 미국의 반대로 재선이 좌절됐다. 다만 반 장관은 예비투표 단계이고 반대표가 어느 국가의 표인지는 불확실한 상태다.

둘째, 2차 투표 결과 남은 경쟁자는 반 장관과 수라끼앗 사티아라타이 태국 부총리, 인도의 샤시 타루르 유엔 공보담당 사무차장으로 압축

됐다. 그러나 수라끼앗은 최근 군사 쿠데타로 사실상 후보로는 끝났다고 보아야 한다. 군부가 장악한 정부의 인사가 사무총장이 되는 것은 불가능하기 때문이다. 그러나 이 사태로 발생된 가장 중요한 변수는 동남아시아국가연합(ASEAN·아세안)이 새 후보로 고촉통 전 싱가포르 총리 같은 거물급 인사를 등장시킬 것인가이다. 타루르는 1차 때 받은 10개국의 지지표를 2차에서도 그대로 유지했으나 3개국의 반대표 중 상임이사국을 포함할 가능성이 많다는 것이 약점이다.

셋째, 나머지 두 명의 후보 중 언론의 각광을 받았던 자이드 알 후세인 주유엔 요르단 대사는 예상과는 달리 6개국의 지지와 4개국의 반대표를 받아 출발점에서 난파한 감이 있다. 스리랑카의 자얀타 다나팔라 대통령고문은 지지표가 5표에서 3표로 줄었다. 16일 라트비아의 바이라비케프레이베르가 대통령이 공식 입후보를 선언했으나 중국, 러시아 등은 '아시아 총장'에 대한 확고한 입장을 견지하고 있다.

28일 3차 투표에서는 관례에 따라 거부권을 갖는 상임이사국에는 붉은 투표용지, 비상임이사국에는 푸른 용지를 사용케 해 모든 이사국의 입장을 명백히 표시하도록 할 것으로 보인다. 따라서 현재 거부권을 갖는 5개 상임이사국 간에는 안보리 단일 후보를 찾기 위한 본격적인 협의가 막후에서 활발하게 진행되고 있을 것이다.

이런 중요한 시점에 유엔을 방문하고 있는 반 후보가 선두주자로서 지금까지의 상승세를 대세로 굳히기 위해 전력투구하는 것은 당연한 일이다. 우리는 다그 함마르셸드 2대 유엔사무총장이 세계평화를 위해서 헌신적으로 일해 스웨덴의 국제적 위상과 브랜드 가치를 얼마나 올렸는지를 알고 있다. 따라서 한국인 유엔사무총장 탄생을 위한 마지막 노력이 국민적 지지 속에서 결실을 거두기를 기대해 본다.

_『동아일보』, 2006.9.21

반기문 총장의 개혁 드라이브

반기문 유엔사무총장이 취임한 지 4개월이 됐다. 언론계와 유엔 안팎에서는 반 총장을 두고 상반된 평가가 나오고 있다. 긍정적으로 보는 쪽은 업무 스타일과 개혁 드라이브가 자신 있고 적극적이며, 이스라엘-팔레스타인 문제와 다르푸르(Darfur) 위기에서 조화자(harmonizer)의 역할을 잘 수행했다고 평가했다. 비판적인 시각은 의사결정 방식이 비밀스럽고, 중요한 내용을 한국인 보좌관에게만 의존하며, 모든 사람을 만족시키려는 접근법이 실효성 있는지 의문을 제기한다. 한 언론은 반 총장의 연초 고위급 정무차장 인사가 안전보장이사회 5대 상임이사국에 대한 보은 조치이고, 군축국의 축소와 평화유지 활동 부서의 분할 안이 미국의 생각을 대행하는 조치라고 평했다.

전임자인 코피 아난과는 달리 반 총장에겐 몇 개월의 밀월 기간도 주어지지 않았다는 점에서 한국인으로서 곤혹스러움마저 느낀다. 반 총장이 취임 초부터 착수한 개혁 조치는 입후보 시 내놓은 '유엔에 대한 신뢰 회복'과 '사무국 개혁'이라는 공약에서 충분히 예견됐다. 시비의 대상이 된 이유는 코피 아난 사무총장의 후반기에 시작된 일련의 사태와 깊은 관계가 있다.

미국의 이라크전쟁과 코피 아난의 미국 비판, '식량과 석유 교환 계획'에 관련된 유엔 고위직의 독직 스캔들, 존 볼턴 전 유엔 주재 미국 대사의 무리한 개혁 드라이브로 악화된 개도국과 선진국 간의 긴장이 유엔 회원국 간, 회원국과 사무국 간, 또 사무총장과 언론 사이에 불신과 갈

등의 골을 깊게 만들었다.

연간 50억 달러 이상의 예산을 방만하게 사용하는 평화유지 부서를 2개국으로 개편하고 군축국을 축소하는 반 총장의 구조조정이 개도국의 완강한 반대에 직면했던 이유도 이런 불신 때문이었다.

반 총장이 2월 초 아프리카 순방에서 귀임한 후 77그룹 국가를 직접 설득하고 이집트와 아르헨티나 등이 협력하면서 타협안이 총회에서 만장일치로 채택돼 반 총장의 리더십을 긍정적으로 평가하는 계기가 됐다.

사무국 직원들은 오랫동안 정체된 문화에 익숙해져 어떤 변화에도 민감한 반응을 보였는데 특히 고위 정무직의 사표 제출과 재산 공개 요구는 유무형의 저항을 자아냈다. 한국에서 아이디어를 얻었다는 재산 공개는 고위직의 책임성과 투명성을 강조함으로써 사무국 직원의 윤리 의식과 도덕 기준을 강화하려는 첫 번째 개혁 조치여서 회원국과 언론에서 높이 평가했다.

반 총장이 짧은 기간에 이룩한 또 하나의 귀중한 성과는 아프리카 순방을 통해 아프리카 대륙에 관심이 깊은 사무총장의 이미지를 부각했다는 점이다. 신변상의 위험을 무릅쓰고 이라크를 방문해 이라크 민주화에 대한 유엔의 지지를 확고히 했고, 다르푸르(Darfur) 위기를 해결하기 위해 수단 대통령을 설득해 유엔 평화유지군 파견의 기반을 조성했다.

혜안을 갖고 시대를 앞질러 보았던 다그 함마르셸드(Dag Hammarskjöld), 도덕적인 권위와 카리스마가 있는 코피 아난(Kofi Annan), 독립적이고 강력한 지도력을 가진 부트로스 부트로스-갈리(Boutros Boutros-Ghali)는 유엔사무총장으로 선출된 후 세계적 인물로 성장했다. 미국의 권위 있는 유엔 전문가는 반 총장 선출에 대해 "능력이 카리스마를 능가하고 실천이 말보다 중요하며 정치적 인기 스타보다 실용주의적 지도자를 선택한 것"이라고 평한 바 있다.

► 2012년 반기문 사무총장 방한 시 만찬

　　반 총장이 탁월한 외교 역량과 친화력으로 전체 안보리 상임이사국의 지도층과 전례 없이 친밀한 관계를 유지하고 제3세계와도 굳건한 유대를 형성하고 있으므로 그의 개혁 드라이브는 반드시 성공하리라 믿는다. 그래서 나는 걱정스럽게 반 총장의 근황을 묻는 사람들에게 '가지 많은 나무에 바람 잘 날이 없다'는 속담을 상기시키면서 전망이 밝다고 대답한다.

_『동아일보』, 2007.4.30

반기문 유엔사무총장 탄생과 유엔의 미래

박수길 유엔한국협회 명예회장은 반기문 외교부 장관이 유엔사무총장이 되기까지 한국시민사회가 반 총장을 적극 지지하도록 강영훈 전 국무총리, 서영훈 전 적십자사 총재 등과 오찬모임을 갖고 반 총장의 당선 가능성에 대한 일부 회의론을 불식하는 데 힘을 쏟았다. '반기문 유엔사무총장 프로젝트'를 이끌어 온 외교부의 핵심 담당자인 김원수 현 유엔사무차장보는 박수길 회장의 역할에 대해 이렇게 말했다. "박수길 전 대사가 반 장관을 위해 시민사회 차원에서 전력을 다해 뛰었습니다. 외교부가 총장 선출과정에서 한 역할은 총력전이었다고 해야 하겠지요. 반기문 유엔사무총장을 만들기 위해 시민사회에서 어떤 노력이 막후에서 있었는지 들어보았다.

_『월간조선』, 백승구 기자

▌반기문 장관의 출마

Q 유엔사무총장에 뜻이 있던 홍석현 전 주미 대사가 2005년 9월 주미 대사직에서 물러난 직후 대안 카드로 반기문 장관이 거론되기 시작했습니다. 청와대와 정부 안에서 반 장관을 추천한 사람

이 따로 있었습니까.

[A] 반기문 장관 본인이 출마를 결정하고 노 대통령이 측면 지원한 걸로 압니다. 사무총장에 뜻이 있던 홍석현 씨가 주미 대사를 그만두지 않았더라면, 반 장관이 출마하지 않았을 겁니다. 그런데 뜻하지 않게 홍석현 씨가 낙마했고, 그 무렵 동남아시아국가연합(아세안)의 지지를 받아 강력한 후보로 거론되던 수라끼앗 태국 부총리에 대해 태국 내에서 반대의견이 나오기 시작했습니다. 그 때부터 반 장관이 자신감을 가졌어요.

[Q] 유엔사무총장 출마를 두고 홍석현 전 주미 대사와 노무현 대통령이 교감을 나눈 걸로 압니다. 만약 홍석현 씨가 대사직을 계속 수행했더라면 그가 유엔사무총장에 선출될 수 있었을까요.

[A] 홍 전 대사도 나름대로 국제적 기반이 있는 분이죠. 당선은, 글쎄요 …

▌ 비동맹 외곽국가부터 공략

[Q] 정부는 2005년 10월 반 장관을 사무총장 후보로 확정했으나 공식적으로 발표하지 않았습니다. 반 장관의 출마설은 해외 언론에서 먼저 나왔는데요. 정부는 반 장관 당선을 위해 어떤 활동을 폈습니까.

[A] 노무현 대통령 입장에서 자신의 임기 내에 유엔사무총장이 나온다면 그야말로 큰 성과이지요. 그래서 정부 입장에서 신경을 쓸 수밖에요. 하지만 국가가 나서서 지원하면 역효과만 낳아요. 얼

마 전 외교부 관계자가 말한 것처럼 정부는 '도광양회(빛을 감춰 비치지 않도록 하고, 자세히 살펴서 터득한다는 뜻)' 전략을 썼습니다. 높이 비상하려는 새는 몸을 잔뜩 움츠리지요. 한국 정부가 반 장관을 노골적으로 지원한다는 인식을 갖지 않도록 했어요. 대신 반 장관이 장관직을 계속 수행하도록 했지요. 정부의 축복 속에서 반 장관이 외교장관 타이틀을 가지고 열심히 뛴 겁니다.

반기문 장관은 지난 2월 출마를 공식 선언한 후 공개적으로 활동했다. 그는 전 세계를 다니며 지지를 호소했다. 지난 1월 말 유엔안보리 비상임이사국인 가나·콩고와 상임이사국인 프랑스 등을 방문했다. 3월에는 노 대통령의 아프리카 방문길에 동행해 이집트·나이지리아·알제리 등을 들렀다. 동유럽과 남미 쪽에도 신경을 썼다. 그 결과 지난 7월 첫 예비투표에서부터 1위를 차지했다. 늦게 출발했지만 당당히 선두자리를 확보한 것이다.

A 예비투표 때마다 반대표는 한 표에 불과했어요. 마지막 4차 투표에서는 반대표가 한 표도 없었지요. 선거 전략상 비(非)동맹 외곽 국가부터 포위해 들어갔습니다. 그들을 우리 편으로 만든 다음 상임이사국 쪽으로 좁혀 들어갔지요.
그 전략이 주효했던 겁니다. 5개 상임이사국 중 한 국가라도 반대하면 선출이 불가능하니까 상임이사국들에는 공평하게 대했어요. 대신 6자(者)회담 당사국의 대부분이 상임이사국인 각국 외상(外相)들과 유대를 돈독히 해 나갔지요. 그런 점에서 북한이 유엔 사무총장 선출에 도움을 줬다고 해야겠군요(웃음).

Q 1996년 당시 한국이 안보리 비(非)상임국이었는데 박(朴) 회장은 주(駐)유엔대표부 대사로 있으면서 유엔사무총장 선거에 참여한 적이 있습니다. 그때의 경험이 이번 유엔사무총장 선거에 적잖은 노하우를 제공한 걸로 압니다.

A 그때의 자료와 노하우를 공유하고 있는 사람들이 현재 외교부 고위직에 있어요. 사실 그들이 큰 역할을 했어요. 저는 큰 틀에서 전략을 짤 수 있도록 조언해 줬을 뿐입니다. 대신 민간 쪽에서 후원하는 일을 맡았어요.

외교안보에 관한 한 국론이 분열되어서는 절대 안 됩니다. 사무총장 선거도 마찬가지입니다. 선두주자로 달리고 있던 수라끼앗 태국 부총리에 대해 태국 내(內)에서 반발이 있었는데 우리는 최소한 그런 일은 없어야 한다고 생각했어요. 국민적 지지 속에서 국익을 위해 안심하고 뛸 수 있는 분위기를 만들려고 노력했습니다.

▌태국의 쿠데타가 천우신조

Q 반 장관의 유엔사무총장 선거 공약은 무엇이었습니까.

A 유엔의 운영체제 개혁을 제1공약으로 내세웠습니다. 유엔사무국의 효율성·책임성·투명성을 높여 일하는 유엔의 모습을 보여 주겠다고 했지요. 이게 상임이사국을 설득하고 비동맹국의 지지를 받아 내는 데 효과를 봤어요.

Q 수라끼앗 태국 부총리, 인도 출신인 샤시 타루르 유엔 공보담당 사무차장, 스리랑카 출신인 자얀타 다나팔라 전 유엔사무차장,

자이드 알 후세인 주유엔 요르단 대사 등과 경쟁을 했습니다. 이
들 중 가장 강력한 경쟁자는 누구였습니까.

A 아세안의 공식 지지를 받았던 태국의 수라끼앗 부총리였지요. 1
차 예비투표에서 반 장관이 1위를 했고, 인도 출신인 샤시 타루
르가 2위, 수라끼앗이 3위를 차지했지만, 수라끼앗이 2차·3차 예
비투표를 거치면서 계속 따라오고 있었어요. 그런데 갑자기 태국
에서 쿠데타가 발생한 겁니다. 쿠데타 국가의 부총리를 사무총장
으로 선출할 수 없음에도 태국의 쿠데타 세력은 그를 계속 지지
한다고 했어요. 그 바람에 아세안이 새로운 인물을 내세울 기회
가 없어졌죠. 두 명의 후보를 낼 수 없었던 겁니다.

만약 쿠데타 세력이 수라끼앗을 지지하지 않았더라면 아세안은
싱가포르의 고촉동 전(前) 총리를 새 후보로 내세웠을 겁니다. 그
럴 경우 상황은 불리해질 수 있었어요. 그런데 일이 되려다 보니
모든 일이 술술 잘 풀렸어요. 반 장관에게 유리한 상황이 계속 일
어났습니다.

▌ 샤시 타루르 유엔사무차장도 강력한 경쟁자였다

박 회장은 "인도인(人) 샤시 타루르 유엔사무차장도 강력한 경쟁자였
다"고 했다. 그러나 안보리 상임이사국인 중국이 인도 후보를 반대하고
나섰다. 미국이 인도를 통해 아시아 지역에서 중국을 견제할 것이라는
시각 때문이다. 스리랑카인 자얀타 다나팔라는 코피 아난 사무총장처럼
유엔 내부 인사라는 점에서 불리했다. 현재 유엔 내부에는 관료주의에
대한 반감이 심했기 때문이다. 요르단 대사인 자이드 알 후세인 왕자는

젊고 제3세계 문제에 균형감각을 가졌다는 평가를 받았지만 요르단이 친미국가라는 점에서 제3세계가 반대했다.

반기문 장관은 1차 예비투표에 이어 지난 9월 14일 실시된 2차 예비투표에서 14개국으로부터 찬성을 얻었다. 9월 28일 제3차 예비투표에서는 찬성 13표, 반대 1표, 기권 1표를, 10월 2일 4차 투표에서 반대표 없이 찬성 14표를 얻어 1위를 차지했다.

Q 선거운동 과정에서 가장 어려운 점은 무엇이었습니까.

A 상임이사국의 반대를 막는 것이 가장 중요했지요. 상임이사국인 영국에 대해 확신이 서질 않았어요. 하지만 미국과 중국은 우리를 절대 반대하지 않을 것이라고 믿었어요. 구체적으로 말할 수는 없지만 그들은 처음부터 '우리는 결코 당신의 사무총장 출마에 반대하지 않을 것이다'고 했어요.

Q 1996년 부트로스 부트로스-갈리 총장은 미국의 반대로 연임에 실패했습니다. 그만큼 미국의 입김이 세지요. 미국은 처음부터 반 장관을 지지한 겁니까.

A 존 볼튼 유엔주재 미국 대사는 '우리는 반(潘) 장관을 매우 높이 존경하며 그가 워싱턴과 유엔에서 근무할 때부터 잘 알고 있다. 우리는 그를 외교관으로서 또 자연인으로서 매우 높게 평가하고 있다'고 말한 적이 있습니다. 능력 면에서 반 장관을 뛰어넘는 후보가 없었어요.

▌미국과 중국은 처음부터 반기문 지지

Q 미국의 지지가 절대적이긴 하지만, 한편으로 미국의 공개적인 지지는 '죽음의 키스'라고 불리는 것처럼 다른 상임이사국의 반발을 가져올 수 있었습니다. 미국은 반 장관이 사무총장에 선출되도록 적절한 입장을 취했는데, 미국의 계산은 뭐였을까요? 더군다나 반 장관은 반미성향을 보이는 노무현 대통령이 임명한 장관 아닙니까.

A 미국은 반 장관이 노 대통령에 의해 발탁됐고, 북한인권결의안에 기권한 것을 잘 압니다. 그런데 미국은 반 장관이 한국의 정치적 상황에 의해 자기 마음대로 하지 못했다는 사실 또한 잘 알고 있습니다. 노 대통령이 반미적 발언을 많이 해왔지만, 미국은 자기들이 원하는 것을 대부분을 받아갔습니다. 미국은 반 장관이 미국의 입장을 존중할 줄 아는 인물이라고 생각하고 있어요.

부시 미 대통령은 안보리의 사무총장 지명을 앞두고 중국의 후진타오, 일본의 아베 신조, 프랑스의 미테랑 대통령과 전화통화를 하며 '차기 사무총장으로 누가 좋으냐'고 의견을 나눴을 겁니다. 그렇게 상의하는 것이 관례이지요. 그런 과정을 통해 반 장관은 사무총장에 선출될 수 있었습니다.

Q 미국은 노무현 정권이 끝나면 정치적으로 자유로워지는 반 장관을 통해 9년 가까이 미국의 입장을 대변할 수 있을 것이라는 판단 때문에 그를 지지했다는 시각이 있습니다.

A 그렇게 볼 수도 있겠지요. 하지만 중국·러시아·프랑스 등 다른 나라들도 자국의 이익 때문에 반 장관을 지지했습니다. 서로 다

른 계산을 하고 있어요.

Q 상임이사국의 나머지 국가들은 한국인 사무총장에 대해 어떤 입
장을 취했습니까.

A 중국은 지난해부터 후임 사무총장이 아시아 출신이어야 한다고
주장했어요. 반 장관에게 유리한 상황이 만들어졌지요. 프랑스도
반 장관이 불어를 잘한다며 좋아했고, 러시아도 나쁘지 않았습니
다. 상임이사국은 아니지만 일본도 아베 신조가 총리에 당선되면
서 반 장관 지지의사를 공개적으로 표명했습니다. 차기 유엔 의
장국이 일본이기 때문이지요.

▌ 비동맹국가들이 반기문을 지지한 이유

Q 아프리카·남미 등 비동맹국가들이 반 장관을 지지한 이유는 뭡
니까. 일각에서는 반미성향의 노무현 대통령 때문에 비동맹국가
들이 한국에 호의를 보였다는 주장이 있습니다.

A 그건 그렇지 않아요. 그동안 비동맹국가들과 한국과의 관계가 좋
았어요. 상호 유대관계를 많이 가져왔지요. 원조를 계속해 왔고,
평화유지군도 보냈습니다. 그쪽 나라 사람들이 한국에 교육받으
러 많이 오기도 합니다.

Q 반기문 장관이 유엔사무총장이 됨으로써 향후 수십 년 동안은 아
시아인 총장이 나오기 어렵겠군요.

A 유엔사무총장은 유럽·북미·남미·아프리카·아시아 등 세계 5대

지역이 돌아가면서 맡게 돼 있어요. 한 지역에서 50여 년 만에 선출되는 겁니다. 아시아만 해도 54개 국가가 있으니 한 국가에서 사무총장 나오기가 그만큼 힘들죠.

Q 산술적으로 한 나라에서 수백 년 만에 한 번 선출될까 말까 하겠군요.

A 그런 셈이죠. 한국은 분단국가입니다. 미국과는 동맹관계에 있지요. 이런 나라에서 사무총장이 선출된다는 것은 전통적 외교관례에서 불가능한 일입니다. 192개 유엔 회원국 중에는 미국에 호의적이지 않은 비동맹국가가 많이 있어요. 그들의 입장도 고려해야 하거든요. 그런 상황을 이겨내고 한국인이 사무총장에 당선된 겁니다.

여기에는 반기문 장관의 개인적인 능력이 상당히 많이 작용했어요. 반 장관은 6자회담을 주도하면서 미국·중국·일본·러시아의 외상들과 머리를 맞대고 논의하면서 능력을 인정받았습니다. 이 강대국 외상들과 개인적인 감정까지 얘기할 정도로 가까워졌어요. 이게 사무총장 선출에 유리하게 작용했습니다. 상임이사국 외에 다른 비상임이사국에 대해서는 본인이 직접 뛰어다니며 지지를 부탁했어요.

Q 반(潘) 장관의 사무총장 취임으로 한국의 국제적 위상이 어떻게 될 것이라고 봅니까.

A 한국의 국가 브랜드 가치가 올라갈 겁니다.

▌유엔 개혁 시급

반기문 장관은 2006년 9월 22일 61차 유엔총회 기조연설에서 유엔사무국 개혁, 인력운용 시스템 개선, 독립감사제도 강화 및 조달체제 개선을 주요 개혁 의제로 제시했다. 유엔사무국 내(內) 근무자의 부패와 도덕적 해이가 심한 것으로 알려졌다.

Q 문제의 심각성이 어느 정도입니까.

A 유엔 개혁은 그동안 꾸준히 제기됐습니다. 사무국 국장급 간부의 사무실에 고급 카펫을 깔아 놓고, 하는 일 없이 빈둥댄다는 지적이 제기돼 왔어요. 새로운 사무총장이 취임할 때마다 변화를 시도해 왔지만 아직 해결해야 할 부분이 많아요.

이 때문에 차기 총장은 조직 내부부터 개혁해야 한다는 주장이 있습니다. 특히 미국·일본 등 유엔 분담금을 많이 내는 나라들이 이런 문제를 제기하고 있어요. 돈을 많이 내는 국가의 입장에서 보면 분담금이 아깝지요. 반기문 장관은 유엔이라는 회사의 CEO라는 생각을 가지고 투명성과 효율성을 높이겠다고 약속했습니다. 유엔사무국 직원들이 반 장관의 선출에 대해 상당히 긴장하고 있다고 합니다.

▌반기문 사무총장의 과제

Q 미국의 격월간 외교전문 잡지인 *Foreign Affairs* 10월호는 '차기 사무총장'이라는 기사에서, "세계평화와 정의, 삶의 질, 인권 문제

에 차기 사무총장은 변화를 가져와야 한다"고 지적했습니다. 새로운 환경변화에 맞는 유엔을 만들어야 한다는 얘긴데, 반기문 사무총장이 해결해야 할 과제는 뭡니까.

A 정치적으로 북한과 이란의 핵 문제, 경제적으로는 선진국과 개발도상국의 격차해소, 내부적으로는 개도국들이 요구하는 유엔총회의 권한 확대와 맞물린 유엔 개혁문제, 비국가단체에 의한 불법활동과 개도국의 내전, 대량살상무기 확산방지 등으로 요약할 수 있습니다.

반 장관은 중동문제에 대해 특히 관심을 가져야 합니다. 중동문제는 결국 미국과 관련돼 있는데, 사무총장으로서 분명하고 확고한 입장을 표명해야 합니다. 이스라엘의 레바논 공격의 성격을 말할 수 있어야 하고, 북한의 인권 문제에 대해 적극적인 견해를 밝혀야 합니다.

Q 유엔사무총장으로서 한국의 입장과 다른 견해를 밝힐 수도 있겠군요.

A 물론이죠. 북핵·인권·탈북자 등 북한 관련문제에 있어 특히 그럴 겁니다.

박수길 회장은 "반기문 장관의 유엔사무총장 진출을 계기로 한국이 국제사회에서 목소리를 제대로 내기 위해서는 외교역량을 강화하고, 대외원조 자금을 늘리는 등 세계 10대 무역국가의 위상에 맞는 행동을 해야 한다"고 지적했다.

A 국제사회가 에이즈 퇴치, 난민구호 등 대외원조에 국민총생산의

0.7%까지 지원하고 있습니다. 우리는 여기에 절반도 못 미칩니다. 스웨덴·덴마크·노르웨이 등은 국민총생산의 1%까지 지원하고 있어요. 일본은 유엔분담금을 미국 다음으로 많이 내고 있습니다.

현실정치를 무시할 수는 없지만 인권, 질병퇴치, 환경보호, 난민 문제 등 '세계평화 구현'이라는 추상적 목표에 적극 동참해야 해요. 국내 외교 인력도 늘려야 합니다. 인구 100만 명당 외교관이 33명인 데 비해 캐나다는 157명, 벨기에는 172명입니다. 우리 외교 예산은 전체 예산의 1%가 안 됩니다. 국제사회의 목소리는 바로 돈과 연결돼 있습니다.

Q 유엔사무총장으로서 반기문 장관은 북핵 문제에 어떤 일을 할 수 있을까요.

A 북핵 사태는 한반도를 넘어 동아시아의 최대 현안이 됐습니다. 이 문제는 NPT(핵확산방지조약)와 직결돼 있어요. 반기문 장관은 북핵이라는 무거운 짐을 지고 총장직을 시작하게 됐어요. 한국의 외교장관으로서 6자회담을 주도해 온 경험을 살려 북한이 핵개발 의지를 포기하도록 현명하게 대처할 겁니다.

_『월간조선』, 2006.6.11

유엔, 한국 외교의
새로운 지평(地坪)

02

 ## 대한민국 정통성과 유엔의 역할

1950년 6월 24일(현지 시간) 트리그브 할브단 리 유엔사무총장은 한밤 중에 울리는 전화를 받았다. 존 히커슨 미국 국무부 유엔담당 차관보였 다. 그는 다급한 목소리로 북한의 남침을 알리고 긴급 안전보장이사회 소집을 요청했다. 리 총장은 소집된 안보리 회의에서 "북한의 남침 행위 는 유엔헌장 및 총회의 결의를 유린했다"고 보고했다. 이 보고 때문에 그는 소련의 미움을 사 결국 총장 2기 임기를 채우지 못하고 사임했다. 그는 회고록에서 "한국전쟁은 유엔이 직면했던 첫 시련으로 안보리가 단호하게 대처한 것은 정당했으며 나의 당시 처신은 7년 재직 기간 중 가장 올바른 행동이었다"고 회고했다.

한국 국민이 유엔을 친근하게 생각하고 지지하는 또 다른 이유는 1948년 한국을 독립국가로 세우는 데 유엔이 산파 역을 했고 그 후 한국 경제의 복구와 발전에도 큰 기여를 했기 때문이다. 이러한 점에서 유엔은 한국 국민에게 추상적 의미를 넘어 국가적 정통성과 정체성, 생존과 번영 등에서 긴밀한 관계를 맺고 있다고 하겠다.

24일은 유엔 창설 60주년 기념일이다. 유엔은 동서냉전에도 불구하고 국제연맹보다 두 배 이상의 긴 생명력을 과시하고 있다. 그러나 오늘날 우리는 "유엔이 성패의 기로에 서 있다"는 경고와 함께 '유엔 개혁'의 목소리를 자주 듣는다. 사실 유엔에 대한 회의적인 견해가 제기된 것은 이미 오래된 일이다. 인류가 직면한 새로운 위협, 즉 핵확산, 환경훼손, 테러리즘, 인권유린, 빈곤, 후천성면역결핍증(AIDS·에이즈) 등에 대처하기 위해서 국가 간 협력이 더욱 긴요함에도 불구하고 선진국과 개발도상국의 견해차 등은 유엔의 역할을 크게 제약하고 있는 게 현실이다.

이와 관련해 코피 아난 유엔사무총장은 올해 3월 유엔을 21세기의 다양한 도전에 더욱 효율적으로 대응할 수 있는 국제기구로 만들기 위한 일련의 개혁안을 총회에 제출했다. 금년 9월 개최된 유엔 정상회의는 빈곤문제 해결을 위해 선진국의 더 많은 정부개발원조(ODA) 제공 등에 합의하고 인권이사회 신설과 안보리 개편을 위한 협상을 종용한 바 있다. 이들은 하나같이 우리 국익에 직접적 영향을 미치는 사안으로 대(對)유엔 외교의 중요성은 날이 갈수록 커지고 있다.

한국은 1948년 정부 수립 이래 유엔과 매우 밀접한 역사적 관계를 맺어 왔음에도 불구하고 옛 소련의 붕괴로 냉전이 종식된 후인 1991년에야 유엔에 가입했다. 이후 유엔에서의 활동은 괄목할 만하다. 안보리 이사국을 지냈고 총회 의장을 배출했으며 내년에는 비상임이사국 진출과 유엔사무총장직에 도전할 의욕과 능력을 보이고 있다. 앙골라, 동티모르, 이라크 등의 분쟁지역에 유엔평화유지군 또는 다국적군을 파견하고 있으며 또한 유엔 재정 기여도도 세계 11위에 이르고 있다.

세계 12위권의 경제대국이자 모범적 민주주의 국가로 평가받는 한국은 앞으로도 개혁을 통한 유엔의 역할 강화와 유엔을 통한 세계 평화 증진 등의 목표를 지속적으로 추진해야 할 것이다. 유엔은 금세기에 들어와서 지난 세기와는 비교되지 않을 정도의 복잡한 안보 도전에 직면하고 있다. 유엔이 이러한 문제들을 해결하는 데 실패할 경우 유엔에 대한 국제사회의 기대는 사라질 수밖에 없다.

1950년 유엔 관계자로서 최초로 노벨평화상을 받은 랠프 번치(전 유엔사무차장)의 말을 우리는 잊을 수 없다. "유엔은 평화를 유지하기 위해서 존재할 뿐만 아니라 변화를 (급진적인 변화까지도) 폭력 없이 이룩하기 위하여 존재한다." 우리가 현재 직면한 도전은 유엔이 세계 문제를 해결하는 데 지도적 역할을 하도록 하는 일이다.

_『동아일보』, 2005.10.27

유엔무대의 장악

▌유엔의 역할 증대

88년 1월, 뉴욕타임스지의 유엔 특파원은 냉전 체제하의 유엔의 무기력을 이렇게 개탄했다. "매년 9월부터 12월까지 유엔은 터틀 만에서 화려한 쇼를 한다. 그러나 지금 유엔은 깊은 동면에 들어가기 시작했다. 위원회는 텅 비었고 라운지에는 사람이 없다. 유엔본부는 깊은 잠을 준비하고 있다." 그러나 5년이 지난 지금, 유엔은 놀라운 변신을 거듭했고, 회원국들은 벌써 유엔이 '세계 경찰'이 돼 간다고 오히려 우려를 표시하고 있다.

유엔 변모의 핵심은 작년에 갈리 사무총장이 제안한 '평화를 위한 과제'와 현재 대두되고 있는 안보리 개편 논의를 통해 잘 나타나고 있다. 특히 예방 외교 면에서 92년 3월 이후 유럽, 아시아, 중남미 등 세계 여러 분쟁 지역에 총 42회의 유엔대표단이 파견됐고, 또 현재 17개의 유엔 평화유지군이 활동하고 있다는 사실은 괄목할 만한 변모가 아닐 수 없다. 안보리 개편에 있어서는 주로 이사국의 증원과 일본, 독일 등의 상임이사국 진출 문제가 초점이 되고 있으나, 거부권 부여 여부, 브라질, 인도 등의 상임이사국 진출 희망 등등의 문제로 인해 1995년까지 해결될 전망이 밝은 편은 아니다.

한국은 1991년, 역사적인 유엔 가입에 이어 금년 2월 문민정부 탄생과 함께 '신외교'의 기치하에 유엔 외교의 지평을 새롭게 열고 있다. 지난 9월 29일 한승주 외무장관은 유엔총회 기조연설에서 "한국은 국제평화와 안전, 군축, 빈곤퇴치, 환경 보호 등 범세계적 문제의 처리에 있어서 보다 능동적인 역할을 추구할 것"이라며 '가까운 장래에' 안보리 이사국에 입후보할 의향을 밝혔다. 한국이 유엔 회원국이 된 지 2년이 넘었고 또 문민정부가 '국제화'를 신외교의 핵심으로 선언하고, 그 기조를 민주자유복지인권 등 인류의 보편적 가치에 두고 있음에 비추어 볼 때, 유엔안보리 활동을 통해 국제평화에 보다 적극적으로 기여하겠다는 결의는 한국의 국제위상과 국민적 기대에 부합된다 할 수 있다.

유엔헌장은 총회가 안보리 이사국을 선출함에 있어서 국제평화와 안전, 기타 유엔 목적에의 기여도와 균형된 지역대표성을 고려하도록 규정하고 있다. 한국은 회원국 경력이 일천함에도 불구하고 이미 소말리아에 유엔 평화유지군을 파견하고 있고, 많은 유엔 관련 국제기구에서 이사국으로서 활동하고 있으며, 유엔 분담금도 21번째로 많이 지불하고 있다는 사실은 우리의 대유엔 기여도의 단적인 표시라 할 수 있다. 또한 우리의 신외교가 동북아 안보대화 추진에도 역점을 두면서 이미 한·미·일 간에 긴밀한 협의를 시작했고, 특히 북한의 핵 문제에 관련해서는 협의 대상을 중국, 러시아에까지 확대하고 있음은 한국이 지역의 평화와 안정에 있어서도 선도적 역할을 하고 있음을 입증하는 것이라 할 것 이다.

▌지역국 지지 필수

한국의 안보리 진출 시기는 1996~97년을 목표로 하고 있지만, 95년에 있을 선거에 비추어 지금부터 치밀한 계획을 수립, 실천해가야 할 것이다. 안보리 이사국 선출의 관행은 지역그룹 내 지지와 '강력한 반대의 부재'가 필수적이다. 따라서 먼저 일본, 중국, 아세안 국가들을 포함한 아주그룹 전체의 지원을 확보함과 동시에 경쟁국의 방해를 중화하는 노력이 필요하다. 오늘날 유엔은 평화 유지 기능의 확대 추세에도 불구하고 회원국 분담금 및 연간 35억 달러의 평화 유지 기여금 체납 등으로 공전의 재정 위기에 직면해 있다. 따라서 한국은 분담금과 PKO 예산 등에서 기여함과 동시에, PKO 활동에 보다 능동적으로 참여하고, 또한 각종 유엔 활동에서 참여의 수준을 높임으로써 책임 있는 회원국으로서의 이미지를 부각해 나가야 할 것이다.

▌'신질서' 형성 주도

과거 반세기에 걸친 우리의 대유엔 외교의 최대 목표는 유엔 가입 바로 그 자체였다고 해도 과언이 아니다. 그러나 91년 그 목표가 달성됐으므로 새 시대의 유엔 외교는 신(新)국제 질서 형성에 보다 능동적인 활동을 하는 데 그 목표를 두어야 할 것이다. 유엔은 현재 미니국가를 포함하여 초강국에 이르기까지 1백84개의 회원국으로 구성돼 있고 그 기여의 양상도 다양하다. 한국은 캐나다 호주 노르웨이 등과 같은 국가의 유엔 내 역할과 활동을 주시하면서 모범적인 기여 방향을 모색해 가야 할 것이다. 이들 국가들은 군사력이나 인구 등의 면에서는 중위권 수준에 불과하지만, 평화유지 군축환경 인권 개도국 지원 등의 분야에서는 괄목할 만한 업적을 쌓음으로써 이미 유엔에서는 모범적인 회원국으로 평가되고 있다.

21세기를 향한 한국의 유엔 외교는 통일한국을 염두에 두면서 신국제 질서 형성에 능동적으로 참여하고 범세계적인 문제들에 깊이 관여함과

► 1996년 8·15 경축 리셉션
　주유엔 러시아 대사 Sergey Lavrov(좌측에서 5번째, 현재 러시아 외교장관)
　주유엔 방글라데시 대사 Anwar Choudhury(좌측에서 3번째)

동시에 유엔사무총장, 국제사법재판소장 등 국제기구 요직의 진출을 목
표로 한 인재 양성에도 많은 노력을 기울여야 할 것이다. 한국의 안보리
진출은 남북한 관계가 부과하는 제약을 뛰어넘어 한국의 유엔 외교에
있어서 또 하나의 획기적 전기를 마련할 것이며, 그것은 간접적으로나
마 한반도에서 전쟁 재발을 억제하고 남북한 간의 평화적 체제를 구축
하는 데도 유용한 기여를 할 것임에 틀림없다.

_『조선일보』, 1993.10.22

🌱 안보리 진출 새로운 도약

▮ 국력에 걸맞은 기여를

며칠 전 한국이 압도적인 지지로 2년 임기의 안전보장이사회 이사국에 당선되었다. 우리가 정부 수립 47년 만에, 유엔 가입 4년 만에 안보리에 진출하게 되었으니 이는 국제사회가 한국의 국력 신장을 높이 평가한 결과로 보인다.

안보리는 국제평화와 안전을 지키는 유엔의 가장 중요한 기관이며 모든 회원국은 안보리의 결정을 존중하고 이행해야 할 의무를 지니고 있다. 특히 냉전 이후 안보리의 기능이 확대됨으로써 새로운 국제질서 형성 과정에서 중추 역할을 하고 있으므로 안보리 진출은 우리나라의 국제적 위상과 영향력을 크게 높이는 계기가 될 것이다. 세계 11위의 경제력과 민주주의에 토대를 둔 도덕적 역량을 바탕으로 평화와 안전에 관련되는 각종 국제문제의 토의와 해결에 본격 참여함으로써 우리의 국익 증진과 세계 평화에 보다 능동적인 기여가 가능할 것으로 예상된다.

한국은 이제 명실상부한 국제사회의 주요 구성원으로서 평화유지활동(PKO)에의 참여를 증진하고 핵무기를 비롯한 대량살상무기의 제거를 위한 군축에 앞장서며 또 민주주의의 확산과 인권 문제 등 각 분야에서 국력에 걸맞은 기여를 더욱 강화해야 한다.

우리의 안보리 진출은 기존의 대남전략에 근본적인 변화를 보이지 않고 있는 북한에 대해 한미연합 방위태세와는 또 다른 새로운 차원의 억

지력으로 작용할 것이다. 특히 향후 북한체제의 불안정성이 증폭되는 경우 우리의 안보리 이사국 지위는 북한의 모험주의적 호전성에 심리적 제동을 가하게 될 것이다.

또한 우리가 통일을 추진함에 있어서도 안보리의 유용성은 크다고 할 수 있다. 왜냐하면 독일 통일의 경우에서 보듯이 향후 통일 한국의 성향에 대한 대외적 인식이 통일과정의 중요 변수가 될 것이기 때문이다. 이제 우리도 안보리 진출을 계기로 우리의 평화 지향성과 국제사회의 공동선에 대한 기여 의지를 과시함으로써 통일 한국에 대한 주변 국가의 이해를 다지는 기초 작업을 시작해 나갈 수 있을 것이다.

그러나 안보리 진출이 주는 도전 또한 만만치 않다. 우선 국제관계를 보는 우리의 시각 조정이 급선무다. 오랜 단일민족의 역사를 갖고 있는 우리는 가시적·단기적 이익에 집착하여 대외정책의 방향을 설정해 나가고자 하는 경향이 있다. 예컨대 안보리 진출을 추진하면서 흔히 받은 질문은 한국이 안보리 이사국이 될 경우 얻는 구체적 실익이 무엇인가였다. 그러나 국가 이익의 형태에는 눈에 보이지 않는 당장 돈으로 계산할 수 없는 것도 적지 않다. 다극화된 탈냉전 시대에서 국가 이익을 단선적으로 이해하는 것은 적절치 못하다.

▌외교의 일관성 필요

이제 한국은 국제적 관심 속에서 대외정책을 시행해 나가야 한다. 요원하게만 느껴졌던 보스니아나 중동문제 등에 대해 구체적인 입장을 밝혀야 할 처지에 놓이게 되었다. 상임이사국과 비동맹권의 사이에서, 또 우리의 실리와 국제적 대의명분 사이에서 정책 선택의 어려움을 겪어야 하는 경우가 비일비재일 것이다. 따라서 우리 외교는 확고한 원칙과 목표에 따라 일관성 있는 정책 방향을 취할 때 비로소 국제적 이해와 함께 국내적 지지도 받을 수 있게 된다.

한편 유엔안보리 진출은 현 정부가 추진하고 있는 세계화 정책의 맥락에서도 국제관계와 대외문제에 대한 국민 저변의 이해를 확충하고 또 우리 외교에 대한 국제적 공감대를 형성하는 계기가 될 수 있을 것이다. 아무쪼록 우리의 유엔안보리 진출이 우리에게 새로운 차원의 도약을 마련하는 계기가 되었으면 하는 바람이다.

_『동아일보』, 1995.11.11

🌿 '경제사회이사국'의 의미

우리나라는 31일 유엔총회 본회의에서 실시된 경제사회이사회(ECOSOC) 선거에서 1997~99년간 3년 임기의 이사국으로 선출되었다. 이는 무엇보다도 우리나라가 그간 세계 11위의 경제력을 바탕으로 이룩해온 괄목할만한 성장을 국제사회가 인정한 결과라고 본다. 특히 이번 선거결과 유엔의 양대 핵심기관인 안전보장이사회와 경제사회이사회의 이사국을 동시에 겸임하게 되는 국가는 5개 안보리 상임이사국 외에 한국, 일본, 칠레뿐이다.

▌국제사회의 한국에 대한 인정

냉전시대 종료 이후 군사안보 문제가 국제관계에서 차지하는 비중이 상대적으로 낮아짐에 따라 경제사회 문제에 대한 유엔의 관심은 더욱 커졌으며 또 이에 따라 ECOSOC의 역할도 증대되어 왔다. 즉 핵무기에 의한 공포는 사라졌으나 빈곤 질병과 환경오염 등에 의한 위협은 점점 더 확대되어 왔으며, 이러한 경제 사회적 불안요소가 방치되는 경우 궁극적으로 국제평화와 안정도 심각한 위기에 처할 것이라는 인식이 국제사회에 팽배하여 왔다. 유엔을 비롯한 국제사회는 동전의 양면과 같이 경제사회적 발전과 안정이 전제되어야만 참된 평화가 가능하다는 인식 하에 보다 장기적인 시각에서 국제관계를 다루어 나가고자 하는 추세다.

특히 ECOSOC 이사국은 유엔개발계획(UNDP), 유엔환경계획(UNEP) 등 각종 주요 산하기구 진출에 관건이 되는 투표권을 갖고 있으므로 앞으로 우리가 이들 기구의 이사국으로 진출하는 데도 큰 도움이 될 것으로 본다.

1980년대 중반 한미 통상마찰이 빚어질 때부터 우리 국민 모두가 느껴왔다시피 지금과 같은 국제적 상호의존의 시대에는 일국의 경제사회 문제를 국내차원의 문제로만 간주하면서 대외적인 흐름에 눈을 감는다는 것은 불가능하다. 따라서 우리와 같은 대외 지향적 경제체제를 가지고 있는 국가는 각국의 거시 경제정책 및 개발활동에 큰 영향을 미치는 ECOSOC의 정책입안과정에 적극 참여함으로써 세계경제사회 질서 형성과정에 우리의 입장을 반영하는 것이 무엇보다도 중요하다고 볼 수 있다.

이러한 시각에서도 우리의 ECOSOC 진출은 경제협력개발기구(OECD) 가입과 더불어 세계경제질서 형성과정에서 우리의 입지를 더욱 확대할 것으로 기대된다. 특히 ECOSOC 차원에서는 선발 개도국 중 대표주자라는 우리의 특수한 입지를 활용, 거시경제, 환경, 사회, 인권, 마약, 여성문제 등 각종 주요 논의에 적극적으로 참여하고 선진국과 개도국 간 합의 도출에 기여함으로써 다자차원의 경제사회 질서 형성과정에서 선도적 역할을 할 수 있을 것으로 기대된다.

▌전방위 외교시대 열려

우리 정부는 그간 「세계화」를 모든 정책의 주요기조로 삼아왔고, 외교 분야에서도 이는 예외가 아니었다. 필자의 견해로는 「외교의 세계화」

► 1986.7.28~8.11까지 인니, 말련, 싱가포르, 인도, 네팔 출장기간 중
인도네시아 Dr. Mochtar Kusumaatmadja 외상과 접견(7.29)

는 곧 「외교의 다원화」를 의미한다. 1970, 80년대에 우리의 외교가 국
내정치적 정통성의 부재와 경제사회적 저개발이라는 제약여건하에서
양자외교에 치중해 왔다면 90년대 후반에 접어들면서 이제 우리의 외교
는 이곳 유엔에서 보듯이 다자차원의 세계 중심 국가를 지향해 나가고
있다고 본다.

이러한 맥락에서도 이제 우리는 안보리 이사국 진출 및 OECD 가입
에 이어 ECOSOC 진출을 실현함으로써 선진국과 개도국 양쪽으로 날개
를 펼치는 전방위 외교의 전개가 가능하게 되었다.

_『동아일보』, 1996.11.2

안보리 개혁과 한국

다그 함마르셸드 전 유엔사무총장은 "유엔은 우리를 천당으로 데려가기 위해서가 아니라 지옥으로부터 구원하기 위해서 만들어졌다"고 말한 바 있다. 오늘날 유엔은 국제 테러리즘 등 새로운 위협에 직면하여 '우리를 지옥으로부터 구원'하기에는 역부족(力不足)인 것 같다.

코피 아난 유엔사무총장은 이러한 점을 고려, 작년 9월 16명의 고위자문단(High Panel)을 임명하였고 그들은 1년여에 걸친 토의를 거쳐 12월 2일 유엔안전보장이사회 개편안이 포함된 보고서를 제출했다. 한국은 중견 회원국으로서 유엔의 효율성과 정통성을 높이기 위한 안보리 개편 안에 전향적 자세를 갖는 것이 중·장기적 국익에도 부합한다.

유엔은 과거 10여 년간 많은 개혁을 해왔으나 안보리 개편 문제에서는 거부권을 가진 상임이사국, 비동맹그룹, 상임이사국 희망국, 중진국 그룹 등의 첨예한 이해 대립으로 아무런 진전을 보지 못했다. 그러나 오늘날의 국제정세는 안보리 개혁을 더 이상 늦출 수 없는 긴급한 시대적 과제로 만들고 있다. 국제 테러리즘과 지역분쟁, 핵확산 등 날로 증대되는 위협에도 불구하고 거부권을 가진 5대 상임이사국은 자국의 이해관계에 따라 개입 여부를 결정하는 등 안보리의 국제평화 유지 기능에 심각한 장애요인을 만들고 있다. 또 이사국의 의석수는 회원국이 191개국이 된 오늘에도 여전히 15개국이고 상임이사국의 구성도 선진국 위주로 되어 있어 인도·브라질 등 제3세계가 제외되고 있다.

이번 보고서는 안보리 개편에 두 가지 안을 제시했다. 첫째는 '제3카테고리 이사국(임기 4년의 연임 가능한 8개국 신설과, 연임 불가능한 임기 2년 비상임이사국 1개국 증설)' 의석을 신설하는 방안이고, 둘째는 상임이사국(6개국)과 비상임이사국(3개국) 의석을 동시에 증설하는 방안인데, 유엔 회원국들은 두 방안 중 하나를 선택하도록 되어 있다.

　두 제안은 다같이 중진국들의 유엔 민주화 요청과 상임이사국 희망국(Aspirant group)의 입장을 절충하고 있으나, 특이한 것은 '거부권 없는 상임이사국의 증가'만이 언급되고 있다는 점이다. 과거 안보리 개혁문제의 토의에서 상임이사국 희망국인 일본, 독일, 인도, 브라질 등은 일관되게 '거부권 없는 상임이사국 증설은 유엔 회원국을 다시 차등화 하므로 강력히 반대한다'는 입장이었다. 물론 '거부권 있는 상임이사국 증설안(案)'은 이제 공론(空論)이 되었다. 이라크사태를 체험했던 미국도 거부권을 갖는 상임이사국 증설안에 반대한다. 그러면 우리는 어떻게 입장을 정립할 것인가? 중진국인 한국은 유엔에서 보다 빈번한 안보리 진출 기회, 유엔의 민주화 촉진과 다자주의 원칙 제고, 일본의 상임이사국 진출이 동북아 및 한반도 통일에 미칠 영향 등을 고려하여 '제3카테고리 이사국 신설안'을 지지해야 한다. 사실 많은 회원국들은 힘의 정치(Real Politik) 현실을 인정하면서도 민주화의 보편화 추세 속에서 다시 특정 국가들에 영구적인 특권을 부여하는 데는 강력히 반대하고 있다.

　과거와는 달리 이번 안보리 개혁안이 국제사회의 큰 관심을 받게 된 것은 아난 사무총장이 개혁안에 도덕적 권위를 부여하고 내년 제60차 유엔총회 기간 중 개최될 유엔 정상회의에서 최종 합의 가능성이 예견되기 때문이다. 유엔은 이제 21세기의 도전 앞에서 효율적이고 정통성 있는 기구로서 거듭 태어날 수 있는가의 기로에 서 있으며 한국은 분명히 민주화의 방향을 선택할 때이다.

_『조선일보』, 2004.12.3

남북은 유엔에 답해야 한다

현재 뉴욕에서 열리고 있는 55차 유엔총회에서 1일 역사상 처음으로 남북한이 협력하여 만들었고 150여 개국이 공동 제안국이 되어 제출했던 한반도 관련 결의안이 유엔 전 회원국의 합의로 채택되었다. 이번에 채택된 유엔총회 결의는 6·15남북선언에 대한 유엔전체 회원국의 전폭적인 지지를 표명하면서 남북한에 대하여 그 내용을 충실히 이행함으로써 한반도의 평화를 공고히 하고 또 평화통일의 기초를 마련토록 권고하고 있다.

30여 년이 넘는 외교관 생활 중 그 태반을 뉴욕, 제네바 등지에서 보낸 필자는 이번 결의가 남북한의 이니셔티브와 회원국 전체의 합의로 통과되었다는 사실에 남다른 감회를 갖지 않을 수 없다. 대한민국은 그 탄생에서부터 시작하여 6·25전쟁, 전후 복구, 유엔 가입 등에 이르기까지 유엔과는 특별한 관계를 가져왔기에 우리 국민은 유엔에 대하여 뜨거운 향념(向念)을 갖고 있다.

우리는 바로 그 유엔에서 오랫동안 남북 간의 반목과 대결로 인하여 우리 민족의 자긍심과 긍지를 스스로 훼손시켰음을 부인할 수 없다. 나라를 영구히 분단한다는 구실로 한사코 유엔가입을 반대하던 북한과 가입의 타당성을 역설하던 남한. 이러한 남북한의 지루하고도 격렬했던 논쟁, 휴전협정이 북·미 간의 평화협정으로 바뀌어져야 하고, 미군이 철수해야 한다는 북한 주장을 둘러싼 남북 간의 대결, 드디어 동서 간의 냉전이 한창이었던 70년대 중반에는 남한과 북한이 편을 모아 각각 추진했던 두 개의 상반되는 결의안이 같은 의제 밑에서 채택되어 자기모순의 자화상을 노정했던 유엔. 이러한 일련의 사건들은 아직도 국민의 뇌리를 떠나지 않고 있다.

▌'총회 결의'의 정신 살려야

지난 수개월 동안 참으로 신기할 정도로 한반도에서 얼어붙은 동토가 녹기 시작했고 그 파장은 국제관계에서도 그대로 반영되고 있다. 6·15 남북선언에 대한 국제적 지지는 그동안 한반도 주변 4강을 비롯하여 7월 오키나와에서 있었던 G7+러시아 정상회의, 9월 유엔 새천년 정상회의 의장선언, 또 최근 아시아·유럽정상회의(ASEM)의 서울선언 등을 통하여 국제사회 전체로 확산되고 있음은 참으로 다행스러운 일이다. 물론 72년의 7·4남북공동성명도 73년 유엔총회에서 전원합의형식으로 지지를 받은 바 있으나 그때는 한국 문제를 중심으로 한 대결적 토의에 염증을 느낀 일부 국가들에 의하여 주도되었고 남북한의 이니셔티브는 아니었다.

그렇다면, 이번에 남북이 주도하고 전 회원국이 참여하여 채택된 결의에서 우리는 어떤 교훈을 얻어야 할 것인가를 생각해야 한다. 북한은 과거 그들이 추구했던 비현실적인 정책으로 남북한의 자원낭비는 물론 국제사회로부터 얼마나 많은 빈축을 사게 되었는지를 반성해야 한다. 결국 그들은 그렇게도 반대하던 남북한 동시가입을 냉전이 무너진 지 2년 만에 받아들이지 않을 수 없었고, 휴전협정의 실질 당사자도 미국과 북한이 아니고 남북한임을 인정하지 않을 수 없는 현실을 외면할 수 없게 되었다. 7·4남북공동성명이나 1991년 남북기본합의서가 남북관계의 획기적인 전환점을 이룩하지 못한 이유를 남북한은 다시 한번 반추하고 반성해볼 필요가 있다.

이제 국제사회는 유엔을 통하여 남북한을 독려하고 대화를 통해서 평화와 통일을 성취하기를 바라고 있다. 그리고 이 바람이 국제사회의 컨센서스로 표현될 때, 당사자인 남북한은 그것을 준수할 도덕적·정치적 의무를 절감하게 된다. 최근에 있었던 올브라이트 미 국무장관의 방북과 북·일수교회담의 재개, 주요 유럽연합(EU)국가들의 대북 수교 행진 등이 북한을 개방으로 유도하고 한반도의 긴장을 완화할 것은 의심의 여지가 없다.

▌한반도 평화정책 이행 노력을

그러나 한반도를 둘러싼 이러한 강국들의 움직임이 종국적으로 평화통일을 촉진할 것인지, 또는 영구분단을 고착화시킬 것인지는 이 시점에서 누구도 자신 있게 단언할 수 없다. 앞으로 한반도에 평화를 정착시키고 통일을 앞당기는 과업은 남북한이 남북관계를 전향적으로 발전시킴과 동시에 상호 협력하여 4강의 영향력을 올바르게 활용할 수 있느냐에 달려 있다.

이번 유엔 결의가 한국문제 해결에 미칠 수 있는 실질적 영향은 제한적일 수밖에 없다. 그러나 유엔의 보편성과 국제평화와 안전 유지에 대한 책임과 권위를 비추어 볼 때 문제 해결의 당사자로서의 남북한은 유엔의 보다 높아진 기대 속에서 평화와 통일을 위한 노력을 진지하게 더욱 가속화해 나가야 할 중차대한 책무가 있다 하겠다.

_『문화일보』, 2000.11.3

제**2**부
············

한반도와 동아시아

03

북핵문제와 한·중관계

최근 들어 동북아 안보정세의 불안정성과 불확실성이 점점 증가하고 있다. 북핵문제는 아직도 실마리를 찾지 못하고 있고 중·일관계는 영토 문제를 둘러싸고 악화일로에 있다. 설상가상으로 방공식별구역 문제를 둘러싸고 미국과 중국 간의 긴장도 점점 고조되고 있다. 이러한 불확실성과 불안정성의 시대에 한·중 우호협력관계를 증진한다는 것은 동북아의 안정과 평화를 위해서 또 한반도의 평화적 통일을 위해서도 대단히 중요한 일임을 우리는 잘 알고 있다.

냉전이후 세계 정치사에서 가장 두드러지는 현상은 중국의 부상과 흔히 G-2로 표현되는 미·중 간의 경쟁과 협력이라고 할 수 있다. 중국은 이미 경제 규모 면에서 미국이 위협을 느낄 정도로 성장했고 군사력도 그에 상응하는 속도로 강화되고 있다.

중국의 부상과 맞물려 미국의 대외정책에도 중요한 변화가 일어나고 있다. 이른바 "Pivot to Asia" 혹은 "Rebalancing"으로 표현되는 오바마 2기 정부의 대외정책은 중국의 급격한 부상을 경계하는 미국의 신외교정책이며 중국이 미국의 대외정책의 중심에 있다는 것을 단적으로 보여주는 것이다. 한편, 일본은 미국과의 긴밀한 협조하에서 소위 적극적 평화주의와 집단적 자위권행사추진을 주장하면서 조어도(댜오위다오) 영토분쟁을 위요한 중국과의 대립을 격화해 나가고 있다.

이렇듯 중국의 부상과 일본의 동향 그리고 미국의 외교정책의 변화를 감안할 때, 미국과 중국의 국익은 특히 동아시아 역내에서 가장 극명하게 중첩될 것으로 예상된다. 따라서, 미·중 양국은 이 지역에서 공통의 이익을 위해서 경쟁과 협력을 강화해 나감과 동시에 서로의 이익이 상충되는 지점에서는 갈등 혹은 마찰의 요소도 적지 않다고 할 수 있다. 실제로 최근의 예를 들어보면, 2010년에는 무역마찰, 티베트 문제 등으로 미·중 간의 갈등이 표면화되었던 반면에 2011년 오바마-후진타오 간의 미·중 정상회담을 계기로 양국 간의 관계가 협력관계로 재정립되는 양상으로 변화하였다고 할 수 있다. 미·중 간의 새로운 관계설정은 지난 6월에 있었던 오바마-시진핑 간의 양국정상회담에서 처음 공식적으로 이루어졌는데 여기서 중국 정상은 미·중관계를 '신형대국관계'로 정의하고 미국과 중국이 함께, 과거의 세계강대국과 같이 갈등적인 관계가 아닌 협력적 동반자 관계를 구축해 나갈 것을 제의하였다.

특히, 중국은 그간 평화적 발전(peaceful development)을 추구해 왔다. 주변국들에게 위협으로 비춰질 수 있는 정책들을 최대한 자제하고 경제발전에 주력하면서 동북아의 안정과 평화를 위해 노력하는 모습이 인상적이었다.

그런데 아주 최근 들어 나타나는 중국의 모습은 주변국들에게 적지 않은 불안과 우려를 안겨주고 있다. 방공식별구역이 주변국들의 의사에 관계없이 자국의 의지에 따라서 설정할 수 있다고는 하나 그것을 추진하는 과정에서 주변국들의 반발을 산다면 결코 현명한 정책이라고 할 수 없을 것이다. 더욱이 그것이 영토문제와 역사문제가 함께 결부되면 상황이 급속도로 악화될 소지도 있다.

따라서 작금에 중국이 더 노력을 기울여야 할 분야는 하드 파워의 과시가 아니라 소프트 파워를 활용하는 현명한 외교가 되어야 할 것이다. 그리하여 동북아의 제 국가들이 이 지역에서의 중국의 역할을 지지하고 함께 공동의 이익을 추구하는 훌륭한 파트너로서 중국을 받아들이게 하는 것이 최상의 정책이 될 것이다.

다시 한 번 부언하지만, 중국은 동북아의 안정과 평화를 위해서 가장 큰 역할을 담당해야 하는 국가이다. 그리고 그것의 첫 번째 시험대는 북핵문제라고 할 수 있다. 북한은 한국과 중국, 미국을 비롯한 국제사회의 강한 반대에도 불구하고 이미 세 차례나 핵실험을 실시하였고 이제는 그들의 헌법에 핵보유국을 명시하기에 이르렀다. 올 초부터 북한은 그들의 핵능력의 고도화에 전력하고 있다.

3차 핵실험을 통해서 소형화, 경량화를 시도했고 최근에는 5MW 원자로를 재가동하는 징후도 있다. 은닉된 우라늄 농축시설도 있을 것으로 추정된다. 북한에 대한 유엔안보리제재가 수차례 의결되고 실행 중임에도 불구하고 북한은 핵보유국에 대한 의지를 포기하지 않고 있다. 최근에는 핵개발과 경제발전의 병진노선을 발표하고 핵과 경제발전을 동시에 이룰 수 있다고 하는 터무니없는 주장을 내놓으면서 주변국들을 긴장시키고 있다.

중국은 6자회담의 의장국으로서 북핵문제를 해결하기 위해서 나름의 노력을 해왔다. 2005년에는 9·19공동성명을 이끌어내는 데 큰 역할을 하였고 최근의 북한에 대한 유엔제재에도 동참함으로써 북한의 핵개발에 반대한다는 의사를 국제사회에 명확히 밝힌 바 있다. 북한이 3차 핵실험으로 도발하자 중국은 북한에 강한 불쾌감을 표시하였고 지난 6월의 미·중 정상회담에서도 양 정상은 북한을 핵보유국으로 인정할 수 없다는 데에 합의한 바 있다. 실제로 북한이 핵을 보유하고 있다는 것은 한반도의 안정을 해치고 있다는 점에서 또 중국자체에 대해서도 큰 위협이 되고 있다.

시진핑 주석은 미·중 정상회담에서도 북핵을 용납할 수 없다고 말했고 얼마 전 APEC 회담에서도 중국은 북한의 핵보유와 핵실험에 결연히 반대할 것이라고 거듭 언급하였다. 중국과 한국의 미래 비전 공동성명에서도 양국이 북한의 핵개발이 한반도를 포함한 동북아 및 세계의 평화와 안정에 심각한 위협이 된다는 점에도 인식을 같이 하였다. 한·미·중 3국이 북핵문제에 대해서 한 목소리를 내고 공동대처하는 협력체제를 구축한다면 북핵문제도 언젠가는 해결의 실마리를 찾을 수 있을 것으로 기대한다.

최근에 미국과 이란의 핵협상이 타결방향으로 나아가는 것을 보면서 우리는 중재자의 역할이 얼마나 중요한가를 다시 한 번 실감했다. 미국과 이란의 협상과정에서 독일의 역할이 중요하게 부각된 것처럼 북핵문제를 해결하는 데 있어서 중국의 역할은 거의 절대적이라고 할 수 있다.

다른 한편, 북핵문제를 해결하는 데 있어서 중국의 역할에 대해서 회의적인 시각도 있는 것이 사실이다. 예를 들어, 조셉 나이(Joseph Nye, 하버드대 교수)는 중국과 북한의 관계에 대해서 중국이 북한을 안보완충지대(security buffer zone)로 간주하고 있음에 따라 북한에 대해서 강압적인 정책을 취할 수 없음을 지적하고 있다. 북한이 중국에 대해서는

"Powerful Weak State"로서의 지위를 한껏 이용하고 있다는 것이다. 또한 북한은 중국이 한반도에서의 안정을 비핵화보다도 우선시한다고 알고 있으며 그렇기 때문에 북한을 강하게 압박하지 못할 것이라고 생각하고 있다. 북한에 대한 압박이 한반도를 더욱 불안정하게 만들고 최악의 경우 북한의 체제붕괴까지 가져올 수 있으며 이는 중국에 대해서는 북한의 핵무장보다 더 큰 위협이 될 수 있다는 판단을 하고 있다. 이러한 오해를 불식시키기 위해서라도 북핵문제 해결을 위해서 중국의 보다 더 적극적인 역할이 요구되고 있다.

북한은 결코 핵보유국으로 인정받을 수 없을 것이다. 한·미·중을 포함하여 국제사회의 어느 나라도 북한을 핵보유국으로 인정하지 않을 것이기 때문이다. 북한은 불법적인 핵개발 프로그램과 수차례의 핵실험으로 인하여 국제사회로부터의 고립을 자초하고 유엔에 의한 경제금융제재를 받고 있다. 그럼에도 불구하고 북한은 핵개발과 경제발전의 병진노선을 표방하고 핵보유국이 되고자하는 야심을 포기하지 않고 있다.

지난 20여 년간 한국과 중국의 관계는 급속도로 가까워졌다. 중국이 한국의 제1의 교역대상국이 된 지는 이미 오래고 한국과 중국을 오가는 항공편이 일주일에 800편을 넘을 정도로 인적 교류도 왕성하다. 최소한 경제 분야에서는 한국과 중국은 이제 떼려야 뗄 수 없는 긴밀한 관계가 된 것이 틀림없다. 소위 "경열정열(經熱政熱)" 중 "경열(經熱)"은 이미 달성되었고 정열도 더욱 촉진되고 있다.

이같이 경제적인 측면에서의 긴밀한 관계에도 불구하고 이명박 정부 하에서는 한국과 중국의 관계가 소원했던 측면이 있었던 것도 사실이다. 그러나 박근혜 정부는 한·중관계를 복원하기 위하여 많은 노력을 기울여 왔으며, 지금 현재 한국과 중국은 한·중 전략적 협력동반자 관계의 내실화를 위해서 함께 노력하고 있다.

한·중관계가 "경열(經熱)"에 머물지 않고 "정열(政熱)"도 이루기 위하여 차근차근 발전해 나가고 있다는 말이다. 이미 한·중 양국은 세 차례의 정상회담과 네 차례의 외교장관 회담, 그리고 그 밖에 다양한 급에서 다수의 전략대화를 개최함으로써 정치·안보 분야에서 다층적 전략 소통을 본격화했다. 뿐만 아니라 민간부분에서 인문공동위원회를 발족시켜 인문분야에서의 교류를 증진하는 노력도 함께 기울이고 있다. 경제부문에서는 단순한 교역량의 증가와 투자를 넘어서서 포괄적인 수준 높은 한·중 FTA를 추진하고 있다. 한 마디로 한·중 양국간 접촉면은 넓어지고 이해의 깊이는 더욱 깊어지고 있는 것이다.

이런 폭넓은 이해를 바탕으로 한·중 양국은 한반도 문제와 관련하여 전략적 협력을 강화해 왔다. 앞에서 언급한 것처럼 북핵문제에 대하여 한·중 양국은 인식을 같이 하고 긴밀하게 협력해 왔다. 또한 중국은 북한의 무력 도발에 대해서 단호하게 대처하겠다는 우리 정부의 입장을 지지하였을 뿐만 아니라 궁극적인 평화통일을 향한 우리의 노력에도 여러 차례 지지를 표명한 바 있다.

한·중 전략적 협력동반자관계의 내실화는 또한 협력적 미·중관계를 촉진하는 효과도 기대할 수 있다. 미국과 중국이 경쟁하면서 협력하는 현재의 구도에는 상당한 정도의 불안정성과 불확실성이 내포되어 있는데 미국과 동맹관계를 맺고 있는 한국이 중국과 전략적 협력동반자 관계를 바탕으로 두 강대국 사이의 갈등을 완화하고 조정하는 역할을 담당할 수 있다면 동북아의 안정과 평화를 증진하는 데 크게 도움이 될 것이다. 한국이 미·중 간의 협력적 관계를 촉진시키는 촉진자이자 조정자의 역할을 할 수 있다고 믿는다.

이렇듯 한·중 전략적 협력동반자 관계의 진전은 한·중 양국에 이익을 가져올 뿐만 아니라 동북아지역에서의 안정과 평화를 위해서도 중요한 역할을 할 수 있다. 한·중 간에 이견(異見)이 있는 이슈가 있을 수 있지만 그런 문제들에 대해서는 시간을 두고 서로 다른 의견들을 조율해 나가면 될 것이다. 중요한 것은 한·중 양국이 공통의 이익을 위하여 긴밀하게, 그리고 미래지향적으로 협력해 나간다는 데 있는 것이다.

결론적으로 동북아시아의 미래는 한·중 양국이 협력적 동반자관계를 어떻게 발전시켜 나갈 것인가에 크게 달려 있다고 하겠다. 그 첫 번째 시험무대는 역시 북핵문제가 될 수밖에 없을 것이다. 북핵문제 해결을 위해서 양국이 어떻게 협력해 나가는가가 미래의 한·중관계를 가늠해 볼 수 있는 중요한 척도가 될 것이다.

북한의 핵개발은 NPT체제에 대한 중대한 도발이며 결코 국제사회로부터 인정받지 못할 것이다. 다행스러운 것은, 앞서 얘기한 것처럼, 한·미·중이 북핵문제에 있어서 인식을 같이 하고 있고 긴밀한 공조체제를 구축하고 있다는 사실이다. 한·미·중 3국이 긴밀히 협조해 나간다면 언젠가는 북핵문제도 그 실마리를 찾을 수 있을 것으로 기대한다.

한국과 중국은 지금 현재, 과거 그 어느 때보다도 우호적인 관계에 있다. 한국과 중국이 이념적·제도적 측면에서 완전히 일치하는 것은 아니지만 그 차이점들이 양국관계를 더욱 발전시키는 데 걸림돌이 되지 않을 것이다. 한 가지 희망적인 점은 중국도 스스로 민주주의를 발전시켜 나가고 있다는 사실이다. 부패척결을 위한 중국 정부의 노력과 사이버 세계에서의 언론의 자유의 확대는 중국의 민주주의가 밑바닥에서부터 서서히 발전하고 있다는 것을 보여준다. 10년마다 평화적으로 정권이 교체된다는 것은 민주주의 또 다른 형식을 보여주는 중국의 정치제도의 장점 중 하나라고 할 수 있다. 이러한 민주주의의 발전은 중국이 그간 보여준 놀라운 경제성장과 함께 개발도상국들에게 새로운 발전의 모델을 제시하고 있다.

다른 한편, 중국이 최근 방공식별구역 공포를 둘러싸고 보여주는 모습은 주변국들의 적지 않은 우려를 자아내고 있다. 그 모습이 중국이 그간 보여주었던 평화적 발전(peaceful development)과 어울리지 않는 모습이기 때문에 주변국들의 입장에서는 당혹스러운 점이 없지 않다. 한국과 같은 주변국들은 중국이 동북아의 중심국가로서 이 지역의 평화와 안정은 물론 세계적인 평화와 번영을 위해 더욱 지속적인 노력을 해주기를 기대하고 있다.

미래의 한·중관계는 밝게 전개될 것으로 우리는 믿고 있다. 한국과 중국은 폭넓은 공동의 관심사와 이해관계를 바탕으로 전략적 동반자관계를 확대해 나가고 있으며 앞으로도 이러한 관계는 더욱 넓어지고 깊어질 것이다. 그러기 위해서는 중국이 대국으로서 하드 파워를 과시하기보다는 소프트 파워의 확대에 더욱 노력하는 것이 도움이 될 것이다. 그것은 중국과 주변국들 모두에게 호혜적인 도움이 될 것이다.

한국과 중국이 동아시아의 중심국가로서 이 지역의 평화와 번영을 위하여 함께 노력해 나갈 것을 기대한다.

_상하이총영사관 주최 한중학술회의 기조연설, 2013.12.5

04   한국 외교의 도전과 과제

 '외교 60년'에 대한 국민적 긍지

한 나라의 외교정책을 결정하는 중요한 요소의 하나로 흔히 지정학적 위치를 들고는 한다. 『두 개의 한국』 저자로 유명한 돈 오버도퍼(Don Oberdorfer) 교수는 그의 저서에서 한국의 지정학적 위치를 "잘못된 크기로 잘못된 장소에 위치한 나라, 그러면서도 주변국에 실질적 가치가 있을 정도로 크고 좋은 지위를 점하고 있어 주변 강대국들의 이해관계가 그들로 하여금 음모를 꾸미고 전쟁을 할 만한 이유가 되는 나라"라고 기술했다.

지난 60년 동안 우리가 이루어온 국력신장을 회고해 보면 한국의 지정학적 위치는 제약보다는 기회의 요소로 작용해 왔다. 60년 전에 독립한 140여 약소국의 하나에 불과했던 한국은 이제 해양과 대륙을 동시에 지향하며 경제력은 세계 13위, 국방력은 8위, 스포츠는 10위권, 정보화 면에서는 세계 첨단에 위치해 있다. 이러한 과정에서 외교도 큰 역할을 했다고 본다.

지난 60년간 한국 외교의 발자취를 회고해 보면 첫째, 건국 초기에는 공산주의 위협으로부터 생존을 보전하기 위한 안보의 기틀을 놓았고 그러한 기초 위에 외자와 기술 유치, 해외 시장 확보를 통해 산업화를 지원함으로써 국제적으로 개발도상국 경제성장의 발전모델로 높은 평가를 받았다. 이어서 도래한 탈냉전 시대의 북방외교를 통해 중국·러시아 등과 관계를 정상화하고 남북한의 유엔 동시 가입을 통해 한국 외교의 지평을 넓힌 것도 꾸준히 지속해온 안보와 경제 외교의 기반이 있었기에 가능했다.

그럼에도 불구하고 지난 10년간 우리 외교를 대미 종속외교, 분단 고착외교, 반공 이데올로기에 편중된 외교로 폄하하는 목소리를 자주 듣는다. 이는 무지이거나 사실의 심각한 왜곡에 기초한 주장이라는 생각이다. 공산주의 위협으로부터 나라를 지키고 헐벗고 굶주린 국민들을 위해 통상을 하고 외자와 기술을 도입하는 데 미국과의 관계가 중요했던 것은 누구나 다 인정하는 사실이다. 미국 의사(意思)에 반하는 반공포로 석방에 관한 이승만 대통령의 결단, 카터 대통령의 주한미군 철수론을 되돌린 박정희 대통령과 카터 대통령의 청와대 회합(會合)은 대미 외교가 국익을 위한 것이었으며 종속외교와는 거리가 멀었음을 필자는 경험으로부터 자신있게 말할 수 있다.

지난 10년간 제기된 이러한 주장들의 가장 큰 폐해는 외교에 대한 공감대를 무너뜨린 것이라고 생각한다. 남북 정상 간에 합의된 6·15선언과 10·4선언의 평가는 역사의 몫으로 하고라도 우리 사회의 동맹과 자주라는 소위 '거대 담론' '대북관 변화' '민족끼리'의 정서는 우리 사회 가치관의 다양화 현상과 함께 새로운 외교환경을 조성하게 되었다.

그 결과 정치권에서 기본적인 외교방향에 대한 공감대가 무너져 외교정책이 정치적 논쟁이나 사회적 분규의 대상이 되었다. 그리고 대북정책을 국익에 기초한 국제공조 대신 소위 '민족끼리'의 좁은 시야로 접근하는 경향도 만들어냈다. 인권분야를 예로 들면 지난 10년간 우리 정부는 미얀마인권 문제 등에 대해서는 적극적 입장을 취하면서도 북한인권결의에 대해서는 불참, 기권, 반대를 넘나드는 이중 잣대를 보여왔다. 이는 국익에 기초한 국민적 공감대가 아니라 설익은 이념이 외교적 정책 결정에 영향을 미쳤기 때문이라고 본다.

역사적인 광복절과 60주년 건국행사에조차 여야가 자리를 같이 못하는 우리 사회의 현실에서 외교 문제에 대한 컨센서스를 구축하는 것은 결코 쉽지 않은 과제다. 특히 대북정책과 안보정책에 관한 논쟁이나 분규의 높은 비용을 피하기 위해서는 이명박 정부가 외교기조에 대한 새로운 국민적 공감대 형성을 위한 노력을 아끼지 말아야 할 것이다. 이념의 과잉은 국익에 기초한 일관된 외교정책을 어렵게 하므로 공허한 이념이 아니라 안보·경제·국격의 제고 등 누구나 공감할 수 있는 가치에 기초한 외교기조에 대한 공감대를 이룩하는 것은 더 이상 미룰 수 없는 우리 외교의 초미의 과제로 강조되어야 한다.

_『중앙일보』, 2008.8.20

한국 외교가 국제 경쟁력을 키우려면

정권 교체기를 앞두고 참여정부의 각 부처가 업적을 정리하고 평가하는 기록물을 작성하는 작업을 진행하고 있음은 의미 있는 일이다. 필자가 오래 몸 담아온 외교분야에서는 과연 어떠한 성과가 있었는지를 살펴보면 공과(功過)의 엇갈린 평가가 가능하다. 반기문 전 외교부 장관의 유엔사무총장 선출, 한미 자유무역협정(FTA) 협상의 타결, 많은 난관은 예견되나 북핵 문제 해결을 위한 원칙 및 이행 방안 합의 등은 노무현 정부의 가시적 성과들이다.

이러한 성과 외에도 우리의 외교능력이 객관적으로 평가될 사례가 적지 않다. 우리나라가 장차 국제사회에서 선진국으로 대접받기 위해서는 비단 국내총생산(GDP)의 증가만으로는 부족하고 안보, 비확산, 환경, 개발, 인권 등 국제문제 해결 노력에 적극적으로 참여하고 국제사회로부터 평가를 받는 것이 중요한데 이러한 분야에서도 의미 있는 성과가 있었다고 하겠다.

그럼에도 참여정부의 외교가 전반적으로 후한 점수를 받지 못하고 있는 것이 현실이다. 가장 큰 원인은 외교, 국방, 남북한관계를 아우르는 종합적인 상황 분석과 일관된 전략이 미흡한 채 균형을 잃은 대북 정책과 명분에 치우친 자주외교, 국방정책에 귀결되는 것 같다. 좋은 예가 미국과의 관계이다. 우리의 외교안보, 경제적 국익을 고려할 때 원만한 한미관계의 유지와 강화가 우리 외교의 확고한 기축이 돼야 한다는 점에는 국민적 공감대가 있다고 본다.

지난 4~5년을 회고해 보면 미국의 새로운 국방 전략인 전략적 유연성에 대한 지지, 주한미군 재배치 등 미국의 오랜 숙원을 해결해 주었고 이라크와 아프가니스탄에도 파병했다. 이렇게 동맹국으로서의 의무를 충실히 이행하면서도 그 과정에서 확실한 전략과 리더십을 발휘하지 못하고 정부 스스로가 우왕좌왕하는 모습을 연출함으로써 국내적으로는 소모적인 논쟁을 일으키고 미국에는 제대로 평가받지 못했다.

이러한 관점에서 외교 분야에서 지적돼야 할 점은 첫째로 외교, 국방, 남북한관계를 종합적으로 고려하는 전략을 수립해 실천하는 외교가 필요하다. 한반도는 미·일·중·러 4강의 전략적 이해가 직접 충돌하는 지역이기에 한국의 사활적 국익을 좌우하는 외교정책 입안에 오랜 경험과 식견이 풍부한 외교 분야 전문가들의 참여가 더욱 확대돼야 한다. 외교부 장관의 부총리 격상도 그러한 측면에서 검토돼야 한다. 북한 핵 문제, 4강과의 관계 등에서 볼 수 있듯이 남북한관계의 관리는 민족 내부의 문제이자 우리 외교의 가장 핵심적 과제인데 균형 잡힌 대북정책을 추진하고 남북관계와 외교정책을 효율적으로 조정하기 위해서도 반드시 필요한 검토라고 생각된다.

둘째는 외교 지원체제의 문제이다. 구 공산권 국가들과의 관계 강화, 유엔 가입 후 한국의 본격적인 다자외교 참가, 연간 1,000만 명에 달하는 해외 여행객 및 700여만 명의 재외국민 증가, 탈북자 문제 등으로 외교 수요는 꾸준히 증가하는데 외교부의 인력이나 재원은 1980년대 수준에서 크게 증가하지 못하고 있다. 특히 인력 문제는 단순한 양적인 확대로는 미흡하고 외교 분야의 특수성을 고려할 때, 고시 위주의 현행 제도를 탈피하는 충원과 훈련제도의 획기적인 개선 노력이 병행돼야 한다.

이제 시간이 얼마 남지 않은 현 정부가 이러한 과제들을 해결해 주기를 기대하는 것은 무리일지 모른다. 그러나 한국 외교의 선진화를 위해

► 1997년 6월 헨리 키신저(Henry Kissinger) 박사 사무실에서의 면담

서는 현재 각 부처에서 애써 준비하는 참여정부 기록들이 일과성의 홍
보물이 아니라 문제점의 인식과 획기적 개선을 통해 현 정부의 긍정적
인 유산으로 남도록 진지한 노력을 할 필요가 있다는 점을 강조코자 한다.
_『세계일보』, 2007.6.11

외교 선진화의 디딤돌 '소프트 파워'

지난 수년간 미국 부시 행정부의 이라크에 대한 일방주의적 군사정책을 맹렬히 비판해온 하버드대학교 조셉 나이 교수는 군사력으로 상징되는 경성 국력(Hard Power)이 주권국가의 독립을 보존하는 데 극히 중요한 역할을 하는 것은 사실이지만 이것만으로 국제 테러리즘을 해결하기에는 역부족이고, 경성 국력이 연성 국력(Soft Power)에 의하여 뒷받침되어야 한다고 주장한다. 그에 따르면 연성 국력이란 물리력을 사용하지 않고 상대방을 설득시키는 능력을 말하는데, 물리력의 사용은 반드시 상대방의 반발을 불러오지만, 연성 국력은 그렇지 않으므로 여러 나라의 협력을 전제로 하는 테러리즘과 같은 세계문제를 해결하는 데 그 중요성이 더욱 증대한다고 강조한다.

이러한 면에서 볼 때 주로 소프트 파워로 세계문제를 해결한 유엔의 활동이 정통성을 인정받고 평가되는 것은 당연하다. 필자는 최근 제네바에서 개최된 인도적 지원에 관한 유엔사무총장 자문단 회의에 참석하였다. 토의 의제는 유엔이 2006년 5억 달러로 발족한 유엔중앙긴급대응기금(CERF: Central Emergency Response Fund)을 효율적으로 사용하여 세계 도처의 무력충돌 또는 자연재해로부터 인명을 구제하자는 문제였다. CERF는 지난 2년 동안 콩고 민주공화국, 수단, 스리랑카 등 인도적 위기 상황에 직면하는 59개국에서 긴급한 인명구호사업에 무려 6억 달러의 자금을 신속히 또 적기에 방출하여 인명구호에 큰 기여를 함으로써 국제사회로부터 높은 평가를 받고 있다. 2004년 동남아 해역을 강타한

쓰나미, 작년의 레바논 내전, 오늘의 다르푸르 사태 등 긴급상황에서 인도적 지원은 글자 그대로 죽음과 삶의 차이를 의미하기 때문이다. 유엔은 평화와 안보, 개발, 인권을 3대 축으로 하면서 세계의 평화와 번영의 추구를 목표하지만 이상과 현실의 괴리는 크다. 인류는 현재 전례가 없는 경제적 번영을 이룩하였으나 아직도 지구상에는 1달러 미만으로 하루의 생계를 꾸려나가는 빈곤층이 세계 인구의 5분의 1을 차지하고 있다.

한국은 CERF 기금으로 2006년 500만 달러, 올해 200만 달러를 기여했다. 이는 한국의 국가브랜드를 향상시키고 국제위상을 높이는 국제적 투자라는 점에서 우리의 연성 국력을 축적하고, 창출하는 노력이라고 볼 수 있다. 한국은 또한 지난 수년 동안 이라크 재건과 아프리카 개발을 포함하는 취약 국가와 최빈국에 대한 지원 확대 등을 실천하여 온 것도 사실이다. 그러나 한국의 기여는 세계 10위권의 경제를 가진 국력에 비춰 볼 때 너무나 초라한 것이며, 우리나라의 역할에 대한 국제적 평가도 매우 인색한 것이 현실이다. 2006년 한국의 공적 개발원조는 약 4억 5,000만 달러로 우리의 GNP 대비 0.05%에 불과하고 OECD그룹의 연평균 원조규모인 GNP 대비 0.3%와는 비교도 되지 않는다.

한국의 유엔분담금도 정규분담금이 연 6,000만 달러, PKO특별분담금이 1억 달러, 사업분담금은 4,000만 달러로 전체 유엔회원국 중 약 11~12위권이나 인도적 지원을 포함하는 사업분담금은 25위 정도에 그치고 있다.

내년 2월이면 이명박 정부가 출범한다. 세계화가 더욱 빠른 속도로 심화되어가고 빈곤과 저개발이 세계평화를 중대하고 잠재적으로 위협하는 오늘날 무력에 의한 안보보다 개발을 통하여 빈부 국가 간의 격차를 줄이고 세계빈곤층에 최소한의 기본욕구를 충족시켜주는 인간안보는 21세기에 인류가 직면한 도전이다. 국제사회의 책임있는 성원으로서 한

국이 이제 능력에 걸맞은 ODA와 인도적 지원, 평화유지군 증파 등 소
프트 파워의 활용을 통한 외교선진화를 가속화하는 것은 피할 수 없는
시대적 요청이라고 본다.

_『세계일보』, 2007.12.24

새정부 '실용외교'에 거는 기대

　오늘은 이명박 정부가 출범하는 날이다. 새 정부의 국정철학과 기본 정책 방향은 대통령직 인수위원회가 지난 5일 국정과제 보고에서 밝힌 바와 같이 자유민주주의와 시장경제에 기초한 선진 일류국가의 건설이다. 이 보고서는 특히 외교·안보에 관련한 정책의 틀을 과거 정부와는 크게 대비되게 짜고 있는데도 그간 정부 조직, 총선, 특검 등 정치적 이슈에 밀려 국민의 관심을 충분히 받지 못했다.

　외교안보 관련 과제는 '글로벌 코리아' 제하에 새로운 평화 구조 창출과 실용적 통상외교, 세계로 나아가는 선진안보, 친환경 에너지 구조 등으로 되어 있다. 우리가 처한 대내외적 안보·경제 상황에 비추어 볼 때 방향 설정이 올바르고 균형감각과 융통성이 돋보인다. 첫째, 글로벌 코리아라는 외교 분야의 국정지표는 국제 협력을 강조하면서 외교 시야를 세계화 조류에 부합되게 전 세계로 넓혔다. 민족과 자주의 이름으로 내실 없는 동북아의 균형자 역할을 자임하기보다는 10위권의 경제대국으로 세계로 뻗어 나가 세계평화에 기여하고, 중동·아프리카·남미 등 제3세계를 향한 자원외교도 더욱 활성화하겠다는 의지의 표현이라고 본다.

　둘째, 한미 유대관계의 복원과 창조적 발전을 핵심 과제의 하나로 제시하고, 북한에 대해서는 비핵·개방·3000 구상 추진과 북핵 폐기의 우선적 해결, 그리고 남북 간 인도적 문제 해결 등을 제시하고 있다. 참여정부의 외교정책이 자주라는 명분에 치우쳐 미국, 일본 등 핵심 우방과의 관계를 소원하게 하였고, 대북 지원을 하면서도 핵 개발과 인권, 개방, 납북자 등 주요 이슈에서는 진전을 이루지 못하였다는 점을 감안하면 한·미·일 3국공조를 통하여 북핵 문제를 해결하고, 남북관계도 국제적 맥락에서, 또 국민적 합의에 기초하여 정상적으로 투명하게 관리하겠다는 정책은 적절한 문제의식에 기초한 제안이다.

셋째, 외교의 본질은 변화하는 국제 환경 속에서 국가 안보와 경제 발전, 그리고 국격의 제고라는 어느 하나 양보할 수 없는 목표들을 실천해 나가는 데 있다. 따라서 중국, 인도를 중심으로 한 브릭스(BRICs) 국가들의 경제 약진으로 자원·에너지의 품귀와 가격 폭등의 추세 속에서 새 정부가 자원·에너지 외교를 핵심 과제로 설정함과 동시에 개발원조(ODA) 확대와 상비군 설치를 통하여 국제평화유지활동(PKO)을 강화한다는 구상은 외교의 융통성을 돋보이게 하는 정책이다.

글로벌 코리아에 포함된 정책들은 이같이 매우 긍정적인 평가를 받을 수 있으나, 이를 구체적으로 시행함에 있어서는 그 내용과 속도를 적절히 조절함이 바람직하다. 그 좋은 예가 미국 주도로 현재 70여 개국이 참가하고 있는 대량살상무기 확산방지구상(PSI)과 미사일방어(MD) 체제의 참여 문제이다. 전자가 범세계 차원의 확산 방지 구상임에 비추어 종국적으로는 한국의 참여가 바람직하고 MD에도 점진적으로 참여 범위를 넓힐 필요가 있겠으나, 6자회담이 중대 고비를 맞고 있고 한반도 통일에서의 중국 역할, MD에 대한 중국의 민감한 반응 등을 고려해야 할 것이다.

새 정부가 강조하는 한미관계 복원이 우리 외교의 가장 중요한 과제의 하나이기는 하다. 하지만 이러한 강조가 PSI, MD 문제 등에 대한 미국의 과도한 기대로 이어질 경우에는 새로운 문제가 대두될 수도 있을 것이므로, 글로벌 코리아에 포함된 과제들의 내용과 이행 속도에 대한 신중한 검토가 필요하다. 국민의 축복과 높은 국제적 관심 속에서 출범하는 이명박 정부가 대통령이 국정철학으로 잘 무장되고 각 분야의 최고 적격자로 구성된 내각과 청와대 참모진을 통하여 글로벌 코리아에 함축된 과제들을 5년간 성공적으로 추진해 나갈 것이라 기대한다.

_『세계일보』, 2008.2.25

끝나지 않은 '한국의 위기'

"한국과 멕시코가 세계의 모든 개발도상국 중 가장 빨리 산업화와 민주화를 이룩하여 OECD 선진국 그룹에 가입하였다. 그러나 두 나라 모두가 파산 지경에 이르러 IMF 구제금융을 요청하는 신세가 되었으므로 브라질은 그 길을 당분간 택하지 않기로 했다."

필자가 유엔대사로 근무하던 1997년 11월 우리나라에 외환위기가 발생했을 때, 주유엔 브라질 대사가 의도적으로 나에게 던진 이 말을 필자는 지금도 잊지 않고 있다. 그로부터 1년 6개월여… 한국 경제는 활발한 회복기를 맞고 있어 세계를 다시 놀라게 하고 있다.

우리가 위기에 강한 국민임은 틀림없다. 건국 후 여러 차례 위기를 맞았지만 국민의 단합된 힘으로 극복할 수 있었다. 6·25를 잘 견뎌냈고, 두 차례의 석유파동도 극복했다. 이제 외환위기도 일단 벗어난 것 같고, 금융부문 개혁도 어느 정도 가닥이 잡혔다. 기업 구조조정은 생각처럼 잘 진척되고 있지 못한 것이 사실이지만, 정부는 계속 기업을 설득하고 유도하고 있다.

하지만 아직도 갈 길이 먼데 사회 분위기는 너무 흥청망청한 것 같아 걱정이 앞선다. 물론 적당한 소비는 경제를 버텨주는 힘이지만, 최근 우리 사회를 들끓게 했던 옷 로비 사건을 비롯 각종 고급 사치품의 수입이 늘어난다는 보도를 접하면 IMF 이전으로 다시 돌아가는 것 같다.

요즘은 달러도 넘쳐난다고 한다. 그러나 그렇게 들어오는 외화의 적지 않은 부분이 외환위기를 일으킨 바로 그 단기성 투기자금이 아닌가

하는 우려가 없지 않다. 작년에 이어 올해 무역수지가 큰 폭의 흑자를 기록하고 있지만, 그것도 따지고 보면 우리의 경쟁력이 확고히 뿌리를 내려 수출이 늘어난 결과라기보다는 수입이 크게 감소했기 때문이라고 한다.

앞으로 일본 경제가 계속 불황으로 남을 것인지, 중국 위안화가 어떻게 될지, 또 미국 경제가 지속적으로 호황을 유지할 것인지 등 불확실성은 여전히 우리 곁을 떠나지 않고 있다. 해외 전문기관이나 외국 언론들은 한국의 위기는 끝나지 않았고, 아직도 개혁해야 할 과제들이 산적해 있다고 경고한다. 1997년 12월 대통령 당선자가 당선의 기쁨을 즐길 여유도 없이 직접 소매를 걷어붙이고 위기극복을 진두지휘하던 모습에서 국민 대다수는 깊은 감명을 받았었다. 국민은 그때 당선자의 리더십을 혼연히 따랐고, 기업은 자기 개혁을 굳게 다짐했으며, 노동자도 노사정 화합의 기치 밑에 힘을 합쳤다.

그때부터 1년 반 동안 이룩된 개혁의 성과는 오늘의 경제 회복으로 잘 나타나고 있다. 하지만 함정은 도처에 남아 있다. 우리가 위험스러운 자기만족을 직시하지 못할 경우 지난날의 과오를 되풀이할 수 있다는 MIT대학 앤 크루거 교수의 경고를 경청할 필요가 있다. 지금 우리가 스스로에게 물어야 할 것은 정부가 과연 원칙과 일관된 정책으로 국민이 따를 모범을 보여주고 있으며, 국민은 이완되지 않는 자세로 위기극복에 대처하고 있는가이다. 타협을 모르는 여야 간의 대결정치, 말은 무성하면서도 결실이 별로 없는 대기업의 구조조정, 끝없이 이어지는 공직사회의 부패와 스캔들은 국민의 마음속에 불신과 허탈감을 증폭시키고 있다. 지금이야말로 21세기를 향한 비전으로 국민의 역량을 결집시키고, 개혁의 고삐를 늦춤 없이 튼튼하고 경쟁력 있는 경제건설을 이끌어갈 강력한 리더십이 요청되는 때다.

_『조선일보』, 1999.7.12

일류시민 돼야 일류국가 된다

지난 6일 김영삼 대통령은 연두기자회견에서 "우리 민족이 세계 중심에 우뚝 서서 새문명을 앞서 이끄는 21세기 일류국가, 신한국을 건설해야 한다"면서 "이것이 광복 50주년을 맞는 우리 모두의 결의가 되어야 한다"고 강조했다. 일류국가란 단순히 경제적으로 앞선 국가를 의미하는 것은 아니다. 일류국가란 물질적 풍요뿐 아니라 국민에게 인간다운 생활을 보장하고 또 국제사회에 기여하는 국가를 말한다.

한 나라가 일류국가가 되기 위해서는 무엇보다 건전한 시민정신으로 무장된 일류시민을 갖는 것이 불가결의 조건이다. 건전한 시민정신이란 철저한 준법정신으로부터 시작하여 세계가 하나의 유기체라는 전제 아래 지구상 모든 나라가 함께 잘 살 수 있도록 사고라고 행동할 줄 아는 세계시민(Global Citizen)으로서의 양식과 교양까지 포함하는 모럴이라 할 것이다. 세계무역기구(WTO) 체제가 출범했고 또 지구상 모든 나라가 상호협력을 해야만 환경 빈곤 인권 인구 등 범세계적인 문제를 해결할 수 있는 오늘날, 타국에 대한 배타적인 태도나 고립주의적 사고방식은 모두 건전한 시민정신과 양립할 수 없음은 말할 필요가 없다.

내가 외교관 생활을 하면서 돌아본 많은 나라 중에서 특히 스위스와 캐나다를 물질적 풍요 면에서나 인간다운 생활보장, 인권존중, 국제사회에 대한 기여 면에서 일류국가라 할 수 있다. 이들 국가가 일류국가인 이유는 말할 필요도 없이 국민이 일류시민이기 때문이다. 과거 2년여 간 스위스에서 살면서 무엇보다 부러웠던 것은 성실한 국민성과 철저한 준법정신 그리고 스위스적인 특수성을 강조하면서도 개방적 세계관을 가진 점이었다. 스위스 사람들은 원래 매사에 철두철미한 것으로 알려져 있지만 그들이 생활환경을 가꾸고 법을 준수하는 태도는 실로 놀라울 정도이다. 절친한 스위스 친구와 함께 술을 마시고 밤늦게 귀가하다 일방통행로를 들어갔다 빠져나온 어느 외국인이 다음날 경찰의 벌금 통고를 받고 경찰이 그것을 어떻게 알았나 궁금하여 그 스위스 친구에게 푸념을 늘어놓자 그 친구는 주저 없이 자기가 경찰에 신고했다고 말했다는 에피소드가 있을 정도이다. 또 애완견을 데리고 산책하다가 개의 배설물을 비닐봉지에 집어넣기 위해 어렵게 허리를 굽히던 스위스의 한 노인이 가끔 생각날 때가 있다. 그러면서도 스위스는 못 사는 나라들에 대해서는 많이 원조하는 나라이기도 하다.

캐나다는 방대하고 부유한 나라로 캐나다인의 여유와 법의 지배에 대한 확신은 널리 알려져 있다. 내가 캐나다에서 재직하던 중 일어난 일로 좀처럼 잊혀지지 않는 사건이 있다. 야당의 전당대회 의장을 맡게 된 유력한 국회의원이 전당대회 바로 전날 슈퍼마켓에서 치약과 칫솔을 자기 호주머니에 넣고 돈을 지불하지 않은 채 상점을 나오다 수위에게 적발된 사건이다. 경찰에서는 즉각 절도사건으로 수사에 착수했고 당 차원에서는 그 의원을 전당대회 의장직에서 면했다. 결국 이 사건은 법원까지 가서야 무죄로 판결났지만 법 지배가 얼마나 철저한가를 보여주는 하나의 예이다. 또 캐나다 사람들은 아무리 교통이 혼잡하고 바쁘더라도 신기할 정도로 자동차 경적을 울리지 않는다. 법적 규제도 있지만 역시 대륙적 관용과 인내가 몸에 밴 성숙한 시민정신의 표징이다. 캐나다는 또 오랫동안 국제평화유지, 빈곤타파, 군축, 환경 등 세계적 문제에 많은 공헌을 하고 있으며 캐나다인들은 그러한 공헌을 큰 자랑으로 생각하고 있다.

우리들은 21세기에 효과적으로 대비하기 위하여 작년 한 해 국제화를 추진한 데 이어 금년에는 보다 차원 높은 세계화 목표 아래 제도개혁을 비롯한 정치, 경제 등 여러 분야에서 세계 수준에 도달하기 위한 국민적 노력을 경주하고 있다. 정부가 금년 세계화를 최우선 국정과제로 설정한 것은 무한경쟁시대에 대비하기 위한 것이지만 이러한 목표를 관철시키기 위해서는 무엇보다 국민 한 사람, 한 사람이 일류시민이 되는 것이 중요하다.

　　우리 국민은 지난 반세기 동안 피나는 노력으로 다른 나라들이 백 년 이상 걸려 이룩한 산업화에 성공함으로써 물질적 풍요는 어느 정도 이루었으나 의식 면에서는 세계화와 상당히 거리가 있는 것이 사실이다. 우리나라에는 아직도 우리 시장의 개방을 경쟁력 향상이라기보다 국내시장을 외국인 지배에 종속시키는 것이라고 생각한다든지, 오직 수출만이 선이고 수입은 악이라고 믿는 사람들이 적지 않은 것 같다. 한국이 이미 GNP 면에서나 무역 면에서 세계 10위권에 육박하고 있음에도 불구하고 국제사회의 성숙한 일원으로서 책임을 다하지 못한 채 자기중심적인 사고방식으로 세계 변화에 눈을 감는다면 그것은 우리 스스로 건전한 시민정신 갖기를 거부하는 일이라 할 것이다.

　　한 나라 국민이 일류시민이 된다는 것은 그 나라 국민의 정신적 성숙을 의미한다. 국민의 성숙은 간단없는 교육을 통한 의식의 세계화에서 찾아야 할 것이다. 국경 없는 세계, 세계 속의 한국은 우리 국민에게 일류시민이 될 것을 요구하고 있다. 일류시민이 된다는 것은 책임과 질서의식으로 무장하고 활짝 열린 마음으로 세계를 지적 사고와 활동무대로 삼는다는 뜻이기도 하다. 우리는 일류국가를 만들기 위하여 먼저 국민 각자가 일류시민이 되기를 거듭 다짐해야 할 것이다.

_『매일경제』, 1995.1.17

21세기 한미관계

지난해(1998년) 한국과 미국은 그 어느 해보다 더 긴밀한 협의 속에 함께 움직였다. 국제통화기금(IMF)관리체제 아래서 양국 대통령은 두 번의 정상회담을 가졌으며 정·재계 관계자들 간의 접촉도 빈번히 이뤄졌다. 북한의 핵·미사일 개발이 쟁점으로 떠오르면서 안보 공조의 필요성도 강하게 제기됐다. 경제부문에도 시장개방과 한·미 투자협정 등 상당한 진전이 있었다. 99년 새해를 맞아 스티븐 보스워스 미국 대사와 박수길 고려대 국제대학원 석좌교수(전 유엔대사)의 대담을 마련했다. 이들은 "한국 경제가 97년 말의 충격을 벗어나 빠른 속도로 회복하고 있다"는 데 의견일치를 보였다. "한·미 양국은 북한과의 관계 등 외교 문제에 있어 서로 완전한 이해에 도달해 있다"는 점도 강조했다.

● **박수길**: 98년 말 국제사회의 최대 사건 중 하나는 미국의 이라크 공습입니다. 그것을 보고 북한이 어떻게 생각할지 궁금하더군요. 북한 핵 문제는 이라크의 핵과 생화학무기 미사일개발 시도에 비견할 만하니까요.

○ **스티븐 보스워스**: 이라크 공습은 단지 미국 혼자만의 행동이 아니라

국제사회의 신뢰 유지를 위해 여러 나라의 합의 아래 이뤄진 것입니다. 하지만 북한과 이라크는 다릅니다. 북한 문제는 외교적 방법으로 해결한다는 게 기본 전제입니다. 한국 정부를 포함한 4자회담 등이 바로 이러한 방법의 일환이지요.

● **박수길:** 미국과 북한이 지하 핵 시설 문제 등 현안에 대해 협상을 통해 외교적으로 해결하는 데 원칙적 합의를 봤다고 들었습니다. 매우 긍정적인 상황 전개라고 봅니다.

○ **스티븐 보스워스:** 아직 북한과 어떤 합의도 이뤄내지 못했지만 최근 협상에서 진전이 있었던 것으로 압니다. 제네바에서 다음 4자회담이 열리는 시기에 논의를 계속하자는 데 의견일치를 봤다고 합니다. 특히 지하 핵 시설 문제는 현장을 사찰하기로 합의하면서 해결에 근접할 것으로 봅니다. 사찰 결과 핵 시설이 아닐 수도 있지만 의혹을 해소하기 위해 상황을 모니터할 필요가 있습니다.

● **박수길:** 대다수의 한국사람들은 이 시설에 대해 우려하고 있습니다. 김대중 대통령은 북한 문제에 대해 일괄타결안을 지지한다고 분명히 밝혔습니다. 반면 미국은 이에 대해 뚜렷한 입장을 밝히지 않아 견해차가 있다는 인상을 줍니다.

○ **스티븐 보스워스:** 일반적인 얘기를 해보겠습니다. 현재 한·미 두 나라는 이보다 더 좋은 때가 없었을 정도로 최상의 관계를 유지하고 있습니다. 클린턴 대통령은 지난 11월 한국 방문 때 공동선언문을 통해 "미국은 한국의 대북정책을 지지한다"고 확고히 천명했습니다. 또 양국 정상은 북한 핵 시설의 성격 규명에 대한 의견일치를 밝혔고 북한 문제에 대해 광범위한 접근이 필요하다는 점

에도 동의했습니다. 하지만 개별 사안은 따로 따로 다뤄야 할 것입니다. 그것은 먼 장래에 일괄타결안으로 조합될 수 있는 것이지요. 김 대통령의 일괄타결안 주장도 제가 직접 듣기로는 단기적이고 즉각적이라기보다는 장기적 관점에서 나온 것입니다.

● **박수길:** 개인적으로는 긴밀한 한미 동반자관계에 대해 의심하지 않습니다. 다만 대북한 외교에서는 보다 긴밀한 공조가 필요합니다. 이견이 생긴다면 북한이 그것을 이용하려 들겠지요.

○ **스티븐 보스워스:** 북한은 오랫동안 한국과 미국을 이간하려 노력했지만 수포로 돌아갔고 앞으로도 성공하지 못할 것입니다.

● **박수길:** 한국사회의 보수층에서는 북한에 대한 햇볕정책이 결국 짝사랑으로 끝날 것이라는 의견이 지배적입니다. 저는 이에 대해 장기적 안목과 인내가 필요하다고 생각합니다. 경제문제로 화제를 옮겨보죠. 많은 전문가들은 한국 경제가 이제 바닥에 근접했고 올 2/4분기쯤에는 플러스 성장으로 돌아설 거라고 예측합니다. 주식시장이 활기를 띠고 치솟던 실업률도 다소 안정세를 보이고 있습니다. 환율 금리 등 거시적인 지표 역시 호전되고 있습니다. 게다가 금융 기업 노동 공공부문에 대한 한국 정부의 개혁작업은 성공적인 것으로 평가되고 있지요.

○ **스티븐 보스워스:** 저는 97년 말 한국이 격심한 위기 속에 있을 때 부임했습니다. 달러 당 원화환율이 2천 원 가까이 치솟고 외환보유고는 거의 바닥 상태였습니다. 그러나 이제 환율이 1천2백 원대에서 안정을 보이고 외환보유고는 약 4백70억 달러에 달한다고 합니다. 이 모두 한국 정부가 IMF 구조조정과 개혁 프로그램을

조기에 적극 추진한 결과입니다. 이로 인해 IMF, IBRD 등 국제금융기구는 물론 무디스 등 신용평가기관으로부터도 호평을 받고 있지요. 한국 경제가 언제 성장세로 돌아설지는 알 수 없지만 개혁을 꾸준히 추진하고 있으므로 전망은 밝습니다.

- **박수길:** 지난 한 해 무역수지가 크게 개선되면서 외환보유고가 상당히 늘고 채무상환도 이뤄지고 있습니다. 외환 위기의 급한 불은 껐고 체감경기도 많이 좋아졌지만 지나친 낙관은 금물이라고 지적하는 전문가도 있습니다.

○ **스티븐 보스워스:** 일단 미래는 긍정적으로 볼 만합니다. 한국 경제가 성장을 회복하려면 기업이 부채를 줄이고 재무구조를 건실히 해 투자를 재개할 수 있어야 합니다. 또 대기업은 구조조정을 가속화해야 할 것입니다. 대기업이 부채를 해소하면 자금 순환을 촉진해 중소기업에도 혜택이 돌아갑니다. 한국에서는 지나치게 빅딜에 초점을 맞추고 있는 듯합니다. 국제사회는 대기업의 업종 교환이나 계열사 교환에는 그리 큰 비중을 두지 않습니다. 대신 부채와 과잉설비를 어느 정도로 줄일지가 관심사지요. 구조조정 성공의 열쇠는 바로 이것이라고 할 수 있습니다. 한국 정부는 가능한 한 개입을 최소화하려는 것으로 압니다. 시장 중심의 개혁이 필요하다는 생각을 하는 것이죠. 그러나 은행은 기업 구조조정의 선도기관이기 때문에 금융 구조조정에는 정부가 관여할 필요가 있다고 봅니다.

- **박수길:** 특히 국민의 정부가 들어서면서 이룬 성과로 과감한 규제개혁을 들 수 있습니다. 이 결과 외국인의 투자조건이 많이 개선됐

다고 합니다. 추가로 규제가 완화 또는 철폐돼야 할 부문은 어디라고 보십니까.

○ **스티븐 보스워스:** 서비스 부문을 들겠습니다. 미국 등 외국의 경험을 참고한다면 서비스 부문의 고용을 크게 늘릴 수 있을 것입니다. 금융과 제조업 구조조정으로 인한 실업을 여기서 보완할 수 있다는 얘기지요. 통신 정보기술 유통 등 부문을 개방하면 외국기업뿐 아니라 한국 기업도 많이 생겨날 것입니다.

● **박수길:** 몇 년 전 제가 제네바 대사 시절 세계무역기구(WTO) 창설을 비롯한 우루과이라운드 협상 때 서비스시장 개방에 대해 많은 논의가 있었습니다. 당시 동남아국가연합(ASEAN)을 중심으로 한 개발도상국들은 시장을 개방하면 개도국산업이 몰락할 것이라고 주장했습니다. 선진국 중에서도 프랑스는 영화음반시장 개방에 반대했고 지금도 비슷한 상황입니다. 우리나라에서는 영화인들이 스크린쿼터 폐지 반대운동을 벌이고 있습니다. 정부 관계자 등 다수가 여기 동감하는 것은 아니지만 외국문화의 "침략"으로부터 우리 문화를 보호해야 한다는 정서가 강한 것도 사실입니다.

○ **스티븐 보스워스:** 한국민들의 이 문제에 대한 관심을 이해합니다. 하지만 한국문화는 힘이 있습니다. 방어적인 태도를 취할 필요가 없다고 생각합니다. 또 스크린쿼터가 한국 영화산업에 얼마나 도움을 줬는지도 의문입니다. 대개 모든 부문에서 보호는 산업을 약화시킵니다. 한국의 스크린쿼터가 점진적으로 폐지됐으면 합니다. 또 미국 영화업계는 한국에 진출해 합작 등 형태로 한국 영화계와 제휴를 원합니다. 그렇게 되면 양쪽 모두에게 긍정적 효과를 가져오겠지요.

● **박수길:** 미국 경제에 대해 얘기해볼까요. 미국 무역적자가 늘고 있습니다. 올 초 미국 정부는 2천억 달러 정도의 적자를 예상했는데 최근 2천5백억~3천억 달러로 늘어났습니다. 미국의 무역적자 증가는 아시아 국가들에 미국 내 보호주의 움직임이 다시 거세지지 않을까 하는 우려를 낳고 있지요. 시장개방 압력도 한층 거세질 것으로 보입니다.

○ **스티븐 보스워스:** 지난해 미국 무역적자의 가장 큰 원인은 아시아 등 세계 경제위기로 인한 수출감소입니다. 98년 한국으로의 수출도 97년보다 40% 감소했습니다. 철강, 반도체 등 특정 부문의 수입 증가는 심각합니다. 반덤핑조치를 내린 철강의 경우만 해도 미국이 이 부문에서 산업 경쟁력을 상실할 것이라는 우려에서 나온 것입니다.

● **박수길:** 현재 미국의 반덤핑법이 공격받고 있습니다. 한국산 반도체에 대한 반덤핑 제소가 WTO로 넘겨진 뒤 미국이 이기느냐 지느냐로 의견이 분분하더군요.

○ **스티븐 보스워스:** WTO에서 판결을 내려야 할 문제입니다. 가장 바람직한 것은 양국 문제를 당사국 간에 해결하는 것이지만 그것이 어려우면 국제기구에 의존해야겠죠. 아시아 각국은 강력한 수출 드라이브를 통해 성장해 왔습니다. 그러다가 아시아를 비롯한 세계 각 지역의 경제침체로 인해 제동이 걸린 것이죠. 이제 내수를 일으키는 데 힘써야 합니다. 한국에서도 국민들이 경제에 대해 신뢰를 회복하기 시작했으므로 소비가 늘어날 것으로 기대됩니다.

● **박수길:** 정부가 소비세를 내리는 등 일련의 내수진작 조치를 취했으

므로 소비는 늘 것으로 봅니다. 일부에서 조심스럽게 제기되는 문제가 있습니다. 한국의 몇몇 학자나 관리했으므로 한·미 양국이 북미자유무역협정(NAFTA)같은 성격의 자유무역협정을 맺는 게 좋겠다고 제안했지요. 한·미 양국이 21세기에 보다 포괄적인 동반자관계를 구축하려면 현재의 안보협력관계와 유사한 차원의 경제협력관계도 발전시킬 필요가 있지 않겠습니까.

○ **스티븐 보스워스:** 가능성을 배제하고 싶지는 않습니다. 하지만 시장개방과 무역투자 자유화가 우선돼야 합니다. 한국시장은 지난 1년간 무척 많이 개방됐습니다. 때가 되면 한국과도 자유무역협정을 체결할 수 있을 것입니다.

● **박수길:** 동아시아 안보상황도 심상치 않습니다. 클린턴 대통령은 한반도 주변 강대국인 중국, 러시아, 일본 정상들과 회담을 가졌습니다. 이에 대해 미국 내 인사를 포함한 어떤 이들은 "키신저식 이이제이(以夷制夷)정책"이라고도 합니다. 특히 일본은 미국의 대중정책을 달가워하지 않는 것으로 보입니다. 우리나라는 북한 문제와 관련, 미국이 중국, 일본 등의 지역 국가들과 좋은 관계를 유지하는 것이 바람직하다고 봅니다.

○ **스티븐 보스워스:** 동아시아는 미국에 안보와 경제 양면으로 중요한 지역입니다. 한국, 중국, 일본, 미국이 지속적으로 상호관계를 유지 강화하는 것은 매우 중요합니다. 현재 미국과 한국, 일본의 관계는 세계 어느 나라보다도 긴밀합니다. 중국과의 관계도 물론 중요하지요. 이것은 제로섬 게임이 아닙니다. 한쪽과의 관계가 다른 관계를 해치지는 않을 것입니다. 김대중 대통령의 지역외교는 매우 인상적입니다. 김 대통령은 대일관계를 새로운 차원으로

► 미 대사관저 오찬 시 매들린 올브라이트(Madeleine Albright) 전 미국 국무장관과 함께

끌어올렸고 과거사의 앙금도 털었습니다. 미국도 한일관계 개선
을 반갑게 생각합니다. 중일관계나 한중관계 또한 보다 나아지기
를 바랍니다.

● **박수길:** 그렇게 되겠지요. 김 대통령은 통일 후 미군주둔의 필요성
에 대해 밝혔는데 이것은 매우 중요합니다. 김 대통령의 지역외
교도 상당한 결실을 맺었습니다. 실현되려면 시간이 걸리겠지만
중국과는 고위급 군사협력 얘기가 나올 만큼 많은 진전이 있었지
요. 미국에서도 한국이 주변국가들과의 관계를 개선하려는 노력
에 대해 오해하지 않기 바랍니다.

○ **스티븐 보스워스:** 중요한 점을 지적하셨습니다. 북한에 대한 모든 전
략적 접근의 기초는 탄탄한 한미 공조입니다. 미국은 이에 대해

확고한 의지를 갖고 있으며 김대중 대통령도 대북 포용정책의 기반이 긴밀한 한미관계라는 것을 여러 차례 밝혔습니다.

● **박수길:** 한국 정부와 국민들은 미국이 어떤 경우에도 한국과의 관계를 손상하면서까지 북한과의 관계를 개선하는 것을 원하지 않는다는 점을 깊이 인식해야 할 것입니다. 또 미국 정부는 북한과의 관계 개선을 위해 노력하는 한국의 입장을 이해했으면 합니다. 그렇다면 서로 오해하는 일도 없겠지요.

○ **스티븐 보스워스:** 동의합니다. 미국은 한국과 매우 강력한 동맹관계를 구축해 왔습니다. 북한과의 관계개선 노력은 한반도의 위험을 낮추고 북한과 생산적인 대화를 하려는 한국의 노력을 지원하기 위한 것입니다. 한반도 문제의 궁극적 해결은 남북 양측이 마주 앉아 끌어낸 합의를 통해 이뤄져야 하고 미국은 이것을 도울 것입니다. 또 한반도의 안정은 동북아시아 전체의 평화와 번영의 열쇠라고 굳게 믿고 있습니다.

_『한국경제』, 1999.1.4

05 뜨거운 감자, 북한인권 문제

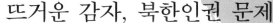

올바른 대북 인권정책

▌북, 인권을 국가의 시혜 대상으로 간주

　북한의 백인준 최고인민회의 부의장은 지난해 6월 빈에서 개최된 세계인권회의 기조연설에서 "북한에서는 인민대중의 정치적 자유와 권리, 그리고 경제적·사회적·문화적 권리에 대한 책임을 국가가 진다"고 강조하고 "각국의 인권 문제는 어떤 초국가적인 방법으로 해결되는 것이 아니고 관계 주권국가가 책임질 문제"라고 주장했다.

　북한의 이러한 입장은 첫째, 인간의 기본권을 국가의 시혜대상으로 보고 있다는 점에서 민주주의 국가에서 보편적으로 통용되고 있는 인권의 천부성·고유성의 관념과 첨예하게 대립된다. 둘째, 인권과 그 보장 문제를 배타적 주권사항으로 보고 있다는 점에서 그것을 보편적 가치로 규범화하고 있는 국제추세와도 정면으로 배치되는 것이다.

북한의 일인독재체제가 인권의 보편성과 국제적 보장에 적대적 입장을 취한다는 것이 오히려 당연하다고 볼 때, 국제사면위원회가 승호마을 정치범수용소의 실상을 폭로한 것은 고상문 씨의 경우가 던진 충격파를 제외하고는 새삼스럽게 놀랄 것이 없다. 왜냐하면 탈북자들의 증언과 많은 정보에 의하여 북한에는 16곳에 15만 명의 정치범이 있다는 사실이 이미 알려져 있었기 때문이다.

북한의 인권상황과 관련, 만약 놀라운 사실이 있다면 그것은 왜 지금까지 국내외적으로 이 문제가 공개 논의되거나 대책이 강구되지 않았던가에 대한 의문이라 할 것이다. 과거 권위주의 시대에는 우리 스스로가 안고 있던 인권 문제와 정통성 시비, 그리고 냉전적 사고가 북한에 대한 보호막 역할을 했다. 그러나 냉전체제가 붕괴되고, 문민정부가 인권 등 보편적 가치의 추구를 신외교의 주요목표로 표방하고 있는 시점에서 대북한인권정책의 기본방향을 음미해 보는 것은 당연한 일이라 할 것이다.

우리들이 대북한인권정책을 추진함에 있어 피해야 할 함정은 크게 두 가지로 볼 수 있다. 북한인권을 국제사회의 보편적 공동가치의 시각으로 바라보는 소박한 접근법과, 북한인권 문제를 남북관계 개선의 총체적인 구도에서 분리하는 태도가 그것이다.

지난해 6월 빈에서 개최된 세계인권회의에서는 물론, 최근 서울에서 개최된 유엔아·태지역 인권회의에서도 많은 국가들이 인권 문제는 국내문제가 아닌 인류의 보편적 관심사라는 데 동조하면서도, 인권보장방안등과 관련해 국가별·지역별로 상이한 역사적·문화적·종교적 특수성 등을 고려해야 한다고 주장한 사실이 주목된다. 따라서 우리의 대북한

인권정책이 국제적 지지를 바탕으로 할 때에만 그 실효성이 제고될 수 있다는 점에서도 명목적이고 소박한 접근법은 바람직스럽지 못하다.

▎피해야 할 두 함정

또한 인권 문제를 남북관계의 맥락에서 어떻게 취급할 것인가 하는 점도 유의해야 한다. 북한인권 문제는 궁극적으로 북한의 민주화를 통해서만 해결될 수 있으며 북한의 민주화는 개방과 개혁 없이는 불가능하므로, 우리의 인권정책은 결국 북한의 개방과 개혁을 유도하는 방향으로 추진되어 가야 한다고 본다. 우리는 천안문 사태에 대한 부시 행정부의 대(對)중국 인권정책과 최근 변모된 클린턴 행정부의 현실주의정책이 주는 교훈을 음미할 필요가 있다.

지금 유엔은 르완다 학살, 구유고연방의 내전과 인종 정화정책으로 인한 대량적인 인권유린 사태 등에 효과적으로 대처하지 못함으로써 큰 실망을 자아내고 있는 것이 사실이다. 하지만 1984년 세계인권선언 채택 이래 유엔이 인권분야에서 이룩한 업적은 괄목할 만하다. 특히 유엔 인권이사회 등 국제기구는 인권규약 등 수많은 국제규범의 제정으로부터, 개별국가의 인권상황심사에 이르기까지 상당한 성과를 이룩하고 있다. 그러나 이러한 업적에도 불구하고 인권의 보호신장을 위한 유엔의 노력은 주로 인권관계 조약 당사국이 제출하는 보고서를 심사하고 건의를 하는 역할에 국한된다는 사실에 주의할 필요가 있다.

사실 북한은 지난 1981년 한국보다 훨씬 빨리 대외전시용으로 정치적·시민적 권리에 관한 협약에 가입하였으나, 매 5년마다 제출하기로 되어 있는 국별 보고서도 내지 않고 있다. 뿐만 아니라 피해 당사자가 유엔인권이사회에 진정서를 제출할 수 있는 권리를 인정하는 인권규약 선택의 정서도 수락하지 못하고 있는 형편이다. 지난달 18일부터 20일까지 서울에서 개최된 제3차 유엔아·태지역 인권회의에서는 아·태지역 인권문제를 정기적으로 협의하기 위한 유엔아·태인권포럼에 대한 합의가 이루어졌다. 이 회의에는 아·태지역 대부분의 정부대표들이 참석하였으나, 북한의 눈에 띄는 결석은 인권 문제에 대한 그들의 태도를 그대로 표시한 것이라고 볼 수 있다.

▌ 민주화까지 고려

우리가 최근 국제사면위원회의 보고를 계기로 인권관계 국제기구와 유엔인권 담당 고등판무관실 등을 통하여 또는 과거의 동서독 방식 등 모든 가능한 방법을 동원하여 특히 납북인사들의 송환을 강력히 추진해야 하는 것은 지극히 당연하다. 다른 한편 북한의 인권 문제는 한층 더 차원을 높여서 남북한관계의 맥락에서 이산가족의 재회문제로부터 북한주민의 삶의 질의 향상문제를 포함하여 북한의 개방과 종국적인 민주화까지를 고려하는 중장기적 정책의 관점에서 검토할 필요가 있음이 특히 강조되어야 할 것이다.

_『조선일보』, 1994.8.12

🌿 북한인권 과감히 제기할 시점

제네바에서 열렸던 유엔인권소위원회(7.28~8.16)는 「난민의 국제적 보호」라는 의제하에 중국 내 탈북자들의 인권을 보호하기 위한 중요한 결의안을 채택하였다. 유엔의 인권기구가 탈북자 문제에 대하여 결의형식으로 작년에 이어 공식입장을 표명했다는 점은 실로 그 의의가 크다. 올해 인권위 토의과정에서 중국과 북한 대표는 중국에는 '탈북자'가 없고 오직 '경제적 유민'만이 있을 뿐이므로 1951년도 난민협약상의 피난민은 없다는 반론을 제기했고, 특히 북한 대표는 탈북자 문제가 한국 정부의 조작이라는 주장을 제기하여 논란이 있었으나, 결국 전 인권위원들의 만장일치로 결의안이 채택되었다.

인권소위 결의의 특징은 첫째, 정치적 박해를 이유로 본국 송환에 반대하는 사람을 강제 송환함은 국제법 위반이라는 점, 둘째, 정치적 망명자나 난민의 구금은 원칙적으로 금지되며 특히 18세 미만 아동의 구금은 불법이라는 점, 셋째, 난민접수국은 난민을 수용하기 위한 보호능력과 시설을 갖추기 위하여 유엔난민고등판무관(UNHCR)과 협력하고 또 판무관에게 난민과의 접근을 허용함으로써 난민의 지위결정을 촉진토록 한다는 점 등이다.

결의가 작년과 크게 다른 것은 난민(refugee)의 개념보다 훨씬 넓은 개념인 모든 사람의 강제송환을 금지하는 것이 국제법, 특히 세계인권선언과 국제인권규약에 비추어 국가들이 지켜야 할 의무라는 점을 강조한 점이다. 금번 인권소위원회에서 탈북자 문제를 제기하지 않을 수 없었던 가장 큰 이유는 현재 중국에 은거하고 있는 탈북자는 세계 도처에 있는 2,000여만 명의 난민과는 달리 유엔의 어떤 기관으로부터도 보호받고 있지 못하는 집단으로서 본국 또는 거주국으로부터의 체포, 구금, 강제송환의 악순환 속에서 기본적 생존권마저 위협받으면서 살아가고 있다는 사실, 그리고 한반도 주변에서 일어나고 있는 이러한 비극은 북한의 경제적 어려움이 가중될수록 한반도의 안정에 큰 위협이 될 수 있다는 점이었다.

탈북자 문제의 근본 원인을 제거하고 해결할 책임은 북한 정권에 있으나 북한이 사실상 그 책임을 포기한 이상 한국이 도덕적으로나 법적으로 탈북자에 대한 인도적 지원과 보호의 책임을 북한과 공유하고 있다는 사실은 누구도 부인할 수 없다. 탈북자 문제가 인간의 생존권을 위협하는 기본적인 인권 문제임에도 불구하고 한국의 대외정책 우선순위에서 하위권으로 밀려났고 햇볕정책의 희생양이 되었다는 사실은 실로 아이러니가 아닐 수 없다. 그간 한국 정부는 중국 정부나 유엔기구와 일관된 정책에 입각하여 문제 해결에 나설 의지를 보여주지 못했다. 과거 수년간 지속되어 온 탈북자의 참상에 대해 국제적 관심이 모아졌고 국내외 NGO와 종교단체들이 제한적으로나마 인도적 지원을 계속해 왔으나 우리 정부의 역할은 극히 소극적이었다는 사실을 부인할 수 없다.

미국의 유명한 홈즈 대법관은 "한 사람의 생명은 지구처럼 무겁다"는 잠언을 남겼다. 이제 우리 정부도 중국과의 양자협의에서 탈북자의 인권과 생존권 문제를 정식 의제로 제기하고 그들의 중국 내 존재를 인정받도록 함과 동시에 유엔난민고등판무관의 개입이 용인되도록 협상에 나설 때다. 탈북자 문제는 결코 중국과 북한 간의 국경의정서에 의하여 처리될 문제가 아닌 인간의 생존권과 기본인권의 문제임을 이번 유엔인권소위 결의가 명백히 입증하고 있다. 우리가 살고 있는 21세기는 인간

안보와 '개인 주권'의 중요성이 계속 높아질 시대이다. 오늘날 국제 인권법은 모든 다른 법에 우선하고 있음은 피할 수 없는 국제적 추세이므로 중국과 북한에게도 이 점을 분명히 하면서 북한인권 문제를 과감히 제기할 시점에 도달했다.

_『조선일보』, 2002.8.26

🌿 인권법 제정 미루지 말라

1992년 세계인권회의에서 '비엔나 선언'과 '행동 강령'이 채택된 이래 유엔인권위원회는 매년 유엔 회원국에 대하여 인권의 효율적인 보호, 증진을 위하여 국가 인권위원회를 설치, 운영할 것을 권유해 왔다. 이에 따라 지금까지 50여 개국이 국가인권위를 설치해 인권침해의 예방과 구제, 인권 교육의 확산 등 민주주의 실현에 노력하고 있다. 김대중 정부가 인권분야에서 우선적으로 추진해 오던 인권위 설립은 법무부의 연구와 검토를 거쳐 인권법의 형태로 1999년 4월 국회에 제출되었으나 우여곡절 끝에 폐기되고 말았다. 16대 국회 들어 민간 인권단체들의 의견을 반영한 수정인권법안이 다시 제출됐으나 아직 채택되지 않고 있다.

정부당국과 민간단체, 학계는 지난 2년여간 세미나, 공청회 등을 통해 인권법안에 대한 다양하고 깊이 있는 토론을 전개해왔고 10여 차례의 당정협의도 이루어진 상태이다. 이 같은 토론과정에서 정부당국과 인권단체 간에 핵심적 쟁점으로 떠오른 사항은 인권위원회를 민간기구로 하느냐 정부기구로 하느냐, 관할권을 수사기관에 의한 인권 침해와 차별 행위 등으로 제한하느냐 아니면 보다 광범위하게 하느냐, 조사권과 구제조치 등 기능을 권고적 성격으로 하느냐 구속력 있는 것으로 하느냐는 문제 등이다. 이에 대한 해답은 각국의 입법례와 유엔인권기구 설립권고안 등이 참고가 될 것이나, 한 국가의 정책 결정은 그 나라의 특수성과 법체계, 정치문화 등을 반영할 수밖에 없고 우리나라도 예외일 수 없다.

유엔의 인권기구설립 권고안은 인권위가 정부와 분리 독립하여 인권을 보호, 증진하고 국가 인권기관의 결함을 보완토록 권장하고 있다. 미국, 일본 등은 독립적인 인권기구 없이도 인권보장이 잘되고 있는 나라들이다. 일부 동남아 국가는 독립적인 인권기구를 갖고 있으면서도 인권남용이 적지 않은 나라로 꼽히고 있다. 따라서 인권의 효율적인 보호, 증진은 인권위원회 유무나 그 형태의 문제라기보다는, 법의 지배에 기초한 민주주의제도가 어느 정도 정착되어 있느냐의 여부, 국민과 법집행자의 법의식, 정치·법·문화 등에 의하여 더 큰 영향을 받는다.

정부가 국회에 제출했던 인권법안은 인권기구를 민간기구로 하되 독립성을 강화하고, 기능 면에서는 인권침해와 차별행위에 대한 권리구제 및 체계적인 인권교육 등에 초점을 맞추고 있다. 이는 유엔인권위의 설치 권고안과 궤를 같이하는 것으로 설득력을 갖는다. 그러나 민간단체는 과거 권위주의 정권 밑에서 행해진 국가기관에 의한 인권침해와 법원, 검찰에 대한 일반적 불신 등을 들어 인권위를 독립적이고 강력한 국가기관으로 할 것을 주장하고 있다. 정부가 인권단체의 계속적인 반대에도 불구하고 인권위의 형태를 민간단체로 한 것은 법 체제 면에서 문제점이 있고, 정부 내에 방대한 또 하나의 관료 조직을 만드는 것이 정치적으로나 효율 면에서 바람직하지 않다는 판단에 따른 것이다.

따라서 국회는 앞으로 법안심의과정에서 이러한 점들을 충분히 고려, 우리 여건에 보다 적합한 제도를 선택해야 할 것이다. 현재 여당 일각에서는 인권법 제정을 의원 입법형식으로 추진하고 있는 것으로 알려져 있으나, 이는 인권법을 불필요하게 정쟁화시킬 우려가 있으므로 바람직하지 않다. 스스로를 '인권 중시 정부'라고 표방하는 현 정부에서 인권법 논란이 이처럼 2년 이상을 끌고 있는 것은 정치권, 특히 여당의 우유부단과 좌고우면에 기인한다고 해도 과언이 아니다. 김대중 대통령이 수상한 노벨평화상의 빛이 바래지 않게 하기 위해서도 더 이상 인권법 제정을 미루어서는 안 된다. 정부와 여당은 우리 국가현실과 유엔인권위의 정신에 가장 적합한 제도가 무엇인지를 판단, 하루속히 국회에서 인권법을 통과시켜야 할 것이다.

_『조선일보』, 2000.12.22

🌿 인권정책의 이중 잣대

모든 사람은 날 때부터 인간으로서의 존엄과 권리를 가진다는 것은 인권의 기본개념이다. 그래서 인권은 보편적 가치로서 '개인주권'으로까지 불린다. 올해는 1993년 빈에서 개최된 세계인권회의가 이러한 인권 개념을 보다 효율적이고도 광범위하게 실천하기 위한 '빈선언'을 채택한 지 10년이 되는 해다.

'빈선언'이 채택된 이래 10년간 유엔과 인권단체들이 인권 분야에서 이룩한 업적은 실로 괄목할 만하다. 이제 인권은 국제사회의 당연한 관심사가 됐고, 어떤 국가도 유엔인권기구가 개별 국가의 인권상황을 토의하고 시정을 요구하는 결의를 채택하는 것을 국내 문제 불간섭 원칙을 이유로 거부할 수 없게 됐다. 이번 EU의 이니셔티브로 제출된 북한 인권상황을 규탄하는 결의안이 현재 제네바에서 진행 중인 제59차 유엔 인권위원회에서 세계 여론의 주시 속에 한국이 투표에 불참한 가운데 채택됐다는 사실은 극히 주목된다.

현재 세계 1백90여 개 주권국가 중에서 인권이 가장 비참하게 유린되고 있는 나라를 꼽는다면 북한과 이라크가 으뜸일 것이다. 최근 이라크에서는 25년에 걸친 무자비한 후세인의 독재정권이 희생이 많은 전쟁을 통해서나마 군중의 환호 속에서 몰락했다는 사실은 인권을 유린하고 국민 위에 군림하는 독재정권의 필연적인 말로를 극명하게 나타내고 있다.

오늘날 인권보호의 성전이 되고 있는 세계인권선언과 국제인권규약이 인정하고 있는 기본적인 인권-국민이 정치 지도자를 자유롭게 선출하고 양심과 종교의 자유를 가지며 자국을 마음대로 떠나고 돌아올 수 있는 원초적인 권리마저 유린되고 있는 북한인권상황이 그동안 유엔인권위원회에서 한 번도 다뤄지지 않았다는 사실은 실로 놀라운 일이다. 이번 EU가 제출한 결의안이 지적하고 있듯이 현재 북한에서 벌어지고 있는 '조직적이고도 광범한 인권침해의 실상'에 대해 그동안 많은 국제 인권단체와 세계 지성인들이 우려와 비판을 제기해왔다.

그럼에도 불구하고 북한의 인권상황이 지금까지 유엔인권위 차원에서 규탄을 면할 수 있었던 것은 김대중(金大中) 정부의 '햇볕정책의 이중성'과 무관하지 않다. 지난 수년간 한국은 국제 인권단체들과 우방, 특히 EU의 적극적인 태도에도 불구하고 북한인권토의에 소극적이었을 뿐만 아니라 미얀마 인권규탄 결의안에는 공동 제안국으로 가담하면서도 중국 관련 결의안에는 상정을 위한 절차문제에서조차 기권하는 이중 잣대를 보였다.

오늘날 더욱 심각해지고 있는 북한 주민의 열악한 인권상황은 우리가 대책을 강구해야 할 시급한 현안임에도 불구하고 비판과 우려의 목소리가 오히려 바깥 세계에서 더 크게 제기되고 있는 점은 아이러니가 아닐 수 없다. 우리 국회와 정부가 침묵하고 있는 동안 미국 의회는 지난해에 탈북자 보호를 위한 결의를 만장일치로 채택한 데 이어 올해도 북한의 인권유린 상황을 제59차 유엔인권위에 상정하도록 국무부에 강력히 요청했다. 국내 인권단체도 국제 인권단체와 제휴해 북한인권상황을 국제적 이슈로 제기함으로써 북한의 인권상태 개선을 위한 국제적 노력에 동참하고 있다.

정부의 대북 정책에 있어 핵 문제를 포함하는 남북 간의 정치적 대화에 미칠 영향을 고려하면서 북한의 인권 문제가 차지하는 우선순위를 설정하고 국제사회가 갖는 심각한 우려에 우리 입장을 정립하는 것은 결코 쉬운 일은 아니다.

　그럼에도 불구하고 우리는 EU 결의안이 제시하고 있는 북한의 기본권 유린, 즉 정치적 이유에 기인한 사형, 정치범 수용소와 강제노동, 불법 처형, 탈북 강제 송환자에 대한 박해, 북한 어린이들의 영양 부족과 여성의 기본권 침해 등 조직적이고 광범한 인권유린에 당사자인 우리가 정치적 고려를 이유로 침묵하고 방관만 한다면 국제사회는 한국이 표방하는 자유민주주의와 인권존중 정책에 깊은 의구심을 갖게 될 것이다.

_『중앙일보』, 2003.4.17

'북한인권특사'와 한국의 선택

부시 미 대통령은 북한인권법에 따라 19일 제이 레프코위츠 변호사를 북한인권특사로 임명했다. 미국의 북한인권법에 따르면 인권특사의 기본 목적은 북한 주민의 기본인권을 향상시키기 위한 노력을 증진, 조정하는 데 있다. 또 향후 5년 동안 매년 인권특사의 활동보고서를 의회에 제출토록 돼 있다. 따라서 레프코위츠 특사는 곧 작업계획을 만들어 한국, 중국, 일본 등을 방문하고 유엔인권 특별보고관을 만나 유엔인권위원회가 채택한 북한인권결의를 이행하는 데 필요한 전략을 협의할 것이다.

알려진 바에 따르면 레프코위츠 특사는 이념적으로 네오콘(신보수주의)에 가깝고 부시 대통령의 신임이 두터우며 기독교 보수 세력의 추천으로 임명됐으므로 6자회담 재개에 미칠 수 있는 부정적인 영향에 대해 우려하는 목소리도 적지 않은 듯하다. 그러나 국무부 고위관리의 배경 설명을 보면 부시 행정부가 북한에 대해서도 분명한 메시지를 보내고 있음을 알 수 있다. 미국은 의회가 휴회 중인 8월 말을 택해 특사 임명을 발표하는 등 언론의 관심을 최소화하려는 모습이 역력했다. 이는 북한을 자극하지 않으려는 진지한 의도라고 읽혀진다. 그러나 미국의 북한인권법 시행은 어떤 형태가 됐든 북한에 엄청난 부담을 줄 것은 분명하다.

우리는 북한인권특사가 임명된 이 시점에서 지난해 10월 북한인권법 성립을 전후해 있었던 북한의 강한 반발과 한국 안에서 격렬했던 찬반 논쟁을 상기할 필요가 있다. 북한은 당시 인권법이 대북 선전포고로서 핵 문제 해결에 심각한 난관을 조성하고 있다고 비난했고, 국내 일각에서도 북한체제에 대한 위협이 된다며 반대했다. 우리 정부도 인권 문제는 나라마다 처한 상황에 따라 다양한 접근 방식을 전략적으로 선택할 수 있으며 또 남북한 간의 화해협력을 실현하는 과정에서 북한인권을 점진적, 실질적으로 개선할 수 있다고 천명함으로써 북한인권법에 대한 불편한 입장을 표시한 바 있다.

북한은 결국 미국의 "적대 정책"에도 불구하고 지난 7월 6자회담에 복귀하지 않을 수 없었고 북한인권법의 시행도 북한의 6자회담에 대한 입장에 직접적 영향을 미치지 않았다. 북한은 이제 개방과 변화 없이는 국민을 먹여 살리고 수령체제를 유지할 수 없는 상황에 이르렀기 때문에 민족공조의 이름으로 한·미 간의 간극을 넓히고 한국과의 관계 증진에 의존하지 않을 수 없게 되었다.

이러한 상황에도 불구하고 한국이 아직도 북한인권상황에 대해 침묵하고 있음을 국제사회가 의아하게 보는 것은 당연하다. 우리가 인권의 보편적 가치를 믿고 있는 주된 이유는 인종, 국적, 정치적 이데올로기나 지역, 문화적 특성을 초월하는 인간 존엄성에 대한 외경 때문이다. 어려운 인권 상황을 같은 민족이라는 이유로 외면할 경우 한국은 다른 나라의 인권 상황에 개입할 정당성과 도덕성을 상실하게 된다.

그나마 한국이 현재 진행 중인 남북적십자회담에서 지금까지 제기되지 않았던 납북자와 국군 포로 문제를 공식적으로 제기키로 했다는 보도는 대북 인권정책의 전향적 발전을 시사하고 있어 환영할 만하다. 하지만 미국이 북한인권법의 시행을 통해 북한인권특사를 임명하고 유럽연합(EU) 등과 함께 북한과의 인권 대화를 추구하고 있는 이 시점에 우리가 아직도 국제사회의 대북한인권 개선 노력을 외면하고 소극적인 북한인권정책으로 일관하고 있음은 이해할 수 없다.

　21세기는 인간안보와 개인주권의 시대다. 오늘날 국제인권법이 모든 다른 법에 우선하고 있는 국제적 추세는 우리로 하여금 보다 능동적인 자세와 일관된 정책으로 북한에 대해서도 인권 문제를 과감히 제기하고 유엔 등을 통한 국제협력도 더욱 강화해 가야 함을 의미한다 하겠다.

_『중앙일보』, 2005.8.24

인권의 보편성 외면한 한국 정부

　정치적 자유에 관한 국별보고서의 발간으로 유명한 미국의 프리덤하우스는 냉전 붕괴 후 민주주의 국가가 전 세계적으로 급속히 확산되었으나 1998년을 기점으로 하여 정체 또는 반전(反轉) 현상을 보이고 있다고 분석하고 이러한 현상은 벨로루시, 우즈베키스탄, 러시아, 베네수엘라, 미얀마, 파키스탄, 남미, 아프리카 일부 국가 등의 권위주의화와 테러와의 전쟁 과정에서 일어난다고 경고했다. 요즈음 서양 지식사회 일각에서 제기되고 있는 민주주의 정체론(停滯論)에 따른 우려와 경각심의 일단을 보여주는 보고서이다.

　민주주의는 역사적으로 이미 실험의 단계를 지나 지역적, 문화적 특성을 초월하여 인간의 소망을 가장 잘 충족시키는 정치형태로 정착되고 있다. 물론 프란시스 후쿠야마 교수가 주장한 것처럼 자유민주주의는 경쟁이 없는 완결된 이념으로 결승점에 도달했다고는 볼 수 없다. 오히려 민주주의 국가들은 계속적인 노력과 상호협력을 통하여 경제성장과 인간안보에 대한 장애를 제거하고 민주주의가 번영할 수 있는 국제적 환경을 만들어 가는 것이 21세기에 직면하는 도전인데 특히 유엔을 중심으로 이러한 노력이 의미있는 결실을 거두고 있다.

　유엔헌장에는 인권과 기본적 자유에 대한 규정은 있으나 민주주의에 대한 직접적 언급은 없다. 그럼에도 불구하고 냉전 붕괴 후 유엔은 민주화 증진을 위한 유엔 역할 강화 관련 총회결의를 채택하고 민주 국가 건설을 위해 노력하는 회원국의 자유선거를 지원해 왔다. 이제 유엔은 그동안 축적된 경험과 기술로써 지원형태도 기술적 지원의 범위를 넘어 민주주의 제도의 강화와 정착으로 우선순위가 옮겨지고 있는데 이라크, 아프가니스탄, 콩고민주공화국 등의 경우가 대표적인 예이다.

최근 노무현 대통령의 북한 방문과 유엔에서의 북한인권결의안에 대한 기권 이후 북한의 인권 문제에 대한 관심이 고조되고 있는데, 한국의 기권에 대한 우방국가들의 실망과 당혹감은 당연하다. 미얀마 결의에는 찬성하고 '민족끼리' 문제에는 눈을 감고, 작년에는 찬성하고 금년에는 기권하는 정부의 태도는 인권의 보편성을 무시함은 물론 민주주의의 세계적인, 그리고 지역 내의 발전이라는 추세와도 상충된다. 위에서 언급한 프리덤하우스 보고서는 정치활동의 자유, 시민적 자유를 포함한 7개 항목에 따라 조사 대상국을 평가하면서 가장 나쁜 상태의 나라로 쿠바와 북한, 투르크메니스탄, 우즈베키스탄, 리비아, 수단, 미얀마, 소말리아 등 8개국을 들고 있는데, 특히 표현의 자유, 집회·결사의 자유, 법의 지배 등으로 구성되는 시민적 자유의 항목에서 북한이 그 8개국 중에도 가장 상태가 나쁜 국가로 지목되었다.

쉽게 말해서 북한이 세계에서 시민적 자유를 가장 자의적으로 유린하는 나라라는 것이다. 영국의 권위 있는 잡지인 이코노미스트도 2007년 민주주의 지수 검사에서 대상국 167개국 중 북한을 최하위국가로 자리매김했다.

세계인권선언은 그 전문에서 민주주의의 핵심인 법의 지배를 다음과 같이 규정하고 있다. "사람이 폭정과 압제에 대항하여 최후수단으로서 반란에 호소하지 않도록 하기 위해서는 법의 지배에 의하여 인권이 보호되지 않으면 안 된다." 그런데 그 인권은 국민이 자기 지도자를 마음대로 선택할 수 있는 권리, 표현의 자유, 거주이전의 자유를 포함한다.

우리는 북한이 세계에서 가장 자유가 없는 나라로 또 유엔에서 잔혹

► 2006년 서울평화상 수상자 무하마드 유누스(Muhammad Yunus)와 평화상 수상 후
함께 대화를 나누는 모습(같은 해 유누스는 노벨평화상을 수상함)

한 인권탄압 때문에 규탄받는 나라로 남는 것을 바라지 않는다. 민주주
의 정체론은 일시적 현상일 뿐, 민주주의는 21세기의 도도한 주류이며
북한만이 예외일 수 없다.

_『세계일보』, 2007.11.25

🌿 탈북자 돕기 NGO 활용을

탈북자 문제는 최근 한·중 외무장관 회담에서 심각하게 논의되었고, 지난 12월 초 서울에서 개최된 국제회의에서 탈북자들의 비참한 생활현실과 인권상황이 다시 조명됨에 따라 높은 관심을 끌었다.

탈북자 문제는 인권과 난민의 두 시각에서 함께 접근할 필요가 있다. 난민 지위의 측면이 지나치게 강조될 경우, 1951년 난민의 지위에 관한 협정상 탈북자가 현존하는 중국의 입장이 강화되기 때문이다. 인권 보호에는 일반적으로 인권을 유린하는 해당 국가를 공개 규탄함으로써 억지 효과를 갖게 하는 방법과 대화와 협력을 통해 인권 침해를 예방하는 방법 등이 활용된다. 유엔인권위원회나 NGO 등이 특정 국가를 지칭하여 인권 위반을 적시하고 규탄하는 사례는 전자에 속하고, 조용한 대화와 비밀협정을 통하여 문제 해결을 시도하는 것은 후자의 예라 할 것이다. 이중 잣대를 사용한다는 비난이 없지 않지만, 유엔사무총장이나 인권 담당 고등판무관 등은 대체적으로 러시아나 중국 등을 상대로 할 때에는 후자의 방법을 많이 사용한다.

탈북자 문제에 대해서 그동안 정부 차원에서는 중국과 '조용한 대화'를 통해서 북한으로의 강제송환 문제점과 난민 지위 문제를 협의해 왔고, NGO들은 북한 정권의 인권 유린을 규탄하고 또 탈북자들의 비참한 생활현실을 세계에 알림으로써 중국에 대한 국제적 압력을 증대해 왔다. 유엔에서는 이미 유엔난민고등판무관실(UNHCR)이 중국에 거주하는 탈북자들의 상황을 면밀히 감시(Monitor)하고 있으며 유엔인권고등판무관실(UNHCHR)도 상당한 관심을 표시하고 있으나, 그들은 다같이 중국이 대화의 상대인 만큼 신중한 태도를 취하고 있다.

그러나 한 가지 주목할 점은 UNHCHR가 탈북자 중 상당수가 난민협정상의 난민 기준을 충족하고 있다고 보고, 현재 중국 당국과 '조용한 대화'를 하고 있다는 점이다. UNHCHR의 이러한 태도는 냉전종식 이후의 국제환경의 변화로 난민의 개념 내용에 '인종, 종교, 국적, 정치적 의견 등을 이유로 한 박해의 공포'에 더하여 인권 침해, 무력충돌 등의 이유가 추가되는 국제적 경향과 부합한다. 또한 유엔인권고등판무관도 지난 10월 방한 때 정부당국자 및 NGO 대표들과의 회동에서 최선의 노력을 약속하면서도, 문제의 민감성에 비추어 '조용한 방법'으로 중국과 협의해 나가는 것이 바람직하다는 의견을 표명했다.

결국 탈북자 문제 해결의 열쇠는 중국이 쥐고 있다. 중국의 공식적 견해는 그동안 누차 표명되었지만 북한과의 안보상의 협력관계, 인권 문제에 대한 독특한 시각, 북한·중국 간의 국경 의정서 등을 고려해 탈북자를 불법체류자로 취급하고 있음은 물론, 일부 탈북자를 강제 송환까지 한 것으로 알려졌다. 중국의 이러한 태도는 탈북자 중 상당수가 경제적 이유로만 탈출한 것이 아니라는 점, 그들이 강제 송환될 경우 중범죄자로 무거운 처벌을 받는다는 점, 그리고 오늘날 인간의 존엄성과 기본권의 보장은 법률적으로나 도덕적으로 국제사회의 책임과 의무가 되고 있는 국제적 경향과 배치된다.

따라서 정부로서는 북한인권상황과 탈북자 문제에 대한 NGO들의 활동을 긍정적으로 평가하고, 세계를 향한 그들의 목소리를 중국과의 대화에 백분 활용할 필요가 있다. 유엔도 중국과의 본격적인 대화를 통해 UNHCR의 현지 구호활동, 탈북자 강제송환 방지와 한국 입국이 실현되도록 외교교섭을 강화해야 할 것이다.

최근 감지되고 있는 한 가지 긍정적인 양상은 중국이 탈북자의 체포와 강제 송환을 자제하는 징조를 보이고 있다는 점이다. 우리는 세계인권선언과 국제인권규약에 인간의 불가침의 권리로 규정되어 있는 '먹을 권리'와 '이전의 자유'가 탈북자에게도 주어지는 그때까지 정부와 NGO, 그리고 온 국민이 힘을 합쳐 지속적 노력을 배가해야 할 것이다.

_『조선일보』, 1999.12.23

통일한국과 북핵 문제: 이상과 현실

06

 미국이 바라보는 남북 정상회담

미국 라이스 국무장관은 외교란 단순히 거래(Deal making)가 되어서는 안 되며 성공적인 외교를 위해서는 자신이 협상하고 있는 문제의 전략적, 역사적 맥락을 먼저 이해하는 것이 중요하다고 강조한다. 라이스 장관은 금년 1월 팔레스타인 문제 해결을 위한 토대를 마련하기 위해 쿠웨이트를 방문하면서 가진 기자회견에서도 중동문제는 50여 년이 지난 오늘에도 해결의 전망이 보이지 않고 있지만, 냉전이 붕괴된 1989년까지 어떤 정치인도 독일 통일을 예견치 못한 사실을 상기시키면서 문제 해결을 위한 분위기가 성숙될 수 있도록 인내심을 갖고 지속적인 노력을 해야 한다는 견해를 표명했다.

북한의 수재로 인해 2차 남북 정상회담이 연기돼 10월 2~4일 열기로 합의됐다. 연기 사실을 놓고서 이런저런 시각이 있겠지만, 중요한 것은 노무현 대통령의 평양방문을 부시 행정부가 내심 어떻게 받아들일까이다. 정상회담이 한반도의 미래를 결정하는 하나의 역사적 분기점으로 기록될지, 아니면 불과 4개월 앞으로 다가온 대선에 영향을 미치고 햇볕정책에 대한 국민의 관심과 지지를 한 차례 더 동원하기 위한 단기차원의 정략적 선택이 될지는 정상회담의 구체적 결과가 나와야 판단이 가능할 것이다.

　　그러나 노 대통령이 8·15 경축사에서 밝힌 "역사가 저에게 부과한 몫을 잘 판단하고 성과를 올리기 위해서가 아니라 책임을 다하기 위하여 노력하겠다"는 다짐은 고무적이다. 외교란 국가 이익을 추구하기 위한 방법이지만 효과적으로 그 목적을 달성하기 위해서는 기술적인 경지를 넘어 동맹국은 물론 국제사회로부터 긍정적인 평가와 지지를 필요로 한다. 이를 위해서는 정책 선택에 중장기적인 국가이익, 그리고 지도자의 철학과 비전을 담아내야 한다. 따라서 매일 새로운 이슈거리를 찾아 진행하는 '과정의 외교(process diplomacy)'는 의심과 불신을 초래하기 마련이다.

　　10·2남북정상회담은 한 차례의 연기 소동과 개최 시기, 장소 등 많은 문제를 안고 있음에도 불구하고 남북한과 주변국, 지역의 안정에 이익이 되는 방향으로 추진될 여지는 충분히 있다. 노 대통령 특유의 자신감과 집념, 특히 한국의 경제적 지원 능력 등이 김정일 위원장으로 하여금 완벽하고 투명한 핵 포기를 위한 구체적 약속, 예를 들면 핵확산금지조약(NPT) 체제의 조속한 복귀, 금년 내 핵 시설과 프로그램의 불능화 완료 등에 합의토록 한다면 여야는 물론 온 국민, 국제사회로부터도 높은 평가를 받을 것이다.

그러나 핵 포기에 대한 구체적인 합의도 없이 남북 경제공동체 구성을 위한 '마셜플랜'식 대규모 경제지원을 약속하거나 내실 없는 평화선언, 또는 거의 국경 관념이 되었고 서해의 안보에도 중요성을 갖는 북방한계선(NLL) 등을 건드릴 경우에는 국내적으로 심각한 국론 분열을 야기할 우려마저 있다. 또 2·13합의에 기초한 비핵화 로드맵 실천에도 오히려 장애요인이 될 것임이 분명하다.

　　정상회담 개최 시점이 과연 북한 문제 해결을 위해 더 이상 미룰 수 없는 결정적 시기인지를 판단하는 데는 여러 가지 이견이 존재할 것이나, 주사위는 이미 던져졌다. 불안한 한반도 정세와 동북아의 안보환경 속에서 좋은 의도만으로 정책적 성과를 기대하기 힘든 것이 남북관계의 현실이다. 그렇기에 정책의 선택과 협상에는 신중함과 엄정한 책임이 뒤따라야 한다. 노 대통령은 여야를 초월한 국민적 지지와 열망을 등에 업고, 동맹국 미국을 비롯한 우방국과의 긴밀한 협조를 통하여 역사 앞에 떳떳이 책임질 수 있는 정상회담 결과를 내놔야 할 입장이다.

_『세계일보』, 2007.8.20

KAL기 폭파사건 조작의혹, 말도 안 돼

　"87년 12월 KAL기 폭파범 김현희(金賢姬)를 서울로 압송하기 위해 바레인 정부와 벌인 줄다리기를 생각하면 지금도 피가 마르는 느낌입니다." 박수길(朴銖吉) 전 유엔대사는 최근 일각에서 제기되고 있는 'KAL 858기' 사건 조작의혹에 대해 단호하게 "북한이 저지른 테러였다"고 밝혔다.

　"외무부 제1차관보이던 당시 12월 1일 바레인에 도착, 인도 협상에 들어갔습니다. 김현희를 한국에 넘기려던 바레인 정부가 막상 우리가 도착한 뒤 북한의 협박·공갈을 받고선 입장을 번복했습니다." 박 전 대사는 "바레인 외무장관이 아예 연락을 끊을 정도로 북한 측의 압력이 거셌다"면서 "아무런 성과 없이 열흘이 지난 뒤 '그렇다면 할 수 없다. 우리는 그냥 간다. 그러나 국제사회에서 바레인은 폭탄을 안고 있는 것과 같다'고 선언한 게 주효했다"고 회고했다.

　박 전 대사는 북한 공작원이 사용하는 독약 앰플의 견본을 서울에서 가져갔는데 바레인 정부가 김현희가 자살에 사용하려던 독약과 같다는 것을 확인하고는 김현희를 내줬다고 말했다. "귀국한 날이 대통령선거일 바로 전날이었고 이로 인해 당시 여권의 노태우(盧泰愚) 후보에게 150만 표가 더 쏠렸다는 분석이 있지만 결코 사건 자체가 조작된 것은 아닙니다." 박 전 대사는 "98년 2월 유엔에서 박길연 북한 대사가 한국이 금·은 보석 수백만 달러를 주고 바레인 정부를 매수했다고 주장했었다"면서 "이에 바레인 대사가 얼굴을 붉히며 반박연설을 한 일이 있다"고 말했다.

우리나라가 유엔안전보장이사회에 첫 진출한 95년부터 97년까지 유엔대사로 일한 그는 외교관 생활 중 가장 의미 있는 기간이었다고 꼽았다. 유엔에서는 박 대사의 동선을 파악하면 매들린 올브라이트 당시 미 유엔대사 등 유엔 주요 인사들의 동정이 파악된다고 할 정도로 활약이 두드러졌다고 한다. 올브라이트 대사는 이후 국무부 장관으로 발탁된 뒤 박 대사의 뉴욕 사택에서 만찬을 함께 할 정도로 절친한 친구다. 98년 10월 외교 일선에서 퇴임한 박 전 대사의 활동 폭은 그러나 전혀 줄지 않았다. 지난해 4월 유엔인권위원회 인권소위 위원으로 선출된 뒤 제53차 유엔인권소위에서 '조직적 강간, 성적 노예제 및 노예 유사관행 결의안'을 이끌어냈다.

한·미교류협회 이사이기도 한 그는 17일 우리나라를 방문하는 데니스 해스터트 미 하원의장 행사를 챙기랴, 이달 29일 제네바 유엔인권위 회의를 준비하랴 여념이 없는 모습이다. 외교부의 후배들이 그에게 지어준 '에너제틱 박' '람세스 박'이란 별명이 꼭 들어맞다는 생각이다.

_『서울신문』, 2002.1.17

🌿 미, 북한에 바란다

북미 핵협상이 마침내 타결되었다. 이로써 북한이 NPT를 탈퇴한 이래한 반도의 긴장을 조성하는 등 우여곡절을 거듭하면서 1년 반 이상 끌어온 핵 문제는 드디어 근원적 해결의 토대가 마련된 셈이다. 이러한 해결을 이끌어내는 데 있어서 한미의 굳건한 공조는 가장 중요한 요소였다. 한국의 입장에서 볼 때 북한의 핵 문제는 반드시 해결되어야 하지만, 그것은 일차적으로 한반도의 긴장상황을 초래하지 않는 범위 내에서 평화적으로 해결되는 것이 중요하다.

이러한 맥락에서 한국은 핵 문제 해결이라는 중차대한 이익을 위해 북미회담이 성사되도록 막후에서 노력해온 것이 사실이다. 우리에게 이렇다 할 대북한 지렛대가 없는 상황에서 핵 문제의 평화적 해결을 위해 현실적으로 한미 공조체제를 활용할 수밖에 없었다고 할 수 있다. 그럼에도 불구하고 북한 핵무기 개발 저지라는 한미의 목표에는 추호의 차이도 없었다고 볼 수 있다. 이제 핵 문제 해결의 근본적 틀이 마련된 이상 이를 완전히 이행되도록 해야 하는 일이 남았다. 이 과정에 있어서 미국은 다음과 같은 점을 고려하여야 할 것이다.

첫째, 북한이 합의사항을 완전히 이행하도록 부단한 경계를 늦춰서는 안 될 것이다. 비록 이번 합의가 핵 문제의 근원적 해결의 틀을 담고 있지만, 그것은 또한 새로운 시작을 의미한다. 북한은 문제 해결을 위한 광범위한 원칙 및 목표의 윤곽에는 비교적 쉽게 합의해 주지만, 이후 이를 구체적으로 이행하는 단계에서는 전혀 움직이지 않는 전력을 갖고 있다. 7·4남북공동성명, 기본합의서, 한반도 비핵화공동선언 등의 예가 그러한 사실을 잘 뒷받침해 주고 있다.

둘째, 핵 문제의 이행과정에 있어서도 한미 간의 긴밀한 공조체제가 유지되어야 한다. 그것만이 북한의 성실한 이행을 확보할 수 있는 길이다. 또한 북미 간의 관계개선이 이루어진다 하더라도 남북관계의 진전이 병행되지 않을 경우, 한반도의 냉전은 변함이 없을 것이다. 동북아의 안정과 평화에 긴요한 한반도의 냉전종결은 사실상 남북 간의 관계개선 없이는 불가능하다는 점을 인식해야 한다. 미국은 자신의 이익에 치중한다는 인상을 한국민들에 주어서는 안 될 것이며, 한국의 동맹국으로서 한반도의 전반적 안정과 평화, 그리고 통일을 위해 기여한다는 점을 한국민들에게 부각시킬 필요가 있다.

셋째, 이와 관련, 북미관계개선은 반드시 남북대화의 진전과 병행되어야 할 것이다. 끝으로 이번 합의 결과 역설적이지만 어떤 면에 있어서는 미국은 다른 어떤 나라보다도 북한에 대한 영향력을 갖게 되었다고 볼 수 있다. 우리가 직면한 북한 문제는 비단 핵 문제만이 아니다. 핵 이외의 생화학무기 장거리 미사일 등 대량 살상무기에 대해서는 어떠한 해결도 없는 상황이다. 북한의 인권 문제 또한 좌시할 수 없는 실정이다. 이제 미국은 핵합의의 완전한 이행은 물론 이러한 문제들도 포괄적으로 타결될 수 있도록 노력해야 할 것이다. 그러나 무엇보다도 미국에 기대되는 것은 북한의 개방과 개혁을 유도하여 한반도의 진정한 평화와 안정에 기여하는 일일 것이다.

한편 이번 합의를 통해 북한은 나름대로 중대한 성과를 올렸다고 판단할 것이다. 동구의 사회주의권이 연일 도미노처럼 쓰러지는 사태에 직면한 이래 북한 정권은 체제생존에 대한 위협요인을 체제 내부에서 찾기보다는 한국, 미국 등 외부의 책동에 두고 그 탈출구를 핵 카드를 통해 확보한다는 나름대로의 전략을 추구해 왔다. 북한은 이번 합의에서 알 수 있듯이 북미관계개선과 경협을 확보할 수 있음으로써 그토록 염려하던 외부로부터의 위협을 해소하고 체제생존을 위한 바람직한 대외환경을 조성하는 데 일단 성공했다고 볼 수 있다.

그러나 북한의 정권담당자들이 간과하고 있는 점은 체제생존의 관건이 외부에 있는 것이 아니라 북한체제 자체의 모순에 기인한다는 사실이다. 즉, 사회주의권이 무너진 것은 자본주의의 책동이 아니라 사회주의체제의 자체모순에 있다. 따라서 북한이 처한 총체적인 위기상황도 따지고 보면, 경직되고 시대에 뒤떨어진 주체사상 이외에 다른 이유가 있을 리 없다. 북한 정권이 생존할 수 있느냐는 전적으로 기능부전에 빠진 북한체제를 개혁할 수 있느냐에 달려 있는 것이다.

거듭 천명하거니와 북미 핵협상의 타결은 문제의 끝이 아니라 새로운 시작의 첫 부분일 뿐이다. 제네바 합의사항이 반드시 이행될 때에만 한반도 평화라는 새로운 시작이 전개될 수 있다는 것을 당사자 모두 명심해야 할 것이다.

_『한국일보』, 1994.10.19

현실을 다시 직시하자: 남북정상회담에 즈음하여

14일 평양에서 남북 두 정상 간에 서명된 공동선언은 분단 반세기를 통한 남북대결의 역사에 종지부를 찍고 새로운 역사의 장을 여는 상징이었다. 이러한 결과는 김 대통령의 통일을 향한 비전과 햇볕정책, 그리고 김정일 국방위원장의 소위 '통 큰 정치'가 잘 접합되어 이룬 성과라고 하겠다. 우리는 김 위원장이 남북관계를 개선하면서 개혁, 개방정책을 추진하고 또 이미 미국과 합의한 대로 핵 프로그램과 장거리 미사일 개발을 중지함으로써 미일관계를 정상화하고 국제사회에 복귀하기를 진심으로 바란다.

남북공동선언의 내용을 보면 그 기본 개념에 있어서는 7·4남북공동성명, 1992년의 남북 기본합의서와 그 궤를 같이 하고 있다. 그러나 7·4남북공동성명은 대리자에 의하여, 기본합의서는 남북 총리에 의하여 서명 되었다는 점에서 두 정상이 직접 서명한 금번의 남북 공동선언과는 큰 차이가 있었다. 더욱이 양 정상은 공동 선언 속에 합의사항 실천을 위한 당국자 간 대화를 곧 개시하도록 했고 이산가족 상봉에도 시한을 정했으며 또 김정일 위원장의 서울 방문도 '적절한 시기'에 이루어지도록 합의하였으므로 이행의 전망은 아주 밝다고 할 수 있다.

그러나 몇 가지의 의문이 없지 않다. 첫째, 김정일 위원장은 과연 북한을 개방하고 개혁 정책을 과감히 추진할 것인가의 문제이다. 그는 중국 방문 시 중국의 개혁 개방정책을 찬양하면서도 '우리식 사회주의'를 언급했다. 그것은 인구가 10억이 넘고 광활한 영토를 갖고 있는 중국과 달리 개방정책이 북한 체제 위협에 직결될 수 있다는 사실을 감안한 계산된 발언이므로 북한 개혁정책의 한계를 예견케 한다. 둘째, 서양 속담에 있는 "악마는 세부사항에 있다(Devil is in the details)"라는 격언이 있다. 5개항에 대한 포괄적 합의는 정상회담의 성격상 불가피했었을 것이나 그 구체적인 이행과정에서는 많은 난제가 제기될 수 있다는 점이다.

셋째, 김 위원장은 서울 방문 초청은 수락하면서도 그 시기를 명시하지 않고 있다. '적절한 시기'라는 표현은 경우에 따라서는 경협의 내용, 자주적 통일 등 민감한 문제 등과 관련하여 지렛대로 이용될 가능성도 배제할 수 없다. 결국 공동선언 이행의 문제는 정상 간의 신뢰구축과 정치적 결의에 따라 극복될 수밖에 없다.

한편 우리는 남북정상회담의 성공이 한국을 둘러싼 4대 강대국 특히 한미관계에 미칠 영향을 신중히 고려하고 적절히 대처해야 할 것이다. 미국의 여론은 남북 정상회담의 성공이 한반도와 동북아의 평화에 크게 기여한다고 평가하면서도 주한미군과 미국의 대량살상무기 통제정책에 미칠 영향을 신중히 검토하고 있다. 최근 있은 매향리 사건과 SOFA 개정문제에서 비롯된 반미감정의 확산은 남북화해 무드에 편승하여 주한미군의 철수 요청으로 연결될 수 있을 것이다. 또 그것은 미국이 북한과 중국을 의식하여 추진하고 있는 미사일 방위계획에도 영향을 미칠 수 있으므로 우리는 남북관계 개선이 한미 동맹관계에 부정적 영향을 미치지 않도록 지속적인 노력을 기울여야 할 것이다.

나는 작금의 여론의 행방을 지켜보면서 북한 지도층의 의도를 지나치게 의심하는 냉소주의도 경계하거니와 그렇다고 북한이 180도 달라진 양 감상주의에 흐르는 의견에도 동의할 수 없다. 냉정하고 균형된 감각으로써 정상회의의 결실을 소화하며 북한의 변화를 지켜봐야 하겠다.

_『한국일보』, 2002.6.16

부시·후진타오 체제에선 '김정일식(式)' 안 통해

북한의 미사일 발사를 규탄하고 대북 제재를 명시한 유엔안보리 결의에 담긴 의미는 무엇인가. 결의문 채택에서 읽히는 미국의 전략, 중국의 입장, 일본의 구상은 어떤 것인가. 결의문을 즉각 배척하고 추가 강공책을 위협하고 있는 북한은 앞으로 어떤 행동을 보일 것인가. 한국은 어떤 역할을 수행해야 하나. 한반도 상공을 덮고 있는 '핵-미사일 난기류'를 박수길 전 유엔대사와 문정인 연세대 교수의 대담으로 풀어본다.

● **박수길:** 이번 안보리 결의 채택은 안보리가 국제평화와 안전을 위협하는 사태에 대처하는 새로운 방안을 발전시켰구나 하는 생각을 갖게 한다. 이번 결의는 (군사조치까지 가능한) 유엔헌장 7장을 인용하지는 않았다. 6·25 때의 결의도 7장을 인용하지 않았다. 그러나 이번 결의는 7장을 원용하지 않으면서도 안보리가 국제평화와 안전의 유지에 특별한 책임을 진다고 천명하면서 대북 제재 내용을 밝히고 있다. 유엔헌장 25조는 유엔 회원국은 안보리가 한 결정을 수용하고 이를 이행할 의무를 갖는다고 돼 있다. 이번

결의는 구속력이 있다고 보아야 한다.

○ **문정인**: 안보리 결의라는 게 안보리 내부의 정치적 역동성을 보여주는 것이다. 이번에 일본이 미국과 함께 낸 결의안은 7장을 원용한 제재 구속력을 갖는 것이었고, 여기에 중국과 러시아가 반대 대안을 냈고, 결국 영국 중재안으로 채택됐다. 이번 결의가 구속력이 있느냐에 대해서는 논란이 있을 수 있다. 국내법 준용 규정이 있기 때문이다. 그러나 5개 상임이사국은 물론 비상임 10개국까지 15개국이 만장일치로 북 미사일 발사에 대해 규탄하고 필요하면 제재할 수 있는 국제적 기반을 만들었다는 데에 의미가 있다.

● **박수길**: 얼마 전까지만 해도 중국이 이런 대북 결의를 주도한다는 것은 상상할 수 없었다. 북한은 자기들 나름대로 합리적으로 행동한다고 생각할지 모르지만 결국 잘못된 판단으로 한국과 우호국인 중국의 입장까지 어렵게 만들었다.

○ **문정인**: 결의문 채택 과정에서 가장 큰 득을 본 국가는 일본이다. 일본은 유엔에서 외교적 역량을 발휘하고 국내 정치적 효과도 거두었다. 그러나 일본이 이번 일을 계기로 한반도에서 외교적 우위를 확보하고 한반도 문제를 좌지우지할 수 있는 위치를 잡으려 한다면 곤란하다. 여기에 대한 우리의 대응이 필요하다. 한국은 나름대로 역할을 했다고 본다. 만약 한국이 일본안에 대해 강하게 비판하지 않고 찬성했다면 한국 입장이 우스꽝스러워졌을 것이다.

● **박수길**: 일본이 가장 득을 봤다는 것은 일리가 있다. 그러나 이번 문제는 일본, 미국의 득실문제가 아니라 국제평화와 동북아 안보

의 문제라고 보아야 한다. 이것은 한반도의 문제이고, 지역의 문제이며, NPT(핵확산금지조약)체제의 문제이자 미사일시스템에 관한 문제다. 이런 점에서 한국 정부가 제재문제에 대해 곧바로 반대를 명시적으로 표명한 것이 바람직했느냐에 대해서는 생각할 부분이 있다고 본다. 앞장서 반대한다고 할 것 없이 침묵하는 것이 정책적 선택으로 좋았지 않았나 싶다. 이번 사태는 북한이 국제사회 전체와 맞서는 구도이다. 이런 구도에서 한국이 너무 민족 공조로 기울면 국제사회의 외면을 받게 된다. 한국민의 정서와도 맞지 않다.

○ **문정인**: 분명한 것은 만약 북한이 대포동 2호 추가발사 또는 핵실험을 하면, 결국 헌장 7장으로 갈 수밖에 없다는 점이다. 그러나 이번 결의문 통과가 북에 준 메시지는 6자회담에 나오고 미사일 유예하고 해서 국제사회 일원으로 행동한다면 더 이상 제재는 없다는 인센티브 측면도 있는 것이다. 여기에 이번 결의가 갖는 양면성이 있다.

● **박수길**: 과거에는 한미일 3국 정책 조정이 잘 됐지만 지금은 달라졌다. 미일 간에는 잘 되지만 한국은 미국 일본 양쪽으로부터 다소 소외당하는 것 같다. 이번에도 미국과 일본은 처음부터 한국과 협의하지 않고 어느 단계가 지나고서야 협의한 것 같다. 그러니 일본이 대북 선제공격론을 언급했을 때 한국이 강하게 반발하지 않을 수 없는 것이다. 미국이 일본하고만 중요한 것을 다 논의하고, 한국은 그 다음이 된다면, 미국의 한일 간 정책 조절 능력은 약화될 수밖에 없다.

○ **문정인**: 참여정부는 어떤 일이 있어도 한반도에 전쟁이 나면 안 된

다는 강박관념 같은 것이 있다. 헌장 7장 원용 문제가 나왔을 때 정부가 강력 대응한 것도 그 때문이라고 보아야 한다. 미국이 3국 공조를 잘 해야 되는데 그렇게 하지 않았다는 지적이 있지만, 사실 7월 3일까지도 한미 간 합의가 충분히 있었다. 북한이 대포동뿐 아니라 스커드-노동까지 발사하는 바람에 차질이 있었다. 세 가지 미사일을 다 쏜 바람에 일본이 강하게 나왔고, 한미공조에 이상이 있는 것으로 비쳤다.

- **박수길:** 북한은 93년에도 핵 문제를 벼랑 끝 전술로 몰아가 효과를 보았고 98년에도 그랬다. 그러나 당시는 미국 클린턴-중국 장쩌민 체제였지만 지금은 부시-후진타오 체제다. 벼랑 끝 전술이 통하지 않는다. 미국은 차치하고 북한은 이번에 중국에 당한 거다. 중국도 이젠 북한을 마음대로 놔두지 않겠다는 것이다.

○ **문정인:** 지금 북의 행태는 관성에 의한 것이 아닌가 한다. 강하게 밀어붙이면 미국 등이 자기들 요구를 수용할 것으로 생각하는 것 같다. 북한이 미일 강경파의 함정에 빠진 게 아닌가 하는 생각도 든다. 미일 강경파들이 "북한은 불량국가다"라고 해 왔는데 북한이 실제로 이런 행동을 해 버린 것이다. 미일 강경파와 북 군부 사이에 '적대적 제휴'가 이뤄지는 듯한 형국이다. 북한 군부 힘이 너무 커진 것 같다. 군부의 힘은 미일의 압박 고립정책에서 나온다. 북한이 앞으로 핵실험은 모르지만, 다시 장거리 미사일을 발사할 가능성도 배제할 수 없다. 김정일 위원장이 사태를 냉철하게 검토해서 새로운 결단을 통해 반전의 계기를 가져와야지 그렇지 않으면 북도 어렵고 한반도의 긴장도 고조될 수 있다.

- **박수길:** 북이 어떤 형태로든 6자회담에 복귀해서 한두 번 나올 가능성도 있다. 그러나 나온다고 해서 문제가 쉽게 해결되겠는가. 6자회담이 재개되지만 진전은 없는 형태가 될 것이다. 부시 행정부는 북핵 문제 해결을 서두르지 않을 것이란 느낌도 든다. 이런 상황에서 한국의 역할이 중요하다. 한미일 3국이 공조를 잘해서 같은 메시지를 보내면 북을 유화적으로 이끌 수 있을 것으로 본다. 북한에 대해서는 어떤 경우에도 개성공단이나 금강산 관광사업은 계속한다고 미리 못 박을 필요가 없다고 본다.

○ **문정인:** 미일의 지나친 대북 강경책, 특히 군사적 행동은 정부가 수용 못할 것이고, 그것에 대한 기본적 합의만 있다면 미일과 공조할 수 있을 것이다. 그런 점에서 중요한 것은 북한의 행동이다. 북한이 계속 일방적으로 나간다고 하면 우리 정부도 어려워질 수밖에 없다. 개성공단도 시범사업 이상으로 가기는 어려울 것이다. (미국의 금융제재로 묶인) 2,400만 달러 때문에 모든 판을 깨는 것은 국제사회에서 있을 수 없다. 공식이든 비공식이든 6자회담에 나와서 그 안에서 핵이든 미사일이든 얘기하고 평화를 만들어야 한다.

_『조선일보』, 2006.7.17(사회: 김현호 선임기자)

대화 21세기: 북미관계 해법은?

캐나다, 제네바 대사를 거치며 외교 수완을 인정받은 박수길 전(前) 유엔대사. 1991년 주 제네바 대사로서 그 해 9월 평양에서 개최된 유엔무역개발 각료회의(UNCTAD Ministerial Meeting)에 참석하기 위하여 북한을 직접 방문하기도 했다. 박 대사는 유엔대사와 안보리 한국수석대표직을 수행하는 과정에서 국제관계 일반 또 북한과 미국의 관계에 정통한 안목을 보여주었다. 박수길 대사와 함께 북미관계를 현명하게 해결해나가기 위한 방법을 모색해본다.

Q 올해로 한미동맹 50주년을 맞았습니다. 하지만 지금 한반도는 긴장감에 휩싸였습니다. 바로 북한 핵 문제로 인해 북한과 미국의 관계가 심상치 않게 전개되고 있기 때문인데요, 오늘 『대화 21세기』에서는 지난 반세기 동안 달라지고 있는 미국과 북한의 관계를 재조명해보구요, 그 안에서 우리가 펼쳐야 할 현명한 외교의 길을 찾아보고자 합니다.

UN대사와 UN안보리 의장을 지내시고 현재 유엔한국체제협회 회장, 제네바 소재 UN인권소위원회 위원으로 활동하고 계시는 박수길 대사님과 함께하겠습니다. 대사님께서는 오랜 시간 UN대사, 안보리 한국대표, 안보리 의장으로 활약하셨고요, 최근에는 유엔인권소위원회 위원으로 일하고 계신데, 우선 유엔인권소위원회가 어떤 일을 하는 곳인지 소개해주시죠.

A 알다시피 유엔 안에는 인권기구가 상당히 많이 있습니다. 예를 들면 인권고등판무관실, 유엔인권위원회, 또 각종 인권조약에 의하여 설립된 기구들이 많이 있습니다. 최근에 "유엔인권위원회"에서는 북한인권상황에 관한 결의안을 통과시키지 않았습니까? 이런 기구들 중에서 가장 중요한 기구가 유엔인권위원회입니다. 유엔인권위원회는 잘 아시겠지만 1948년에 루스벨트 대통령 부인이 초대 의장직을 맡았고 그때부터 본격적으로 활동하기 시작했습니다. 이 유엔인권위원회의 산하 기구로서 일종의 싱크탱크(Think Tank) 역할을 하는 소위원회가 있습니다. 그것이 제가 관여하고 있는 유엔인권소위원회입니다.

그런데 인권위원회는 정부 대표로 구성이 되어 있고 우리나라 포함해서 현재 53개 회원국으로 구성되어 있습니다. "인권소원회의"는 26명의 위원으로 구성되어 있는데 제가 3년 전에 위원으로 당선이 되었습니다. 정부대표로서가 아니고 개인자격입니다. 그래서 유엔인권소위원회는 저명한 인권 전문가로 구성된 셈입니다. 인권소위원회의 기본 목적은 인권의 보호와 증진 특히 소수자, 취약계층의 인권 증진을 목적으로 하고 있습니다. 예를 들면 피난민, 소수자(Minority Protection), 여성, 아동 등 취약자의 권리보호에 중점이 있지요. 1년에 50여 개의 결의를 채택하고 인권 남용 국가들의 인권 상황을 고발하고 국제사회의 관심을 촉구합니다.

1997년에 프랑스 위원이 주동이 되어 북한인권상황을 규탄하는 결의가 유엔인권소위원회에서 채택이 되었습니다. 당시 북한은 그 결의에 반발하여 인권관련 협약으로부터 한때 탈퇴선언도 하여 유엔차원에서 아주 복잡한 문제가 제기되어 유엔사무국이 골치를 앓은 적이 있지요. 당시 유엔인권소위원회에서 북한 문제가 토의되고 결의가 채택된 것은 획기적인 사건이었다 하겠습니다. 최근 북한인권 문제가 정부간 기구인 유엔인권위원회에서 통과된 것은 그 뜻이 크고 이를 계기로 결국 북한의 인권 문제가 국제사회의 큰 관심사가 되었다는 의미입니다. 하루속히 북한 주민들의 인권 상황이 개선되는 방향으로 북한 정권이 노력하지 않으면 인권유린국가, 전체주의 국가로서의 북한의 이미지는 벗겨질 수 없지요.

Q 북한 핵 문제로 인해서 한반도에 위기감, 긴장감이 지속되고 있거든요. 미국과 북한의 관계도 아주 냉랭한, 적대적 관계가 지속이 되고 있는데요, 그래서 지난 반세기 동안에 미국과 북한의 관계가 어떻게 변화되었는지 한번 짚어볼 필요가 있을 것 같습니다.

[A] 미국 북한 간 관계는 한국전쟁 이래 시종 적대관계가 계속되었으나 94년 북핵 관련 제네바 합의 후 관계 개선의 시도가 있었습니다. 즉 클린턴 행정부 말기에는 북한 조명록의 워싱턴 방문, 올브라이트 미 국무장관의 평양방문과 김정일 국방위원장과의 회담도 있었으니까요. 그러나 역시 미북관계는 순탄할 수 없는 역사적 원인을 갖고 있음을 간과할 수 없지요.

우리가 잊지 못할 비극은 역시 북한이 일으킨 6·25전쟁이 아니겠습니까? 한국전쟁에서는 미국 군인이 유엔군의 일부로서 북한과 싸웠고 그 이전으로 소급하면 이념이 다른 남북정권이 각각 미국과 소련의 지원하에 성립될 때부터 북미관계는 적대관계로 출발했다 하겠습니다. 6·25전쟁 후 큰 사건으로서는 1968년에 푸에블로호 사건이었지요. 미국해군 첩보선이 공해상에서 북한에 의하여 나포되는 사건이었지요. 그다음에 1970년대 후반에는 휴전선에서 인민군에 의한 도끼만행사건으로 인해서 미군장교 두 사람이 살해된 적도 있었습니다.

그리고 80년에 들어와서 계속된 북한의 대남 군사도발, KAL기 폭파사건, 버마 랑군 사건 등은 한국의 군사 동맹국인 미국을 더욱 자극했지요. 이러한 역사적 배경에서 94년 북핵 위기가 발생했을 때에는 미국은 영변핵시설의 폭격까지 계획한 바 있었으나 카터 전 대통령과 김일성 간의 평양회담으로 "제네바 협정"이 되었지요. 94년의 제네바 협정은 그 후 2002년 10월 켈리 미 국무부 차관보가 평양을 방문, 북한의 은밀한 우라늄 농축계획을 추궁하고 북한이 이를 시인함으로써 제네바 합의가 붕괴되는 것입니다.

Q 앞으로의 북미관계나 미국의 북한 핵 문제에 대한 대처방안을 알기 위해서는 부시 미국 대통령이나 그를 둘러싸고 있는 행정부 수뇌부에 대해 제대로 파악할 필요가 있다고 보거든요? 그 부분에 대해서도 자세한 말씀 부탁드립니다.

A 현재 부시 정권에 참여하고 있는 주요 인사들은 과거 재야시절, 신보수주의(Neo-Conservatism) 이념을 구현한 세계전략, 안보정책, 대북정책에 대해서 많은 의견을 내놓았습니다. 신보수주의의 기본 이념은 세 가지로 요약이 될 수 있어요. 첫째는 미국의 안보에 위협이 되는 국가, 정권에 대해서는 미국대외정책의 초점을

정권교체에 두며 둘째, 9·11사태를 겪고 난후의 교훈은 위기가 일어났을 때 사후대처가 아니라 사전에 대처하는 소위 선제공격(preemption)이 가능하며 셋째, 민주주의 확산 등이라 할 것입니다. 이러한 신보수주의 이념은 지금 집권층이 야당에 있을 때부터 구상한 정책이었으므로 집권하자마자 실천에 옮긴 것입니다. 이 정책의 실천에 제일먼저 표절이 된 나라가 이라크이지요. 미국은 후세인 정권의 붕괴를 통해서 정권교체와 민주주의의 확산을 실천에 옮겼다고 하겠지요. 이러한 정책을 북한에도 그대로 적용할 것인가, 이런 의문이 많이 제기되고 있는데 제가 보기에는 동북아의 안보상황에 비추어 볼 때 그렇지는 않다고 봅니다.

북한은 공식적 또는 비공식적으로 핵무기를 가졌다고 했으나 확인이 안 되고 있지요. 그러나 북한은 폐연료봉을 8천 개 이상 가지고 있습니다. 그것에서 추출된 플루토늄으로 6~7개의 핵폭탄을 만들 수 있는 가능성이 있죠. 그리고 동맹국인 중국이 옆 나라 아닙니까? 2003년 미국은 이라크를 무력으로 공격할 수 있었지만 북한에 대한 무력공격은 신중한 정책 대안으로 고려하지 않고 있다고 봐야 할 것입니다.

부시 대통령의 공개적인 반 김정일 정서에도 불구하고 북핵 문제는 최대한 평화적으로 대화를 통해서 해결해 보겠다는 방침인 것 같습니다. 그러나 협상의 틀은 6자회담이라는 다자 대화 형식을 주장하고 있습니다. 다자 대화의 틀이 마련되었다는 생각이 듭니다.

Q 얼마 전에 노무현 대통령의 미국 방문을 둘러싸고 실리주의, 실용주의 외교였다, 또는 굴욕외교였다, 양론이 팽팽하게 맞서 있어요. 지금까지도 논란이 끊임없이 이어지고 있는데 어떻게 보십

니까? 참 조심스럽긴 하지만요.

A 저도 한미관계의 추이를 주의 깊게 보고 있습니다만 그러한 논쟁이 국내에서 일어나고 있는 이유는 충분히 이해가 되죠. 노무현 대통령을 지지하는 층에서는 대통령 선거기간 동안에 노무현 대통령이 한 이야기, 그다음에 당선자로서 한 말, 당선되고 난 후에 미국에 가서 한 이야기 간에 상당히 괴리가 있다고 봅니다. 이번에 한미 정상회담의 결과를 보면 오히려 보수층이 환영하고 있고, 오히려 진보층이 불만을 갖고 공개적으로 비판을 하는 상황은 흥미롭습니다. 제가 보기에는 양국 정상이 실제 만남시간이 길다고 할 수 없었지만 공동성명은 비교적으로 상당히 균형 있게 여러 분야를 망라하고 있습니다. 한미동맹관계의 강화 필요성, 북핵 문제 해결을 위한 공동노력과 경제협력 강화 등을 굴욕외교다 또는 친미외교다 이렇게 이야기할 필요는 없다고 생각합니다. 대통령으로서는 국익 증진을 위하여 최선을 다했다고 믿어야 할 것입니다.

다만 제가 한 가지 지적하고 싶은 것은 공동 성명서의 원론적인 부분, 원칙적인 부분에서는 모두가 다 공감할 수 있는 것입니다. 그런데 문제는 구체적인 사항에 들어가면 복잡한 문제가 많이 생겨납니다. 서양 속담에 '악마는 세목사항에 있다'라는 말이 있어요. 그러니까 총괄적인 원칙에는 잘 합의가 되는데 실천 면에 들어가면 문제가 많다는 말입니다. 예를 들면 공동성명에서 말하는 "북한의 새로운 위협"을 구체적인 사안 — 예를 들면 중단거리 미사일발사를 둘러싸고 한미 간에 의견이 얼마든지 있을 수 있다는 이야기입니다.

그러나 구체적 사태에 대한 해석과 평가는 공동성명의 원칙과 추

구코자 하는 목표에 비추어 판단하면 될 것입니다. 제가 바라고
싶은 것은 양국 대통령께서 공약한 것은 상호의 신뢰를 기초로
합리적인 방향으로 실천해 나가는 게 중요합니다. 그래서 대통령
의 귀국 시 그의 지지층이 공동성명에 대하여 거부적인 반응을
보인 사실은 미국에 대해 상당한 오해를 일으킬 수 있다는 점을
말씀드리고 싶군요.

Q 북한 문제로 돌아가서요, 북한이 그동안 계속 북미 직접대화를
추구하다가 최근에 다자간 협상을 긍정적으로 보는 코멘트를 했
으나 본심은 직접 대화를 선호하는 것 같고 미국은 계속 다자간
협상을 주장해 왔는데 그들 주장의 배경과 논리는 무엇이라 보십
니까? 그리고 최근의 북한 측 코멘트로 볼 때 북한의 태도 변화
라고 보아도 되는 건지 궁금한데요.

A 북한이 북미 쌍무협상을 주장하고 미국이 쌍무협상보다 다자간
협상을 하자는 이유가 있습니다. 북한은 잘 아시다시피 미국만이
그들의 체제 안보에 중대한 영향을 미칠 수 있으므로 미국과의
쌍무협상을 고집하는 것입니다. 미국과의 관계가 정상화되어 있
지 않기 때문에 그들의 안보가 간단없이 위협에 직면하고 있고
또 북일 국교관계도 정상화되지 못하고 있으며 국제경제기구로
부터 원조를 받을 수도 없고, 모든 문제들이 잘 안 풀린다고 믿고
있는 것입니다. 환언하면 미국의 적대정책과 압살정책 때문에 국
제적으로 고립하고 경제 발전도 못하다고 생각하는 것이지요.
그들은 미국과 직접 대화를 통해서 현안문제들이 해결되면 남북
간 문제는 물론 일본과의 현안문제도 자연히 풀린다고 생각하고
있어요. 북한은 일본과의 국교정상화를 통해서 식민지배에 대한

100억 불 이상의 배상을 받을 수 있다고 보는 것입니다. 그러나 미국의 입장에서 보면 94년의 양자회담을 통한 제네바협정에 따라 북한이 핵을 동결, 종국적으로는 두 개의 1,000메가와트 경수로를 제공받기로 합의했음에도 불구하고 북한은 그동안 농축우라늄으로 핵폭탄을 만들려는 계획을 은밀히 추진하고 있었음이 미국에 의하여 발각된 것입니다. 그래서 미국으로서도 이제 양자 자원에서 협상을 재개 하는 것은 무의미하다고 판단한 것입니다. 따라서 미국으로서는 북핵 문제가 북한과 미국과의 문제가 아니고 국제사회와 동북아의 평화와 안전에 대한 중대한 위협이 되고 있음으로 당사자인 남북한 그리고 중국, 일본, 러시아, 미국 등 국가가 6자회담 형식이 되어야 한다는 결론에 도달할 것입니다.

Q 대사님께서는 주 제네바 한국 대사 재임 시에는 인권위원회에 한국 측 수석대표로 참석하였고 지금은 유엔인권소위원회에서 활동하고 계시지만 미국이 인권을 앞세워서 패권주의를 추구하고 있다고 우려하는 목소리가 상당히 많거든요 이 부분에 대해서는 어떤 생각을 갖고 계십니까?

A 미국은 냉전붕괴 이후 자타가 공인하는 유일 초강국이 되었습니다. 특히 9·11사태 이후에 아프가니스탄의 탈레반 정부 축출을 위한 전쟁에서는 안보리 승인을 받았으나 이라크 침공은 일방적으로 강행했습니다. 이러한 일방주의는 군사, 안보적 면에서만 국한되지 않고 미국의 국제 형사재판소 불참여, 지구환경 보호를 위한 교토협약 탈퇴 중에서도 나타나고 있습니다. 미국의 이러한 일방주의 경향이 원인이 되어 미국의 인권정책도 인권의 보편적 가치를 증진한다기보다 타국의 내정간섭을 통하여 자국의 이익

을 증진하는 데 목적이 있다고 비판하는 국가도 적지 않습니다. 중국도 공공연하게 미국이 인권 문제를 미국의 국익증진의 도구로 이용하고 있고 비난합니다. 그리고 인권상태에 대하여 많은 비판을 받고 있는 나라들, 수단, 리비아, 쿠바 등 제3세계도 미국이 인권을 2중 잣대로 악용하고 있다고 반발하고 있습니다.

제가 보기에는 미국의 건국이념이나 민주주의와 법치주의 실현의 현실에 비추어 볼 때 미국이 인권을 패권주의 추구를 위해서 악용하고 있다는 견해에는 동조하지 않습니다. 예를 들면 쿠바나 미얀마의 인권 상황규탄 결의안이 해마다 인권위에서 통과되었다고 해서 그것을 미국의 일방주의 또는 2중 잣대의 반영이라고 생각하지 않습니다. 이들 인권남용의 대표적 국가들을 규탄하는 결의는 주로 EU에 의하여 제기되고 유엔회원국의 다수결에 의하여 채택되기 때문입니다. 사실 미국은 인권분야에서 정부뿐만 아니라 민간차원에서도 세계적 범위에서 인권을 옹호하는 운동을 주도하고 있는 것도 사실입니다. 휴먼라이츠와치(Human Rights Watch), 프리덤하우스(Freedom House) 등이 민간차원에서 많은 인권운동을 주도하는가 하면 매년 국무성은 인권보고서를 발행하고 있지 않습니까. 이 보고서에는 한국, 북한인권 문제도 항상 실려 있습니다. 그러니까 미국의 인권정책이 이중적 성격이고 패권주의를 위한 방편이라는 견해에는 사태를 너무 단순화하고 있어 동의하고 싶지 않습니다. 인권은 역시 보편적 가치로서 그 훼손이 용인되지 않음은 물론 보호, 신장되어야 할 개념으로 봐야 합니다.

Q 네, 대사님께서 특히 유엔에 관련해서 여러 가지 구체적인 말씀

을 많이 해주실 수 있을 것 같은데 이라크 재건을 위한 결의가 얼마 전에 유엔총회와 안보리에서 만장일치로 통과되기는 했지만 미국의 안보리 승인 없는 대이라크전쟁으로 인해서 유엔의 권위가 크게 실추되었다고 생각하시는 분이 적지 않거든요. 북핵문제가 평화적으로 해결이 안 될 경우 유엔안보리로 상정될 것인데, 북한 문제 해결에 유엔이 얼마나 결정적인 역할을 할 수 있을지 의문이 있거든요.

A 이라크 재건관련 결의를 자세히 읽어보면 미국과 영국의 점령국가로서의 권리를 적법하게 행사할 수 있음을 승인하고 있습니다. 일부 학자들은 안전보장이사회가 원래 불법적이었다던 이라크전쟁을 재건 결의안의 채택을 통하여 합법화한 것이라는 견해도 성립될 수 있습니다. 이 결의에는 유엔사무총장의 특별대표가 유엔을 대표해서 인도적, 경제적 지원에 대해 필요한 역할을 할 수 있다는 내용이 있습니다. 이러한 내용 때문에 안보리는 결국 대국의 이익에 따라 즉 미국의 의사에 따라 행동한다는 비난이 있었습니다. 이러한 관점에서 앞으로 이라크사태와 유사한 전쟁이 일어나도 안보리는 결국 대국의 이익에만 따라 행동하지 않느냐 하는 비관론이 나오죠. 그래서 유엔이 지금 중대한 기로에 서 있다고 지적하는 학자도 적지 않고 코피 아난 사무총장도 미국의 이라크 침공은 불법이었다고 선언한 적도 있었습니다. 사실 유엔의 45년 역사를 보면 해석상 이론이 있을 수 있는 사례들이 있습니다. 한국전쟁의 경우 유엔군이 참전했는데 그것도 유엔헌장규정에 100퍼센트 부합하는 엄격한 의미의 유엔군은 아닙니다. 헌장 43조에 의한 유엔군의 파병은 아니었지만 한국전쟁에 관하여 채택된 일련의 안보리 결의와 헌장이 추구하는 숭고한 목적과 이상에

비추어 보면 16개국 참전 군대가 유엔군으로 받아들여지는 것은 당연합니다. 1980년대의 사례로서 미국이 파나마와 그레나다를 침공한 일이 있었습니다. 그렇지만 이 경우는 미국이 주장한 것처럼 유엔헌장상 그러한 침공이 어느 정도 합법화되는지 여부의 논란이 충분히 있을 수 있습니다.

그때 파나마는 노리에가(Noriega)의 독재하에 있었고 노리에가 정권은 마약거래를 공공연히 하고 있었지요. 노리에가 정권의 붕괴 후 미국은 파나마에서 형식적이나마 민주정권을 세웠고 국제사회는 결국 그 정권을 승인했습니다. 이것이 현실정치 소위, *Realpolitik*입니다. 그래서 유엔에 대하여 비관론을 이야기하는 사람들에게 저는 이런 말을 자주 상기시킵니다. "유엔은 인류를 천당으로 구원하기 위해서 만들어진 것이 아니고 인간이 지옥으로 떨어지지 않게 하기 위해서 만든 것이다." 제2대 사무총장이었던 함마르셸드 박사가 한 말입니다.

사실 권력을 내실로 하는 현실정치를 제대로 파악한다면 유엔의 역할은 제한적일 수밖에 다른 도리가 없습니다. 그럼에도 불구하고 유엔은 글로벌 이슈가 날로 증가하고 세계화(Globalization)가 더욱 심화되어가는 21세기에 있어서 아주 중요한 역할을 하지 않을 수 없습니다. 우리는 유엔을 안보영역에만 국한시켜 보는 경향이 있으나 그 이외에 빈곤퇴치, 환경보호, 국제범죄 진압, 질병통제 등 인권의 보호와 신장 등에 있어서 유엔의 역할은 계속 커져가고 있어요. 안보 면에서도 냉전 후 안보리의 역할은 점점 커지고 있습니다. 제1차 이라크전쟁은 5대 상임이사국의 동의로 이루어 졌습니다. 또 1994년에 1차 북핵 사태가 있었습니다. 그때 제네바 협정으로 타결되는 과정에서 안보리의 역할도 적지 않았는데 그때 안보리가 북핵 관련 다섯 개의 공식문서를 채택했습니다. 미국은 안보리 결의에 따른 수권으로 북한과의 협상을 통하여 제네바협정(Agreed Framework)에 합의하게 된 것입니다.
2002년 10월 재발된 북핵 문제의 경우에도 국제원자력기구(IAEA)가 안보리에 문제를 이송했고 현직 계류 중이지요. 그러나 안보리가 재제 등 강력조치를 취하기 전에 가능한 한 관계국들의 직접 교섭을 통한 분쟁해결을 시도해 보는 것은 항상 최선의 방법입니다. 나쁜 시나리오로는 북한 핵 문제가 당사국 간의 교섭에 의하여 결국 해결되지 않을 때에는 미국과 한국 등 당사국들은 안보리에서 대북제재 결의를 채택하지 않을 수 없게 됩니다.

Q 대사님께서는 냉전시대에 유엔에서 북한의 박길연, 제네바에서는 이철 대사와도 접촉을 많이 하셨기 때문에 북한의 태도 변화에 대해서도 면밀하게 분석하고 계시겠지요. 그런데 한미정상이 합의한 공동선언에 규정된 "추가조치(Further Measures)"가 북핵 문제 악화와 관련하여 취해질 경우 북한은 전쟁도 불사하겠다는 초강경한 발언을 했어요. 이러한 북한의 위협에 대해서는 어떻게 생각하시는지 듣고 싶습니다.

A 제가 보기에는 북한이 한미 정상회담 결과에 대한 반응으로 북한의 경제협력추진위원회 대표를 통해서 극단적 입장을 의도적으로 표시한 것이 아니냐 하는 생각이 들어요. 그러니까 평범한 용어로 바꾸어 말하면 한미정상 회의 결과가 '아주 불쾌하다'는 말입니다. 그런데 이번에 우리 측 대표가 남북 대화의 장에서 그들의 극단적 발언에 대한 해명을 요구한 것은 전적으로 잘했다고 봅니다. 제가 바랐던 것은 그것보다 일보 더 나가는 겁니다. 북한

이 우리 측 대표에게 한 것으로 알려진 해명은 우리의 기대를 충족시키지 못했다고 봅니다. 이번 기회에 노 대통령도 스스로 말했듯 북한에 끌려 다니는 것이 아니다 라는 정부의 확고하고 명백한 메시지를 주는 절호의 기회라고 생각했습니다만…

통일부 장관이 보다 상세히 상황을 설명했고 정부의 입장도 이해할 만한 점이 없는 건 아닙니다. 남북한 간에 채널을 유지하는 것은 아주 중요하고 핵 문제 해결을 비롯한 남북 간의 화해와 협력 관계 발전을 위해서도 긴요합니다. 그러나 강조되어야 할 점은 정책의 기본방향과 원칙에 입각하여 정책의 일관성을 유지해야 합니다. 인도적 지원의 명목으로 북한에 30만 톤의 비료와 40만 톤의 쌀을 주게 되는데도 상응하는 북한의 협력적 대응은 전혀 없습니다. 민간차원에서의 원조도 규모가 자꾸 커져 가는데도 북한의 상응하는 의무는 없습니다. 국제사회도 원조해야 할 나라가 워낙 많아져서 북한을 돕는 데 한계가 있고 북한에 대한 기부 피로감(Donor Fatigue) 같은 것도 느끼고 있는 것 같습니다.

그런데 북한이 핵개발을 포함하는 국방비로 GNP의 25%를 쓰고 있으니 한국 국민의 반발이 있고 국제사회의 동정이 없는 겁니다. 한국이 동족의 감정으로써 많이 도와주는 것은 기본적으로 좋은 일입니다. 그러나 북한 지도층이 해야 할 가장 급한 과제는 개혁과 개방을 통하여 경제발전을 이룩하고 북한 주민의 생활수준을 향상 시키는 일입니다. 동시에 북한은 핵무장에 대한 환상을 청산하는 게 급선무입니다. 북한의 핵무기 보유는 결국 고립을 심화시키고 북한 경제에 더욱 큰 부담을 줌으로써 자멸의 길로 치닫게 합니다.

Q 북한의 외교 패턴을 보면 국제사회의 상궤를 크게 일탈하고 있지만 자신이 원하는 것을 다 얻어내는 외교술이라고 해야 하나요? 외교 수완이 좋다고 평가하기에는 좀 뭐하고, 어쨌든 북한의 외교전략, 외교술에 대해 어떻게 생각을 하십니까?

A 보기에 따라서는 북한이 외교를 상당히 잘한다는 평가도 있습니다. 소위 벼랑 끝 전술을 통하여 많은 실리를 얻고 있다고 평가하는 사람들도 있어요. 그러나 장기적으로 보면 나는 그러한 외교방식이 성공한다고 보지 않습니다. 왜냐하면 '벼랑 끝 전술'이란 상대를 벼랑 끝으로 끌고 가 협박하는 전술이거든요. 국제사회는 이제는 북한의 협박 외교패턴을 다 알고 있습니다. 그래서 미국은 북한의 외교행태에 끌려 다니지 않겠다는 명확한 입장을 갖고 있지요. 북한의 벼랑 끝 외교, 협박 외교는 스스로의 고립을 자초하고 결국 실패할 것입니다.

북한의 극단적인 외교행동이 국제사회에 주는 부정적이고 파국적인 이미지가 있습니다. 단기적으로 보면 북한이 핵 문제에도 불구하고 남한으로부터 쌀과 비료도 얻어가고 초강국인 미국을 상대로 잘 버티고 있고 국제사회로부터도 인도적 지원을 받고 있으므로 '외교 잘 한다'는 평가를 받을 수도 있습니다. 그러나 그들의 외교패턴은 결코 성숙된 외교라고 볼 수 없습니다. 북한은 앞으로 개방과 개혁을 통한 외교방향의 재조정 없이는 정상 국가로 인정되지 않습니다.

제가보기엔 지금의 북한 외교는 국제적 고립을 자초하고 그들의 동맹국인 중국마저 등을 돌리게 합니다. 오늘날처럼 지구가 국경 없는 지구촌이 되어가고 국가 간의 상호 의존성이 심화되고 있는 상황에서 국제사회로부터의 고립은 북한이 정상적인 국가로서 존재 의의를 상실케 하는 것입니다.

1994년 미북 간에 제네바 협정이 성립되고 또 2000년 남북공동선언이 채택된 이후 북한 외교관들을 만나보면 그들의 경직한 태도가 좀 완화되는 듯한 인상을 주고 있으나 김정일 체제의 기본적인 경직성은 아직도 완화되지 않고 있고 외교방향이 달라지는 징후는 전혀 발견되지 않고 있습니다. 동족으로 안타까움을 느끼지 않을 수 없습니다.

Q 소수 의견이기는 하지만 일부 진보적인 젊은 층을 중심으로 북한이 핵을 가지고 있어도 괜찮다는 생각을 하는 분들이 있거든요. 핵을 가지고 있을 때 동북아, 세계평화에 큰 영향을 미칠 것은 분명한데 이 부분에 대해서는 어떤 생각을 가지고 있습니까?

A 일부 젊은 층에서 그렇게 생각하는 사람들도 있다는 것을 알고 있습니다. 그들은 선의로 해석해서 소박한 민족주의자라 할까, 낭만주의자들입니다. 그들은 동북아에 있어서의 세력 균형관계와 세계질서의 한 기둥인 NPT체제의 역할을 잘 이해하지 못하고 있는 사람들입니다. 왜냐하면 북한이 핵을 가질 때 일어날 수 있는 반작용을 생각해 보십시오. 일본은 오래전부터 언제나 핵무장을 할 수 있는 능력을 갖고 있습니다. 더욱 중요한 사실은 핵무기를 대량적으로 생산할 능력을 갖고 있습니다. 대만도 핵무장할 가능성이 있고, 한국도 그 능력이 충분히 있습니다. 박정희 대통령도 한때 도발적인 북한을 제어하기 위하여 핵무기를 가지려고 핵 시설을 불란서로부터 도입하려고 시도하다가 미국의 압력으로 단념한 적이 있습니다.

동북아에서 중일, 한국, 대만이 핵무장하고 핵 군비 경쟁을 한다는 것은 이 지역에 극도의 불안과 불확실성을 자아내고 지역의 안보가 크게 흔들린다는 결과가 됩니다. 이러한 면에서 보면 북한 핵은 결국 통일될 경우 남쪽의 소유가 되어 한국이 핵보유국이 되고 국제적 위상이 높아진다는 견해는 국제 정세를 모르는 사람들의 위험스러운 생각입니다. 우리는 어떠한 경우에도 국제 공조를 통하여 북한이 이 핵을 가지는 것을 절대 용납해서는 안 됩니다.

끝으로 한 가지 꼭 덧붙이고 싶은 말이 있습니다. 이제 북한도 핵이 북한체제 안전을 담보한다는 환상을 버리고 과감하게 개방정책을 추진한다면 미국, 일본과의 관계정상화는 물론 남북 간의 호혜적 협력을 통하여 한반도 통일을 이룩하는 데 진일보할 것입니다.

_KBS, 2003.6.1(사회: 황수경 KBS 아나운서)

강대국 국제정치와 동아시아 *07*

 4강의 한반도정책과 대응

북한 핵 문제에 관한 지난 10월의 북·미 합의는 동북아의 질서재편에 있어서 분명히 하나의 획기적인 사건으로 평가될 것이다. 왜냐하면이 합의가 순조롭게 이행될 때 북한은 한국과 평화공존체제로 진입할수 있고 또 미국, 일본 등과의 관계정상화를 통하여 국제사회에서 정상국가로 복귀할 수 있는 기회를 가질 수 있기 때문이다.

북·미 제네바 합의 이후 한반도를 둘러싼 국제정세는 첫째, 4강의 남북한 외교승인의 가시화로 한국의 중국 및 러시아와의 수교로 인하여생긴 불균형이 시정단계에 들어갔고, 둘째, 한반도를 둘러싼 4강관계의복잡한 전개 속에서 한반도의 현상유지 내지 분단의 고착화 경향이 현

저해지고 있으며, 셋째, 한반도 주변의 탈냉전기류에도 불구하고 남북관계는 여전히 불안정하고 불확실한 상황 속에 있다.

이러한 국제정세의 흐름을 배경으로 최근 미국, 일본, 중국, 러시아 등 4강 주재 대사들과 외교안보전문가 및 학자들이 함께 대응책을 토의했는데 주요 문제의식은 다음과 같은 네 가지 사항으로 모아졌다.

첫째, 한반도에 대한 교차승인의 가시화 속에서 새로운 대4강 및 대북 정책이 필요한가. 둘째, 4강 개별국가들과의 양자적 관계를 어떻게 지역 차원의 협력과 접목시키면서 안보·경제협력을 해 나갈 것이며, 북한의 참여를 어떻게 유도할 것인가. 셋째, 미·북, 일·북 양자관계의 진전과 남북관계를 어떻게 연계시킬 것인가. 넷째, 미국의 대한반도정책이 서서히 변화하는 이 시점에서 대미정책의 재조정 필요성이 있는가 등이었다.

지금까지 미국의 한국에 대한 지원과 한미동맹관계는 당연한 것으로 생각해 왔고 또 이 점은 지난주 크리스토퍼 미 국무장관의 방한기간 중에도 재확인된 바 있지만 현 클린턴 행정부의 대북정책이 과거의 봉쇄정책에서 북한의 개방과 개혁을 유도하는 건설적인 참여정책으로 전환하고 있음은 북한 핵 문제 타결을 계기로 분명해졌다.

미국은 한미동맹관계를 유지하는 기존정책을 지속하면서도 새로운 상황에 적응하는 변화를 보임으로써 북한과의 관계개선에 전향적 자세를 취하고 있음을 간과할 수 없다. 따라서 한국은 이러한 미국의 정책변화 추이를 감안, 한미관계의 기본 성격을 기존의 군사안보 위주의 틀로부터 포괄적 협력의 차원으로 전환시키고 그 과정에서 독자성을 제고하고 보다 신축적인 대응책을 모색해야 할 것이다.

다른 한편 일본의 대한반도정책도 한반도에서 전쟁재발을 방지하고 한국과 북한이 다함께 일본에 우호국가가 될 수 있도록 하며 또한 통일

한국이 미국 중국 러시아 등의 배타적 영향권에 편입되지 않도록 하는데 그 초점이 있다. 우리는 일본의 대북 수교교섭 과정에서 더욱 현저해질 수밖에 없는 2개의 한국정책을 주목하면서, 일본이 특히 경협 면에서 북한과 수직적 협력관계로 발전하지 못하도록 한·일 간의 정책조정이 필요할 것이다. 왜냐하면 그것은 북한의 산업화를 둘러싸고 한·일 간의 대립적 경쟁 가능성을 자아낼 수 있고 또 경제적·사회적 통합과정을 통해서 정치통합으로 접근하려는 한국의 통일노력을 저해할 우려가 많기 때문이다.

중국은 기본적으로 그들의 경제발전을 지속적으로 추진하기 위한 주변정세의 안정, 그리고 북한에서의 사회주의체제 유지가 경제적 안보적 시각에서도 긴요하다는 전제 아래 소위 '불통불란(不統不亂)'의 현상유지 정책을 펴 나갈 것으로 전망된다. 따라서 한국은 지난 수년간 비약적으로 발전해 온 경제협력관계에도 불구하고 정치·안보협력 면에서는 중국의 대북편향이 아직도 지속되고 있음에 비추어 경협관계를 뛰어넘는 정치·안보협력을 더욱 강화하여 중국의 대한반도정책이 통일 지향적으로 되도록 유도해야 할 것이다.

러시아는 북핵 문제 해결과정에서의 소외감, 한국의 대러 투자 등 경협부진, 한국 언론의 대러시아 비판 등을 배경으로 남북한 간의 균형정책을 표방하면서 대한국 경사정책으로 인하여 손상된 대북관계개선에 노력하고 있다. 러시아는 현재 동북아 질서형성에 주역을 담당하고 있다고는 볼 수 없으나 장래 정치적·경제적으로 안정된 러시아가 한반도의 안정, 동북아의 안보협력 내지 경제협력 면에서 담당할 역할이 결코 과소평가되어서는 안 될 것이므로 쌍무 또는 다자차원에서의 협력이 더욱 긴밀해져야 할 것이다.

한편 북한의 대남정책은 과거나 현재나 그 본질에 있어서 남쪽을 부인하는 '하나의 조선'에 근거를 두고 있다. 그러나 이러한 정책은 냉전체제의 붕괴와 소연방의 해체, 중국의 개방화 정책 등 타율적인 요인으로 북한의 의도와는 관계없이 수정이 강요되었고 사실상의 남북한 공존을 수용하지 않을 수 없게 되었다.

이러한 점에서 볼 때 지난 8일 김영삼 대통령이 밝힌 대북경협의 본격적 추진과 북한의 APEC 등 지역경제협력체제에의 참가 지원 방침은 북한을 개방으로 유도하면서 남북관계를 평화공존체제로 전환시키는 데 긍정적으로 기여할 것이다. 지금 동북아는 한반도를 중심으로 한 4강의 세력균형 속에서 기존 질서의 재편이 급속히 이루어지고 있고 또 4강의 대한반도 현상유지정책으로 인하여 분단의 고착화와 함께 통일의 전망은 더욱 불투명해질 위험이 있는 것도 사실이다. 한반도에서 평화와 안정을 유지하고 통일을 성취하는 문제는 결국 직접당사자인 남북한의 화해와 한반도의 안정에 중대한 이해관계를 갖고 있는 4강의 협력을 통해서만 해결될 수 있다.

따라서 우리는 4강이 갖는 힘의 비중을 고려하면서 그들의 세력균형 속에서 한국의 독특한 역할을 부각함과 동시에 4강의 한반도정책의 초점이 남북관계를 평화체제로 전환하고 통일의 과정을 더욱 촉진시키는 데 두도록 유도해 나가야 할 것이다. 바야흐로 한국도 크게 성장된 경제력과 민주주의를 배경으로 우리들의 외교역량을 극대화해 나갈 단계에 왔다고 볼 수 있다.

_『매일경제』, 1994.11.15

주한미군 역할을 바꾸자?

6·15선언을 계기로 남북관계가 전기를 맞이함에 따라 정치, 안보 등 여러 분야에서 많은 아이디어와 구상들이 나오고 있다. 그중에서도 주한미군의 역할을 유엔평화유지군으로 바꾸자는 안은 안보상의 민감성에 비추어 그 허실이 명백히 지적되어야 할 것이다.

주한미군에 관한 논의는 첫째, 현상유지, 둘째, 감축 내지 철군, 셋째, 미군의 역할 변경 등 세 가지 방향으로 요약될 수 있다. 현상 유지론은 남북관계의 진전에도 불구하고 아직은 한·미 간의 안보협력의 틀에 손을 대서는 안 되며, 주한미군은 계속 유지되어야 한다는 입장이다. 이 견해는 통일 후에도 주한미군이 필요하다는 시각(김대중 대통령의 견해)에서부터 적어도 북한의 안보 위협이 없어질 때까지는 계속되어야 한다는 주장까지 포괄하고 있다.

주한미군의 감축 내지 철수 주장은 일부 의식층에 의해 제기되어 왔고, 근자에는 노근리 '학살'과 매향리 사건, 독극물 방류 및 SOFA개정 문제 등과 연계되어 반미감정을 자극하면서 북한의 개혁에 대한 지나친 낙관론과 더불어 그 강도를 더해가고 있다. 주한미군의 역할을 유엔평화군 체제로 바꾸자는 견해는 언뜻 보기에는 국제평화를 목표로 하는 유엔이 개입한다는 점에서 미군 철수에 대한 효과적인 대안처럼 오해될 수 있다.

미국의 소위 일부 '진보적' 논자들도 냉전체제의 붕괴는 러시아와 북한의 동맹관계를 해소했고, 또 중국마저도 남북한에 대해서 '등거리 외교'와 '정직한 브로커의 역할'을 하고 있으므로 미국도 주한미군의 역할을 변경, 상응하는 조치를 취해야 한다고 주장해 왔다. 하지만 미 정부 당국은 그러한 주장이 냉전 후에도 존속하는 북한의 위협에 비추어 비현실적이라고 판단, 귀를 기울이지 않았다. 최근 이 견해가 우리 사회 일각에서 다시 제기되고 있는 이유는 북한 당국이 비공식적으로 주한미군의 계속 주둔 수용 용의를 시사해왔고, 또 6·15선언이 '주체적 통일노력' 조항을 포함하고 있다는 점과 무관하지 않다.

그러나 간과하지 말아야 할 사실은 북한의 주한미군 수용의 전제는 미군의 역할 변경을 전제로 하고 있다는 점이다. 그들이 과거 반세기 동안 일관되게 주장해 온 미군 철수가 국제환경의 변화로 더욱 어려워지자 우회적인 방법으로 미군의 억지력을 제거함으로써 사실상 철군의 효과를 달성하겠다는 기도이다.

잘 아려진 바와 같이 유엔 평화유지활동은 과거 50여 년 동안 유엔이 국제평화 목적을 달성하기 위하여 사용해 온 방편으로서 휴전협정의 이행을 감시하고 평화건설에 참여함으로써 캄보디아 등 나라에서 큰 성공을 거두었다. 그러나 평화유지군의 창설과 활동이 오직 유엔안보리의 통제하에서 이루어지고 있어 권력정치의 한계가 노출되고 있으며 또 소말리아, 앙골라 등 지역에서는 평화유지군의 파견에도 불구하고 내전이 계속되고 있으나 유엔은 속수무책이다.

유엔의 평화유지 활동이 4강의 이해가 예리하게 교차하는 한반도에 도입될 수 있다는 착상은 한반도의 안보 문제에 유엔을 끌어들여 다자화 함으로써 미군의 억지력을 없애고 동북아의 세력균형을 교란하겠다는 뜻이다. 또 평화체제 구축과 통일 과정에서 우리가 활용할 수 있는 지렛대를 대가 없이 미리 포기하는 결과를 갖고 온다는 점에서 비현실적이고 설득력이 없다.

주한미군 역할 변경 논의와 관련하여 지적할 점은 그들이 주한미군의 철수나 역할 변경을 강조함에 있어 남북한에 부여하고 있는 도덕적 등가성(Moral Equivalence)의 문제이다. 남과 북의 체제 성립 과정과 각 체제가 추구하는 정치적 이념, 그리고 오늘의 현실에 비추어 볼 때 남북한을 도덕적으로 같은 차원에서 평가한다는 것은 우리가 피땀 흘려 이룩한 자유민주주의와 시장경제 체제에 대한 신념과 국제적 평가를 우리 스스로가 훼손하는 결과를 갖고 올 것이다.

_『조선일보』, 2000.7.16

🌿 '상임 이사국' 자승자박

　일본 역사교과서 문제는 한국과 중국의 강력한 반발, 그리고 국제여론의 부정적 시각에도 불구하고 고이즈미 총리의 입장에 비추어 볼 때 쉽사리 해결될 것 같지 않다. 따라서 한국으로서는 모든 가능성을 염두에 두고 종합적인 대책을 만들어 접근해야 할 것으로 보인다. 이와 관련, 정치권과 시민사회 일각에서는 일본의 유엔안보리 상임이사국 진출 기도를 교과서 문제와 연계하여 강력히 저지해야 한다는 주장을 제기하고 있다.

　한승수 외교부장관은 최근 국회 통일외교통상위의 의원 질의에 대한 답변에서 "일본의 상임이사국 진출문제는 유엔에서의 논의 동향과 한일관계를 종합적으로 고려하여 검토하겠다"고 언급해 일단 신축적인 대응 자세를 보였다. 잘 알려진 바와 같이 안전보장이사회는 유엔에서 가장 중요한 기구로, 국제평화와 안전에 주된 책임을 진다. 유엔에서 평화와 관련된 모든 중요한 결정은 상임이사국의 동의 없이는 처리될 수 없으며, 특히 미국 중국 등 상임이사국은 거부권(직접행사 또는 행사위협)을 통하여 국제관계에 막강한 영향력을 행사하고 있다.

　안보리 개편 문제는 지난 1995년 이래 매년 유엔에서 심도 있게 토의 되어왔고, 금년에도 중요한 의제로 상정되어 있다. 그러나 상임이사국과 비상임이사국을 동시에 늘리느냐 아니면 비상임이사국만 늘리느냐, 신설될 상임이사국에게도 거부권을 주느냐, 의석수를 얼마나 늘리느냐 등의 여부를 둘러싸고 이해관계국 간의 의견이 첨예하게 대립하고 있다. 따라서 합의의 전망은 극히 불투명하다. 그동안 일본은 세계 제2의 경제력을 배경으로 안보리 상임이사국 지위 획득을 일본 외교의 우선 과제로 설정하고, 독일, 인도, 브라질 등 상임이사국 희망국과 제휴해 활발한 외교를 전개해왔다.

반면 한국, 캐나다, 이탈리아 등 중견국가들은 유엔헌장상의 주권평등 원칙과 냉전이 끝난 후 보편화되고 있는 민주화 조류를 내세워, 안보리 개편이 특권적 지위를 갖는 상임이사국 증설에 초점을 맞추는 데 강력히 반대해왔다. 대신 비상임이사국을 우선 늘리는 안을 지지해왔다. 타협안으로 상임이사국·비상임이사국 동시 증설안을 제기하는 국가들도 있다. 이와 같이 이해관계가 크게 엇갈리고 있는 안보리 개편문제는 결국 콘센서스 또는 '일반적 합의' 형식으로만 처리하게 되어 있다. 그러므로 미국 중국 등 거부권을 갖고 있는 나라를 포함하여 이해가 다른 국가들 간에 어떤 방식으로 타협이 이루어질 것인지가 해결의 관건이다.

그러나 안보리 상임이사국 증설문제에 관한 한, 한국 측 입장이 차지하는 몫은 결코 과소평가할 수 없다. 한국이 일본의 가장 이웃나라일 뿐아니라 식민정책의 희생국이었고, 또 유엔에서도 중견국가로서의 기여를 크게 평가받고 있는 국가이므로, 비슷한 위치에 있는 국가들과의 연대를 통하여 반대의 목소리를 높일 경우 일본의 상임이사국 진출에의 꿈은 큰 난관에 부딪힐 수밖에 없기 때문이다. 또한 거부권을 갖고 있는 중국의 동의 없이는 일본의 상임이사국 진출은 법적으로 사실상 불가능하다.

따라서 일본이 역사교과서 문제로 중국과 한국에 등을 돌리는 것은 자기들의 안보리 진출기회를 스스로 봉쇄하는 결과가 될 것이다. 나아가 이 같은 일본의 국수주의적 과거사 인식 태도는 고조되고 있는 일본 지도층의 개헌의지·해외파병을 통한 집단방위 참여 의욕 등과 상승작용을 일으켜, 국제사회 전체가 '전범국'인 일본의 평화의지 자체에 대해서마저 근본적인 회의를 가져오게 할 가능성도 없지 않을 것이다. 다행히 일본 내에서도 양심 있는 목소리가 아직은 살아있다는 사실에 기대를 걸면서, 한국이 교과서 문제 때문에 일본의 유엔 상임이사국 진출을 가장 격렬하게 반대하는 상황이 오지 않기를 바랄 뿐이다.

_『조선일보』, 2001.5.8

🌱 한일관계, 시민사회가 풀자

지난 22일에 열린 김대중 대통령과 고이즈미 준이치로(小泉純一郎) 일본 총리 간의 한·일 정상회담은 많은 기대와 아쉬움을 남겼다. 양국 정상은 월드컵 개·폐회식의 교차 참석, 자유무역지대(FTA) 체결을 위한 산·학·관(産·學·官) 공동 위원회 설립, 역사 교과서를 포함한 7개 현안의 합의 실천, 한·일 정책 대화 촉진 등 한일관계의 지속적 발전에 중요한 요소들에 대해 합의했다. 이 합의들은 한일관계를 미래지향적으로 설계·발전시켜 나가야 한다는 한·일 양국의 공통된 염원을 반영하고 있기 때문에 매우 적절한 방향 설정으로 보인다.

사실 한·일 양국은 세계 어디에서도 유례를 찾기 힘들 만큼 인적·물적 교류에서 상호의존도가 높다. 매년 230여만 명의 일본인과 130여만 명의 한국인이 오가는 등 양국 사이에는 하루 평균 1만 명이 상호 방문을 하고 있다. 이는 세계 어느 인접 국가 사이에도 없는 현상으로, 양국이 21세기를 함께 개척해 나갈 동반자관계로 발전시켜야 하는 이유도 바로 여기에 있다고 할 수 있다. 그러나 이번 정상회담의 많은 성과들에도 불구하고 선뜻 한일관계의 순항을 장담키는 어려운 실정이다. 한·일 간의 폭발성 높은 숱한 현안들이 단지 수면 아래로 '잠복'한 듯한 인상을 주기 때문이다. 특히 어느덧 정형화된 패턴처럼 보이는 과거사를 둘러싼 양국 간 갈등이 다시 폭발할 가능성이 상존해 있다.

1998년 김대중 대통령과 오부치 당시 일본 총리는 21세기 한·일 파트너십 선언을 발표했다. 당시 발표를 보면서 한일관계가 과거와는 다른 보다 높은 차원으로 발전할 수 있을 것으로 기대했었다. 하지만 이런 장밋빛 선언에도 불구하고 작년에 벌어졌던 일본의 왜곡 교과서 파동은 양국 간 과거사 문제가 언제든 한일관계를 과거사 논란으로 인한 갈등과 충돌의 상태로 되돌릴 수 있음을 보여 주었다. 일본의 역사 왜곡 교과서 문제는 작년 10월 고이즈미 총리의 방한을 계기로 어렵게 수습 국면을 맞았지만 잠재적 폭발성은 여전하다. 특히 내년에도 일본 정부가 '새 역사를 만드는 모임'의 고교 교과서 검정에서 작년에 보여줬던 입장을 되풀이할 경우 한일관계는 또다시 파국을 맞이할 가능성이 높다.

또한 고이즈미 총리의 야스쿠니 신사참배, 미결 문제로 남아 있는 위안부 문제 등은 한국인과 아시아인들의 뇌리에서 쉽게 사라질 수 없는 성질의 사안들로 한일관계 정립에 커다란 심리적 걸림돌이 되고 있다. 사실 위안부 문제만 하더라도 유엔인권포럼에서 반인도적 범죄로서 수차 규탄되고 희생자에 대한 보상과 관계자의 처벌이 결의됐으나 일본은 아직도 독일과 같은 과거 청산을 하지 못하고 있어 안타깝게까지 느껴진다.

결국 21세기의 한일관계가 미래 지향적으로 발전하려면 양국의 성숙한 시민 사회가 큰 몫을 담당해야 할 것으로 보인다. 두 나라 국민들이 정치적 담장을 뛰어넘어 서로의 문화와 전통을 이해하게 되면 될수록 과거사 논란이라는 악순환을 넘어설 가능성이 높아진다. 이런 점에서 일본의 많은 젊은이들이 한국을 찾고 우리의 문화를 접하고 있는 현상은 양국의 밝은 미래의 상징이라고 할 수 있다. 지난 22일 회담은 김 대통령과 고이즈미 총리 간의 네 번째 만남이다. 이 같은 잦은 정상회담은 한·일 정상 간의 친분을 높이고 양국 관계에 대한 이해를 깊게 한다는 점에서 환영할 만한 일이다. 그러나 한·일 간의 역사에 대한 공통 인식의 부재(不在)는 여전히 불안한 불씨로 남아 있다. 한·일 공동 월드

컵 개최 등을 계기로 일본 전후(戰後) 세대의 대표주자이자 개혁의 상징
으로 부상한 고이즈미 총리가 적절한 기회를 통해 한·일 간의 불행했던
과거사를 독일의 경우처럼 획기적으로 청산할 수 있는 비전을 제시해
줄 것을 기대해 본다.

_『조선일보』, 2002.3.26

일, 비상임이사국 확대로 방향전환을

일본은 과거 10여 년간 중점 외교목표로 유엔안전보장이사회 상임이사국 진출 전략을 추진해 왔다. 하지만 이제 비상임이사국의 확대개편 쪽으로 전략을 바꾸지 않을 수 없는 시점에 이르렀다.

'최선은 차선의 적(The best is the enemy of the good)'이라는 서양 속담이 있다. 최선에 집착하다 보면 차선조차 놓친다는 뜻이다. 이 속담처럼 일본도 이제 차선의 길밖에 없음이 분명해졌다. 최근 긴급 정상회의를 열었던 아프리카연합(AU)이 일본, 독일, 브라질, 인도 등 4개국 그룹(G4)과 단일안을 만들지 않기로 했기 때문이기도 하지만 그보다 중요한 이유는 거부권을 가진 상임이사국인 미국과 중국의 반대를 극복할 수 없기 때문이다.

유엔 회원국 3분의 2 이상의 찬성을 확보하는 데 필수적인 아프리카와의 단일안 마련에 실패한 것도 물론 타격이 컸지만 "미국과 중국이 G4 국가의 안보리 확대 시도를 좌절시키기로 합의했다"는 왕광야(王光亞) 유엔주재 중국 대사의 최근 언론 발표는 미국과 중국의 반대가 얼마나 강력한지를 단적으로 표시했다.

일본은 안보리 진출을 위해 엄청난 인적, 물적 자원을 투입해 전방위 외교를 전개해 왔다. 특히 올해 3월 유엔사무총장이 "유엔 개혁에는 안보리 개혁이 필수적이므로 회원국들이 9월 유엔정상회의 이전에 여러 안 중에서 하나를 선택하라"고 결단을 촉구한 바 있으며, 상임이사국 간의 이해대립으로 인한 무력사용 기준의 자의적 적용으로 코소보·이라크사태 등에서 유엔이 평화유지의 책임을 수행하지 못함에 따라 안보리 개편에 대한 국제여론이 확산되는 등 호조건이 펼쳐졌다. 또한 평화헌법 개정을 통한 보통국가로의 복귀와 국제적 역할 강화를 지지하는 일본 내 국민여론 등의 이유도 있었다.

안보리 개편을 위해서는 현재 G4, AU 그리고 한국, 캐나다 등 중진국 12개국의 결의안 등 3개 안이 계류돼 있다. G4 결의안과 AU 결의안은 상임이사국과 비상임이사국을 동시에 증설한다는 기본 입장을 공유하고 있어 타협 가능성이 예견됐으나 AU 내 상임이사국 희망국 간의 갈등과 경쟁관계가 단일안에 대한 합의를 불가능하게 했다. 한편 상임이사국 증설에 반대하고, 연임 가능한 2년 임기의 10개 비상임이사국 증설을 주 내용으로 하는 12개국 안은 총회 채택을 위한 목적보다 G4안에 대한 견제적 성격이 강하다.

G4 그룹과 중진국 그룹의 첨예한 대립 속에서 상임이사국의 태도가 주목되고 있다. 현재까지 프랑스와 영국은 G4 결의안을 지지하고 있으나, 중국은 일본의 상임이사국 진출에 강력히 반대하고 있고, 미국은 일본의 진출에는 찬성하나 독일, 브라질, 나이지리아 등의 진출에 대해선 극히 부정적이다.

따라서 안보리 개편 전망이 극히 불투명한 현 상황하에서 일본은 실리와 명분 중 어느 길을 택할 것인가의 기로에 서 있다. 첫째는 기존 전략을 포기하고 타협안으로서 장핑 유엔총회 의장이 지지하는 것으로 알려진 연임 가능한 10~12년 임기의 비상임이사국 증설 안을 선택하는 것이고, 둘째는 실현 가능성이 요원한 기존 전략에 계속 집착하는 길이다.

최근 일본은 마치무라 노부타카 외상과 콘돌리자 라이스 미 국무장관의 비공식 접촉 등에서 이미 실리적인 방향전환을 시도하고 있음이 감지되고 있다. 일본은 이제 그들의 상임이사국 진출 전략이 실패로 돌아갔음을 인정하고, 재임 가능한 비상임이사국의 증가만이 중요한 타협의 기초가 된다는 사실을 인식해야 할 시점에 온 것이다. 이제 차선의 길밖에 없음이 분명해진 셈이다. 이러한 정책전환은 가장 가까운 동맹국인 미국과 동북아의 가까운 두 이웃을 대결의 장으로 몰아넣지 않는다는 면에서도 환영할 만하다.

한편 2년 임기의 비상임 10개국 증설 안을 주장해 온 한국이 새로운 사태전개에 대응해 5년 임기의 비상임이사국 증설 안도 고려하고 있다는 사실은 다행스러운 일이다. 나아가 한국의 경우 10년 임기의 비상임 이사국 안에도 지나치게 부정적일 필요는 없다고 생각한다. 왜냐하면 한국은 아시아에서 일본, 인도 등과 함께 10년 임기의 비상임 이사국 지위에 도전할 수 있는 충분한 역량을 갖추고 있기 때문이다.

_『동아일보』, 2005.8.11

한반도 주변 정세 전망

1995년은 한반도를 둘러싼 동북아 지역에 새로운 국제질서가 태동하는 한 해가 될 것으로 예측된다. 김일성 사망 이후 북한에 새로운 체제가 출범하고 북한의 경수로 건설을 위한 국제기구의 활동이 본격화되는 등 한반도를 둘러싼 국제정세는 역동적으로 전개될 것으로 보인다. 한 걸음 더 나아가 세계적으로는 국제무역기구(WTO)의 출범에 따라 국제경제의 환경이 변화하고, 핵확산금지조약(NPT) 연장 등과 관련한 국제안보 환경의 변화도 있을 것으로 전망된다. 박수길 외무부 외교안보연구원장과 강성학 고려대 정치외교학과 교수의 좌담을 통해 95년의 한반도 및 동북아 정세와 우리 외교의 진로를 점검해 본다.

● **박수길:** 95년 국제정세는 일단 불확실성의 지속이라는 특성을 나타낼 것 같습니다. 냉전체제가 붕괴한 뒤 세계는 새로운 국제질서의 형성을 예측했습니다. 그러나 아직까지는 그런 예측이 정확히 들어맞지 않는 것 같습니다. 95년에도 전환기적인 불확실성이 계속될 것입니다. 이는 세계정세를 주도해가는 주요국의 리더십 결여와도 관계가 있습니다. 특히 미국이 국내문제에 전념해서 신세계

질서 창출에 대한 정치적 의지가 결여된 전략적 무기력 현상을 나타내고 있는 것이 대표적인 예가 되겠죠. 이와 함께 아시아·태평양경제협력체(APEC)와 북미자유무역협정(NAFTA)의 확대 등 지역주의의 확산과, 유엔의 기구개편을 통한 역할증대 등과 같은 현상도 나타날 것으로 보입니다.

▌지역분쟁은 늘 듯

○ **강성학:** 미래에 관해 얘기를 하는 것만큼 모험적인 일은 없을 겁니다. 새 국제질서가 아직 본성을 드러내지 않고 있기 때문이지요. 말하자면 청사진이 없다는 것입니다. 나폴레옹전쟁 이후엔 세력균형이란 것이 있었고 1차 대전 이후엔 국제연맹, 2차 대전 이후에는 국제연합이란 것이 있어 어느 정도 미래예측이 가능했었습니다. 그러나 91년 미국의 부시 대통령이 소위 "신세계질서"라는 국제질서를 꺼내봤지만 현재의 국제정세는 확실한 비전 없이 불확실성이 계속되고 있습니다. 다만 한 가지 분명한 것은 있습니다. 적어도 95년까지는 미국이 유일한 초강대국으로 남아 군사단극체제가 계속될 것입니다. 이에 따라 국제체제는 안정을 유지할 것입니다. 이 안정체제 아래서는 과거의 냉전체제에서도 그랬듯 한편으로 자유세계의 결속을 강화시키면서도 다른 한편에서 많은 대립과 갈등을 빚을 것으로 예상됩니다. 95년에도 지구촌 이곳저곳에서 소규모 지역분쟁이 다반사로 표출될 것입니다. 현재는 미국의 초강대국 시기라는 점을 감안하면 공동의 문제에 대해 미국이 책임 회피할 가능성도 그만큼 커진 셈입니다. 아무래도 국내

정치영향을 많이 받을 것이고 비용을 요구하는 일에 대해 선뜻 나서기는 힘들지 않겠느냐는 것이죠.

● **박수길:** 세계적인 현안(Global Agenda) 해결에 초점을 맞춰보면 좀 더 밝은 면을 볼 수도 있겠습니다. 핵확산금지조약(NPT)체제가 무기한, 또는 상당 기간 연장될 것으로 전망됩니다. 화학무기협정(CWC)도 발효될 가능성이 크고요. 또 내년에는 유엔이 50주년을 맞아 안전보장이사회 개편을 구체화할 것으로 예상되고, 이는 결국 국제 분쟁에 대한 유엔의 대처능력을 향상시킬 것으로 기대됩니다. 세계무역기구의 출범도 국가 간 상호의존성 및 협력의 증대에 긍정적인 효과를 가져오겠죠. 물론 종교·민족·인종 분쟁이 지속될 가능성은 여전합니다. 그러나 전반적으로는 평화지향의 방향으로 나아갈 것입니다.

○ **강성학:** 최근의 유엔을 보면 2차 대전 후 마치 루스벨트의 꿈이 현실로 돼가는 것이 아닌가 하는 생각도 듭니다. 올해 95년에는 유엔 50주년을 맞아 개편논의도 활성화될 것이고 일본의 상임이사국 진출문제나 한국의 비상임이사국 진출문제등도 관심을 불러일으키고 있습니다. 그러나 유엔기구의 역할은 본질적으로 수단이어서 많은 한계를 노출시킬 것입니다. 지금까지 유엔평화유지군 활동 등을 보면 유엔의 많은 노력에도 불구, 상당 부분 실패로 돌아가고 있습니다. 많은 나라들이 유엔의 역할확대의 필요성을 인지하면서도 실제로 성공을 뒷받침하는 재정 문제 등에 대해서는 주저하고 있는 것이 현실입니다. 저는 95년에 유엔이 국제적 갈등을 얼마나 해소할지에 대해서는 회의적입니다.

▌ 한미관계 재정립

- **박수길:** 구체적으로 얘기하면 유엔은 보스니아 사태라든지, 소말리아 내전에서 한계가 드러난 셈이죠. 그러나 유엔이 없으면 인류가 기댈 수 있는 국제기구는 없는 것 아니겠습니까. 또 현재 추진 중인 평화유지 상비군이 출범할 가능성도 있습니다. 결국 유엔을 이끌어 가는 나라의 정치적 의지와 관계되는 일입니다.

- **강성학:** 지난 89년 예일대의 프랜시스 후쿠야마는 앞으로의 세계가 상호의존시대 아래 글로벌 마켓으로 나아갈 것이라고 이미 예언한 바 있습니다. 이를 입증이나 하듯 WTO가 출범했습니다. 여기서 성공하면 몫이 그만큼 커지는 것이고 실패하면 그만큼 위험부담이 커지는 셈입니다. 지금까지 지역협력기구가 있었지만 전 세계를 활동무대로 한 적은 이번이 처음이 될 것이며 그만큼 우리는 무한경쟁 속에서 살게 됐다고나 할까요. 미국과 한국은 지금까지의 혈맹관계에서 하나의 비즈니스파트너로 될 가능성이 큽니다. 미국에 대한 새 인식이 요구된다고나 할까요. 미국은 '동북아 지역 속에서의 한국'보다는 '전체 속에서의 한반도'를 조망할 것입니다. 한국의 중요성을 강조하더라도 군사적 개념에서 본다면 미국의 역할이 감소할 것으로 보입니다. 따라서 95년에는 주한미군 철수 문제라든가 유엔사령부의 해체문제가 본격적으로 논의될 수도 있을 것 같아요.

- **박수길:** 주한미군 철수와 유엔사령부 해체의 가능성에 대해서는 동의할 수 없습니다. 최근 조세프 나이 미국 국방차관보가 제출한 전략보고서에 따르면 미국은 동북아에서 미군의 전진배치를 계속

유지하고, 다자안보대화를 추구하며, 핵확산을 방지하고, 동아시아에서 계속적으로 균형유지자의 역할을 한다는 것이 주요 내용입니다. 부시 대통령 당시의 3단계 감축 계획을 모두 바꿔놓은 것이죠. 동북아 정세는 이중적 측면이 있습니다. 전체적으로 보면 평화무드로 가고 있지만 한반도에는 여전히 냉전의 잔재가 남아 있다는 것이죠. 다행히 북·미합의가 실천되는 단계에 들어갔는데 북한이 합의사항을 충실히 이행한다면 한반도에도 평화공존 체제 구축의 계기가 될 것입니다.

○ **강성학:** 주한미군 철수 문제가 본격 논의될 수 있다는 것은 곧 철수한다는 얘기는 아닙니다. 한미동맹관계를 보면 두 나라 사이에 경직되고 관료화돼 있는 숙제들을 풀어야 할 부분들이 많습니다. 그러나 최근 제네바의 북·미합의 이후 미군의 계속주둔은 과연 필요한 것인가의 문제가 미국 내는 물론 주변 관계국들 사이에 터져 나올 것입니다. 따라서 우리는 "미군은 모두 떠날 것이다"라는 하나의 가정 위에서 모든 안보전략을 새로 세울 필요도 있을 것입니다. 미국이 다자간 안보대화에 관심을 갖고 있는 것은 한반도에서 미국의 직접적인 개입 없이도 안정과 평화상태가 유지되길 바라기 때문이지요.

● **박수길:** 동북아 정세를 점쳐보려면 미국의 대 동북아 정책에 유의해야 합니다. 앞서 말한 것처럼 미국은 앞으로 상당 기간 동안 동북아에서 안보역할을 계속할 것으로 예상됩니다. 이와 함께 미국의 동북아 정책은 클린턴 대통령이 93년 신(新)태평양 공동체의 구성을 제안한 바와 같이 경제적 측면도 강조하고 있습니다. APEC 등이 이러한 목표를 이루는 수단인 셈이죠. 미국의 한반도정책은 역

시 안보공약의 확인에 중점이 주어지고 있습니다. 공화당이 의회 선거에서 승리한 뒤 이러한 측면이 더욱 강화됐죠. 북한이 핵을 개발하면 한반도뿐만 아니라 일본과 중국의 패권주의를 자극하게 된다는 것이 미국의 우려입니다.

▌4강과 협력강화

○ **강성학:** 김일성 사후 북한은 폭풍전야처럼 매우 조용합니다. 북한 핵 문제의 해결은 미국과 북한과의 관계개선을 의미하기도 하지만 근본적으로 북한으로서는 미국으로부터 경제적인 도움을 기대하고 있는 것도 사실입니다. 하지만 남한과의 관계개선은 95년에도 별다른 진전이 없을 것 같습니다. 왜냐하면 북한은 근본적으로 남한에게 두려움을 느끼고 있으며 이 두려움이 계속 커진다고 봤을 때 북한이 진취적인 자세를 취하리라고 보여지지 않아요. 남한과는 계속 거리를 두면서도 일본과 미국에는 '추파'를 던질 상황도 쉽게 예견되지요. 특히 김정일의 리더십을 보면 자신감이 결여돼 있고 비전을 제시 못하고 있는 것 같습니다. 조용한 상황이라는 것은 내부에서 김정일에 대한 전폭적인 지지가 없다는 뜻일 겁니다. 대외적으로보다는 대내적인 혼란에 시달릴 수 있는 여러 징후들이 감지되고 있습니다.

● **박수길:** 북한은 미국과 관계개선만 이루어지면 일본은 저절로 따라올 것으로 생각하는 것 같습니다. 한국은 아예 제쳐두려고 하지요. 그러니 95년에도 남북대화가 활발하게 재개될 가능성은 많지 않아 보입니다. 다만 북한에 한국형 경수로가 들어가자면 남북관

계가 경색된 상황에서는 곤란합니다. 그것이 북한이 가진 딜레마죠. 한국에 대한 고립정책을 취하지만 대화를 하지 않을 수 없는 처지 아닙니까. 때문에 내년 후반기에 대화가 재개되면 정상회담이 이루어질 가능성도 완전히 배제할 수 없겠습니다.

○ **강성학:** 북한이 1차로 원하는 것은 핵무장이지 경수로의 지원은 아닌 것 같아요. 경수로지원을 통한 이번의 핵 해결은 미국을 비롯한 국제사회의 압력 때문입니다. 그들로 봐서는 어쩔 수 없는 선택이었지요. 따라서 북한은 절대로 핵 문제 해결에 있어 수세적인 입장을 취하지는 않을 것입니다. 오히려 더욱 큰소리칠 가능성이 있으며 경수로해결을 위한 남한과의 대화도 좀처럼 개선되지 않을 것입니다. 북한이 진실로 마음의 문을 열지 않는 한 경수로 지원 등으로 그들을 국제사회에 끌어낸다는 것은 서방의 자의적인 판단일 수 있습니다.

● **박수길:** 한국의 안보는 스스로가 갖는 군사력과 미국의 안보공약이 가장 기본적인 요체입니다. 좀 더 나아가면 동북아 6개국을 중심으로 한 안보대화를 통해 한반도 주변의 환경을 좀 더 안전하게 만들 수 있겠습니다. 만일 4강에 대해 차등외교를 한다면 미국과의 관계를 강화해야 합니다. 미국을 업고 4강과의 균형을 유지하며 우리의 실익을 추구하는 것이죠. 역사적으로 근세 이후 한반도 주변에서 4번의 전쟁이 발발했는데 한국전쟁을 제외하면 청·일, 러·일, 중·일전쟁 등 3번의 전쟁에 일본이 관련돼 있습니다. 과거에 대한 올바른 인식 속에 일본과도 미래지향적으로 경제 및 안보협력을 강화하는 방향에서 파트너십을 만들어나가는 것이 바람직할 것입니다. 중국은 이붕 총리가 방한한 이후에는 안보 면에서의

협력조짐도 있습니다. 장기적으로 볼 때 중국은 남북한 가운데 우리 쪽이 더 실리가 많다고 보는 것이죠. 러시아도 국교정상화 이래 한국으로부터의 대접이 기대에 못 미친다는 생각을 하고 있는 것 같습니다. 북·미 협상 과정에서 러시아의 참여가 미흡한 데 대해 불만을 가질 수 있지만 큰 테두리에서 보면 어쩔 수 없는 일이었습니다. 우리 경수로를 두고 러시아 것을 제공할 수는 없는 것 아닙니까. 하지만 러시아는 4강의 다른 나라 못지않게 중요합니다.

○ **강성학:** 한·일 협정 이후 다소 예외적인 경우는 있었지만 한일관계는 정부가 민간부문보다 앞서 긴밀한 협력관계를 구축해왔다고 보입니다. 그러나 일본이 지금까지 보인 것은 대북지원을 통해 한반도분단이라는 현상유지정책을 취해왔다고 보여집니다. 일본에 대한 지나친 기대는 금물이며 일본과의 급속한 군사교류등도 서둘러 조성할 필요는 없다고 생각합니다.

▌냉전사고 탈피를

● **박수길:** 끝으로 급변하는 국제 정세 속에서 세계화의 문제를 한번 짚어봐야 하겠습니다. 김영삼 대통령이 세계무역기구의 출범에 맞춰 세계화를 주창하고 있는데 우리는 이를 생존전략으로 삼아 지속적이고 일관성 있게 추진해 나가야 할 것입니다. 96년이면 우리가 선진국들의 모임인 경제협력기구(OECD)에도 가입하지만 우리 국민의 의식개혁이 가장 중요합니다. 냉전시대를 지배하던

과거의 사고방식과 패러다임으로부터 탈피하여 세계를 활동무대로 삼아야 할 것입니다.

○ **강성학:** 동감입니다. 세계화의 추진은 당연한 추세입니다. 어떤 의미에서는 의도적으로라도 추진해야 할 과제라고 여겨집니다. 그러나 세계화를 추진하다 자칫 우리 자아를 상실할 우려도 있습니다. 상대적으로 약소국가인 우리가 앞장서다 보면 틀림없이 스스로를 상실할 부분이 많지요. 따라서 세계화의 추진만큼 우리의 주권강화가 필요하다고 봅니다. 남·북 간의 경쟁은 끝난 게 아니라 계속되고 있습니다. 단지 그 경쟁에서 우리가 유리한 위치에 서 있을 뿐입니다. 이 유리한 위치를 강화하고 최선을 다하기 위해 새로운 안보전략을 세워야 할 것입니다. 북한이 '불장난'을 하지 않도록 압도적인 힘을 보여줘야 합니다. 이러한 바탕 위에서 세계화의 추진이 의미가 있을 겁니다.

_『서울신문』, 1995.1.1

제**3**부
....

평화로운 세계를
위하여

새로운 안보이슈의 부상

 ## 국가안보에서 인간안보로

시에라리온 내전의 비극은 반란군에 의하여 무자비하게 팔과 다리가 잘린 수많은 어린이와 부녀자들의 참상에서 상징적으로 나타나고 있다. 마약에 취하여 비틀거리면서 자기 동포에게 마구 총을 쏘아대는 아프리카의 '어린이 병정들,' 내란지대 도처에 묻혀 있는 지뢰폭발로 날마다 희생되는 인간의 생명, 이런 비극들은 바로 인간의 생존과 위엄을 위협하고 있는 지구환경의 파괴, 빈곤, 핵 확산, 국제테러리즘 등과 함께 인간안보(Human Security)의 핵심적인 문제들이다.

따라서 인간안보의 증진은 21세기의 중심의제로서 국제사회가 함께 힘을 모아 성취해야 할 큰 과제다. 안보의 개념은 정치적으로 강한 힘을 갖고 있으나 그 내용이 반드시 명백한 것은 아니다. 안보의 대상은 개인인가 혹은 국가와 영토인가. 안보는 군사적 힘을 통해서 실현되는 것인가 혹은 외교적 경제적 힘으로도 실현되는가. 안보의 대가는 무엇인가 등 많은 문제가 제기된다.

냉전 종식 이후 안보 개념의 확대 경향 속에서도 한 가지 분명한 추세는 안보의 초점이 국가의 군사적 방어개념으로부터 인간의 복지와 삶의 질 향상에 역점을 두는 인간안보의 개념으로 옮아가고 있다는 사실이다. 그 이유는 냉전 종식 후 발생한 내전과정에서 희생된 수많은 민간인들의 참상을 CNN 등 언론매체가 집중적으로 조명했고 또 비정부 민간단체들이 세계화 과정에서 문제의 심각성이 예리하게 부각된 지구환경의 악화, 핵 확산, 빈곤, 인권 남용 등이 인간의 생존에 미치는 파국적 영향을 세계여론에 인식시키는 데 성공했기 때문이다.

국가안보와 대조되는 인간안보의 증진을 범세계적인 의제로 추진하는 데는 극복되어야 할 문제점이 많다. 이러한 점은 인간안보의 핵심이 되고 있는 인권 존중, 선량한 통치, 법의 지배 등에 대한 국가 간의 시각 차이 그리고 국가안보가 인간안보를 실현하는 수단인가 아니면 그 자체가 목적인가, 또 인간안보는 주권문제와 어떻게 조화하느냐 등의 문제에서도 잘 나타나고 있다. 따라서 인간안보 개념이 범세계적으로 정립되기 위해서는 국가안보개념과 분리하거나 대안으로 고려하기보다 상호 보완적인 개념으로 발전시켜나감이 중요하다.

한편 인간안보는 군사력 등 '경성 권력(Hard Power)'에 의해 국가안보를 지키거나 또는 민주화가 이룩되지 못한 국가에는 다소 경계심을 자아내게 하는 것을 부인할 수 없다. 그러나 한국과 같이 민주주의를 표방하고 있고 인권 존중, 유엔평화유지군 참여, 개발 협력 등에 적극적인 국가로서는 인간안보 증진을 위한 국제적인 노력에 동참하는 것은 우리의 국위를 제고시키는 데 바람직하다.

　이와 관련, 한 가지 특기할 사실은 한국이 97년 6월 유엔안보리 의장 직을 수행했을 때 취한 인간안보 분야에서의 조치였다. 당시 아프리카 지역에서는 내란의 와중에서 수백만 명의 난민이 발생했으나 반군에 의한 인도적 구호의 차단으로 수많은 난민이 죽어갔다. 이러한 인도적 위기상황에 직면하여 한국의 주도로 '무력충돌 상태에 있어서 난민에 대한 인도적 지원을 보호'하기 위한 안보리 의장 성명을 채택함으로써 국제사회가 국제인도법 위반자에 대한 처벌을 경고하고 인도주의원칙을 위하여 주권의 범위를 넘어서는 조치를 취했던 것이다. 가치와 원칙, 국제협조 등 '연성의 힘(Soft Power)'을 통하여 대인지뢰 협정 체결을 주도하고 최근에는 소형 무기의 확산 통제를 위하여 국제적 노력을 전개하고 있는 캐나다가 최근 인간안보를 그들 외교정책의 핵심의제로 정하고 안보리에서 '무력충돌 상태에 있어서의 민간인의 보호'를 주제로 안보리의 조치를 유도하는 활동을 전개하고 있음은 주목할 일이다.

　인간안보의 개념은 냉전이 종식된 후 지난 수년 동안 캐나다, 노르웨이 등 중진국들이 외교적으로 활용한 아이디어로 그 영향력이 커져가고 있다. 특히 그것은 지뢰금지협약의 체결, 국제형사재판소 규정의 채택, 난민에 대한 인도적 구호, 인권운동 등 인도주의 의제의 중추를 형성해왔으며 유엔도 2000년 가을 뉴욕에서 개최될 회원국 정상회의에서 인간안보의 증진을 21세기 유엔의 큰 과제로 고려할 것이 예견된다. 이러한 국제 추세에 비추어 볼 때 우리나라도 '연성의 힘'을 통한 외교적 노력의 일환으로 지역적인 차원에서 또는 범세계적으로 인간안보 문제에 관한 구체적 의제를 제시하고 실천하는 데 중요한 역할을 모색할 필요가 있다 하겠다.

_『문화일보』, 1999.2.18

🌿 인권은 국제문제다

코피 아난 전 유엔사무총장이 은퇴 후 제네바에 정착해 세계경제포럼 (World Economic Forum)에 버금가는 세계인권포럼(World Human Right Forum)의 출범을 준비하고 있는 것으로 알려졌다. 그의 10년 재임 중 특히 인권 분야의 업적이 국제적으로 높이 평가되고 있고, 또 다르푸르·레바논·이라크 등지에서 조직적인 인권 남용과 살육이 계속되는 이 시점에서 인권 보호를 위한 그의 이니셔티브가 실현된다면 민간 차원의 국제인권운동에 큰 동력으로 작용할 것이다.

반기문 유엔사무총장이 지난 6월 인권이사회 설립 1주년 기념 메시지에서 "인권의 추구는 유엔 직무의 핵심"이라며 개발, 평화와 함께 유엔이 추구하는 주요 의제 3대 축의 하나로 천명한 것도 바로 인권이 21세기의 지배적인 주요 의제이기 때문이다.

인간은 날 때부터 인권을 향유하므로 인권이 국제적으로 보호되어야 한다는 개념에 입각해 유엔을 중심으로 국제인권보호제도가 경이적인 성장을 한 것은 역시 1945년 유엔이 창설된 후 현재까지의 60여 년이라 하겠다. 무엇보다 국제사회의 기본 단위가 주권 국가인 데다 유엔헌장이 국내 문제 불간섭 원칙을 명시하고 있고, 또 인권 문제 접근법이 이념적으로 첨예하게 대립했던 동서냉전 시대임에도 불구하고 비약적인 발전을 이뤄냈다는 점에서 놀라운 일이 아닐 수 없다.

제2차 세계대전 후 새 국제 질서를 수립하기 위해 창설된 유엔은 국제평화의 유지, 지구적 번영의 추구와 함께 모든 사람의 인권과 기본적

자유 증진을 설립 목적으로 천명하고 있다. 이 목적 달성을 위해 유엔 주도로 세계인권선언과 인권규약 등 많은 인권 규범이 만들어졌고, 규범의 이행을 보장하기 위한 각종 메커니즘과 감시체제가 유엔에서, 또 민간 차원에서 크게 강화되어왔다.

국제인권법의 이행에서 초국가적인 집행기구가 없는 점, 인권의 보편성을 부인하는 문화적 상대주의와 남북 간의 시각 차이로 인한 분열적인 국제정치 현실 등은 극복해야 할 과제다. 북한 등 일부 국가들은 아직도 인권을 국내 문제라며 타국의 간섭을 불허하고 인권위원회·유엔 총회가 채택한 결의에 반기를 들고 있다. 하지만 1993년 빈 세계인권회의에서 "인권은 국제사회의 정당한 관심사"라고 선언한 이래 이들 소수 국가의 주장은 설득력을 잃고 있다.

보편적인 가치로서의 인권은 기초적인 생존권과 양심의 자유, 거주이전의 자유, 일할 권리와 교육을 받을 권리 그리고 국민이 민주주의를 향유할 권리(The Right of People to Democracy)까지 포함하는 포괄적인 개념으로 확대되고 있다. 21세기 국제인권운동의 주요 과제는 인권의 보편적 가치와 다른 법체계에 대한 우위(Primacy of Human Rights)를 확립하고 국제인권규범의 이행을 보장하는 문제로 집약될 수 있다. 이러한 과제를 해결하는 데 우리가 직면할 도전이 적지 않을 것은 분명하지만, 금세기에서 국제인권운동의 장래를 낙관할 이유는 충분히 있다.

오늘날 이 지구상에 아직도 전체주의 정권이 존재하고, 또 민주주의 국가라 할지라도 그들의 전통적인 주권 관념은 국제인권법의 이행에 작지 않은 장애요인이다.

그러나 현 국제사회에는 신생 민주주의 국가를 포함하여 140여 개 자유민주주의 국가가 있고, 세계화의 심화는 국경을 넘는 정보의 자유로운 흐름을 촉진하고 있다. 그 결과 개발, 질병, 환경 등 세계문제의 양산으로 국가 간 상호 의존성이 크게 증대돼 유엔의 역할과 수요를 획기적으로 높이고 있으므로, 인권 존중과 민주화 경향은 더욱 거스를 수 없는 세계적 추세라 할 것이다.

_『세계일보』, 2007.7.15

50돌 맞은 세계인권선언

　오늘은 1948년 유엔총회가 세계인권선언을 채택한 지 꼭 50주년이 되는 날이다. 세계인권선언은 그 전문에서 '인간가족 모든 성원의 평등하고도 변경할 수 없는 권리와 고유한 존엄성의 인식은 세계평화와 정의·자유의 토대'라고 천명하고 있다. 오늘날 국제인권법의 기본이 된 시민적·정치적 권리규약과 경제적·사회적·문화적 권리규약을 비롯해 인종차별금지협약·고문방지협약 등은 세계인권선언을 그 모체로 하고 있다.

　지난 반세기 동안 유엔과 인권단체들이 인권 분야에서 이룩한 업적은 실로 괄목할 만하다. 유엔인권위원회가 해마다 토의하는 각국의 인권상황, 국제사면위원회(AI)의 연례보고서 및 유엔인권고등판무관의 활동 등에 대해 이제는 관계국들이 등을 돌릴 수 없게 됐다. 그러나 다른 한편 냉전 이후에도 계속되고 있는 인종적·민족적 분쟁과 아직도 남아 있는 일부 독재정권 등은 세계 여러 곳에서 조직적인 인권침해의 원인이 되고 있다. 또 인간의 기본적인 생존권마저 위협하고 있는 빈곤과 저개발, 어린이·노약자·여성 등 취약계층에 대한 인권남용은 인권에 대한 중대한 장애요인이 되고 있어 국제사회가 공동으로 극복해야 할 21세기의 큰 과제로 남아 있다.

　우리는 인권선언 50주년을 기념함에 있어 주목할 만한 사태발전에 유념해야 한다. 지금 세계의 이목을 집중시키고 있는 피노체트 전 칠레 대통령이 '인도(人道)에 반(反)한 범죄' 혐의로 영국에서 곤욕을 겪고 있고, 르완다·유고 전범재판소 등은 내란의 과정에서 범해진 집단 학살의 책임자를 재판하고 있다. 또 지난 7월 로마의 외교관회의에서는 앞으로 인도에 반한 범죄 등을 처벌하가 위한 국제형사재판소 규정을 채택했는데 이러한 일련의 움직임은 인권보호와 신장을 향한 획기적 분수령이 되고 있다.

이상에서 볼 때 인권증진을 국정의 중요한 목표로 표방하고 있는 김대중 정부의 인권정책은 인권 문제가 국제사회의 정당한 관심사임을 재확인하고 인권의 범세계적 신장을 위한 파트너십에 적극 동참하면서 특히 아래 세 가지 사항에 보다 능동적으로 대처해야 할 것이다.

첫째, 이미 입법화가 추진되고 있는 '독립적이고 강력한 인권위원회'가 하루 속히 창설돼 인권사상의 고취를 위한 교육은 물론 인권침해 행위에 대한 구제 등 인권보장과 증진의 보루로서의 역할을 효과적으로 수행케 해야 한다. 김 대통령의 인권운동가로서의 성가와 한국민의 민주주의 역량, 그리고 국제사회가 한국에 대해 거는 기대 등에 비추어 볼 때 더욱 그러하다.

둘째, 우리의 대북(對北)정책에 있어 북한의 인권 문제가 차지하는 우선순위를 정확히 설정하고 국제사회가 북한에 대해 갖는 심각한 우려에 대해 우리의 입장을 정립해야 한다. 우리는 유엔인권소위원회 등 유엔 메커니즘이 북한 내에서 이루어지고 있는 정치범 억류·불법처형·기본권 제한 등 사태에 대해 지속적으로 깊은 관심을 표명하고 있음을 유념해야 한다.

마지막으로, 한국은 인권분야에서 아시아지역 협조체계를 구축하는데 기선을 취해야 한다. 이미 유럽·남미·아프리카에서는 지역적 인권협정을 근거로 인권위원회가 지역적 차원에서 인권신장을 위해 상호협조하면서 주민의 진정서 처리 등 역할을 하고 있으나, 아시아 지역에는 그러한 국제기구도 기능도 없다. 이제 아시아에서도 민주주의의 조류는 거역할 수 없는 추세이므로 우리는 아시아적 다양성 속에서도 이 방면에서 의미 있는 주도적 역할을 할 수 있다고 본다.

인권의 이상과 현실 사이에는 아직도 많은 괴리(乖離)가 있으며 그것은 현재의 역사발전 단계에서 볼 때 불가피하다. 그러나 세계인권선언이 반세기 전에 설정한 숭고한 목표는 21세기 이후에 있어서도 인류가 지속적으로 추구해야 할 도전적 과제일 수밖에 없다. 높은 도덕적 차원에서 이정표를 설정해야 할 우리의 인권정책은 21세기를 향하는 자유민주주의 국가로서의 한국의 이미지를 국제적으로 부각시키면서 인권증진을 위한 국제협력에 보다 적극적으로 동참(同參)하는 데 있다 하겠다.

_『중앙일보』, 1998.12.10

피노체트 재판이 주는 교훈

1948년 세계 인권선언이 채택된 지 50주년이 되는 금년은 유엔을 중심으로 큰 기념행사가 거행된 바 있다. 인권 문제와 관련하여, 마침 신병 치료차 영국에 있는 피노체트 전 칠레 대통령이 스페인으로 인도될 것인지는 국제사회의 비상한 관심의 대상이 되고 있다.

▌인도(人道)에 반한 범죄와 면책특권의 부인(否認)

영국 법원의 판결을 주시하고 있는 국제사면위원회 등 인권단체들은 11월 25일 상원 재판부가 피노체트의 면책특권을 인정한 고등법원의 판결을 파기하고 면책특권 인정을 거부하자 이를 국제인권법의 획기적 발전이라고 환호했다. 그러나 지난 17일 새로운 상원 재판부가 앞서의 결정을 번복하고 재심에 착수하자 실망과 좌절감을 감추지 못하고 있다. 피노체트 재판의 초점은 두 가지로 요약할 수 있다.

첫째, 국가 원수가 재직 중 수행한 공적 행위는 전통 국제법상 주권면제론에 따라 면책특권이 인정되어 왔다. 그러나 영국 상원재판부는 피노체트의 국가 원수로서의 특권을 인정한 고법의 판결을 파기하고 국가 원수의 행위라 할지라도 집단적 살해·테러·인질·고문 등 인도(人道)에 반하는 범죄에 해당할 경우에는 공무로 인정받지 못하므로 면책특권이 인정될 수 없음을 밝힌 점이다.

둘째, 반인도적 범죄를 범하는 국가 원수에 대해서는 일반인의 경우와 마찬가지로 모든 국가가 보편적 관할권을 행사할 수 있다는 점이다. 다시 말하면 국제법은 영토·국적·국가이익의 보호 등에 기초하여 국가의 관할권을 인정하는 이외에 국제사회의 공통 이익을 추구하기 위해 모든 국가에 특정 사항에 대해 보편적 관할권도 인정하고 있는데, 인도에 반한 범죄를 범하는 것이 이 경우에 해당된다는 것이다. 이것은 마치 전통 국제법이 해적 행위나 노예무역 등에 대해서 모든 국가의 보편적 관할권을 인정하고 있는 취지와도 같다고 할 것이다.

국가 원수나 정부 수반이 전쟁 범죄 또는 반인도적 범죄를 범했을 때 처벌되어야 한다는 주장은 제2차 세계대전 중 연합국에 의해 히틀러, 무솔리니, 도조 등에 대해서 제기되었고 이것은 전후 설립된 뉘른베르크 및 도쿄전범재판소에서 어느 정도 반영되었으나, 두 재판소는 정부가 저지른 범죄에 대해 개인의 책임을 물어 처벌하는 데 그쳤다.

94년에 설립된 유고, 르완다 전범재판소는 내전 과정에서 벌어진 인권 유린, 집단 살해 등의 범죄를 처벌하기 위한 재판을 지금도 진행 중이다. 또 지난 7월 유엔 주최 로마 외교관회의에서 채택된 국제형사재판소 규정이 위의 전범재판소 규정 등과 함께 국제인권법과 국제인도법 발전에 큰 기여를 하게 될 것임은 의심의 여지가 없다.

▌독재자들에 강한 경고 효과

영국 상원 재판부의 최종 판결이 어떻게 나든 그것이 미칠 법적·정치적 효과와 파장은 결코 과소평가되어서는 안 된다. 도덕적·법률적 견해를 갖고 있는 인권단체들은 영국 상원 재판부가 이미 내린 면책특권 거부 결정은 중요한 선례를 구성하여 국제인도법 발전에 새 방향을 제시할 것이며 또한 그것은 인권을 유린하는 독재자들에게 강한 경고 효과를 갖는다고 믿고 있다.

한편 피노체트사건을 보다 현실적으로 보고 있는 정치인들의 평가 또한 주목된다. 직접 당사국인 영국 총리는 피노체트 문제는 법률적 처리만이 가능하다고 공언함으로써 정치적 파장을 최소화하려 했고, 인도(引渡) 요청국인 스페인 총리는 그 사건이 차라리 스페인으로 오는 것을 원치 않는다는 의견을 표시했다.

더욱 주목되는 것은 미국의 태도이다. 매들린 올브라이트 국무장관은 칠레가 자국의 과거 문제를 스스로 해결하겠다는 입장을 보인만큼 그 입장을 존중해야 할 것이라고 말함으로써 피노체트의 스페인 인도에 유보적인 태도를 보였다. 물론 이러한 현실주의적 견해는 과거에 대한 처벌을 지나치게 강조함으로써 내전 등 분규 과정에서 성취되어야 할 평화와 민족 화해에 부정적 영향을 미칠 수 있다는 우려 때문이다.

결론적으로, 피노체트 재판이 국제사회에 주는 교훈은 명백하다. 그것은 국민의 권리를 박탈하고 유린하는 독재자는 누구든지 이 세상의 어느 곳에도 숨을 곳이 없어진다는 사실이다. 인권 존중과 민주주의의 보편화 추세 속에서 이제 그 어느 독재자도 주권 존중 또는 내정 간섭이라는 구실로 인권을 박탈, 유린할 수 없고 또한 인권은 국제사회의 엄격한 감시 대상이 되고 있다는 점이 명백해졌다. 이러한 국제 추세도 오늘날 우리가 주문처럼 말하고 있는 세계화의 한 결과임은 흥미로운 일이라 하겠다.

_『문화일보』, 1998.12.22

신외교와 세계인권 문제

　지금 세계의 많은 정부지도자들과 인권관계 단체대표들은 빈으로 향하고 있다. 그들은 14일부터 약 2주간 빈에서 개최되는 역사상 가장 큰 규모의 유엔주관 세계인권회의에 참석하기 위해서다. 1968년 테헤란 회의 후 두 번째로 열리는 이 회의는 냉전이 끝난 후 민주주의체제가 세계적으로 확산되고 있고 또 한국에서는 새로 탄생한 문민정부가 민주 자유 복지 인권 등 인류의 보편적 가치추구를 신외교의 기조로 표방하고 있는 때인지라 국내외적으로 많은 관심을 모으고 있다.

　1948년 제3차 유엔총회가 세계인권선언을 채택한 이래 인권상황은 세계적으로 많이 개선되어왔다. 그러나 냉전 이후에도 계속되고 있는 인종 종교적 분규 그리고 아직도 남아 있는 일부 독재정권 등은 세계 여러 곳에서 조직적인 인권침해의 원인이 되고 있다. 따라서 빈회의는 인권분야에서 이룩된 업적과 인권증진에의 장애요인을 평가하고 경제발전 민주주의 및 인권보장간의 상관관계 검토와 함께 인권보장 메커니즘의 강화 등을 토의하는 데 목적을 두고 있다.

　빈회의가 예정된 목표를 달성할 수 있을 것인가에 대해서는 특히 민주주의가 보편화되고 있는 추세와 인권에 대한 높은 국제적 관심에 비추어 낙관하는 견해가 많다. 그러나 회의준비과정에서 노정된 선·후진국 간 또 지역그룹 간의 입장 차이를 어떻게 조화시키느냐가 성패의 관건이 될 것이다.

▌ 남북의 시각에서 취급

금년 3월 제네바에서 개최된 유엔인권위원회에서는 냉전이 끝났음을 반영하듯 러시아와 동구권 및 남미국가들이 서방과 보조를 같이하는 경향을 보여 인권 문제가 과거의 동서대결 구도에서는 벗어났으나 아시아 등 개도국들은 국가적·지역적 특성을 강조함으로써 이 문제를 남북문제의 시각에서 취급했다는 사실은 주목된다.

빈회의에서 논의될 핵심의제 중의 하나인 개발과 인권·민주주의에 관해서도 개도국들은 1986년 유엔총회가 채택한 "개발권에 관한 선언"에 근거하여 개발권(Right to Development)을 '고유의 인권'으로 보면서 빈곤 속에서 참된 인권은 있을 수 없고 빈곤과 저개발의 원인은 불공정한 현 국제경제 질서에 있다고 주장하고 있다. 한편 선진국들은 개발은 개인의 기본권이 보장되는 민주제도 밑에서 '국민적 참여'와 '훌륭한 지배(Good Governance)'의 전제에서만 이루어질 수 있다고 반론하고 있다.

지난 5월 23일 한승주 외무장관이 천명한 도덕성에 입각한 신외교정책은 국내인권상황의 획기적 개선을 배경으로 한 확고한 인권정책 의지를 내포함으로써 세계인권회의와의 맥락에서도 중요한 의의를 갖고 있다. 이러한 우리의 인권정책은 개인의 자주의 제도만이 개인의 능력을 최대한으로 발전시킬 수 있고 또 인간이 정치적·경제적 발전의 기초라는 철학에 확고히 뿌리박고 있으므로 빈회의에서 우리가 추구할 목표는 자명하다 할 것이다.

첫째, 우리는 인권의 보편적 원칙을 지지하고 저개발 등 경제상황이 인권남용의 구실이 되어서는 안 된다는 점을 분명히 함으로써 문화적 역사적 특수성의 문제는 보편성의 원칙을 보완하는 방향에서 고려되어야 한다는 입장을 취해야 할 것이다. 둘째, '자유 속의 기아(Starving in

Freedom)'냐 '속박 속의 포식(Eating in Slavery)'이냐의 이분법을 배제하고 시민적 정치적 권리와 사회적 권리의 중요성을 동시에 인정하면서 이들의 상호 의존성과 보완성을 주장해야 할 것이다. 셋째, 유엔인권기능의 효율성을 높이고 긴급 상황에 대처할 능력을 향상시키기 위하여 유엔인권고등판무관 제도의 설치를 지지하고 유엔의 인권관련 활동에 대한 재정지원 문제에서도 보다 전향적인 입장을 표명해야 할 것이다.

▌ 이상과 현실 조화

그러나 우리의 이상적인 정책도 구체적인 시행과정에서 안고 있는 어려운 과제는 적지 않다. 그중에서도 가장 중요한 문제는 국제무대에서 북한인권 문제와 각국의 개별적 인권상황에 어떻게 대처하는가이다. 지난 3월의 유엔인권위원회에서도 많은 국가들이 북한의 인권상황을 규탄하는 가운데서 우리는 남북관계를 고려하여 신중한 입장을 취했으나 이젠 앞으로의 대응방안이 보다 구체적으로 검토돼야 할 단계에 왔다고 본다. 또한 개별국가의 인권상황에 관해서는 우리의 쌍무적인 이해관계가 크면 클수록 원칙에 입각한 입장을 견지하기가 쉽지 않을 것이므로 이상과 현실의 조화된 구체적인 대책의 강구가 요청된다. 높은 도덕적 차원에 이정표를 설정한 우리의 인권정책은 이젠 빈회의에서 그 구체적인 모습을 보이면서 21세기를 향하는 자유민주국가로서의 한국의 이미지를 국제적으로 인상 깊게 심도록 하는 계기를 제공하게 될 것이다.

_『동아일보』, 1993.6.14

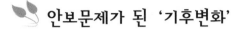

안보문제가 된 '기후변화'

금년도 노벨평화상이 앨 고어 전 미국 부통령과 유엔 정부간 기후변화위원회(IPCC)에 수여되었다는 사실은 기후변화가 앞으로 인류에 초래할 종말론적 결과를 경고하는 동시에 지구적 차원의 대응이 시급하다는 메시지이다. 고어 전 부통령은 환경 위기는 "정치적 문제가 아니라 도덕적 문제"라고 했지만 그것은 이제 지구촌의 중대한 안보문제이다.

IPCC는 유엔기구로서 주기적으로 보고서를 발행하는데 금년 5월 보고서는 지구온난화가 90% 이상 인간 활동에 기인했다고 전제하고 온실가스를 배출하는 인간행위가 현 추세대로 진행되면 2100년 후에는 인류를 포함한 대부분의 생명체가 지구상에 존속하기 어려울 것이라고 경고하고 있다. 반기문 유엔사무총장도 취임 이후 기후변화를 긴급과제로 정하고 9월 유엔총회 첫날에 70여 명의 정상이 참석한 고위급 회의를 주재, 공동의 대응책을 논의하고 12월 발리에서 개최되는 유엔기후변화협약국회의가 2005년 발효한 교토의정서 후속체제를 수립하는 로드맵에 합의해야 한다는 공감대를 도출했다.

유엔기후변화협약과 교토의정서는 지구온난화의 주범인 이산화탄소 배출에 원죄를 지닌 선진국들이 온실가스 감축에 우선적 책임이 있다는 원칙을 토대로 39개 선진국에 감축의무를 부과하고 있으나 미국과 호주가 이 체제에서 이탈해 실효성이 크게 제약되고 있다. 현재 선진국, 개도국 간 이산화탄소 배출 비율은 52% 대 48%이나 선진국들은 탈산업화하고 중국, 인도, 브라질 등 개도국들은 산업화의 과정에 있어 2010년부터는 개도국의 비율이 선진국을 능가해 온실가스 감축 협상이 더욱 어려울 것으로 보인다.

교토협약 후속체제 논의에서 EU의 선도적 역할은 극히 중요하다. EU는 2020년까지 온실가스를 1990년 대비 20%, 2050년까지 60~80%를 감축함으로써 지구적으로 50% 감축에 기여하겠다는 목표를 천명하고 개도국이 저탄소경제로 전환하도록 지원하고 중국, 인도, 미국 등이 후속체제에 가담하도록 적극 유도하고 있다. 미국, 호주 등은 기술개발을 강조하면서 온실가스의 의무적 감축에는 부정적이다. 중국, 인도 등 대표적인 개도국들은 자국 경제성장에 미칠 부정적 영향을 감안하여 구속력 있는 감축공약을 수락할 수 없다는 입장이다. 한국과 멕시코는 경제협력개발기구(OECD) 회원국이면서도 교토협약에 의한 감축의무를 부담하지 않지만 온실가스의 주요 배출국으로서 교토협약 후속체제에는 어떤 방식으로든지 동참해야 한다.

교토협약 후속체제 논의의 전망은 현 시점에서 반드시 밝다고는 할 수 없다. 그러나 반기문 유엔사무총장의 이니셔티브와 2008년 예정된 기후변화를 다룰 유엔정상회의, 17개 경제대국이 참가한 워싱턴회의, 고어 전 부통령과 IPCC의 노벨평화상 수상, 금년 6월 G8 정상회의와 9월 APEC(아태경제협력체)회의 선언 그리고 EU, 일본, 북유럽 국가들의 의무적 감축 공약 수락과 저탄소 경제 전환 주도 등이 상호 시너지 효과를 내면서 2009년까지 유엔체제 내 협상이 종결될 수 있는 분위기가 성숙되고 있다.

지구온난화 현상이 그대로 방치되면 지구의 종말론적 결과를 갖고 올 수 있는 안보위협에 직면하여 유엔을 중심으로 한 국제사회는 반드시 교토협약 이후의 대응체제를 수립해야 하고 또 모든 국가들이 그 체제에 동참해야 한다. 한국은 세계 10위의 경제대국으로서 또 성숙한 국제사회의 일원으로서 우리의 지속적 개발을 추진하면서 지구의 건강을 살리는 데 주도적 역할을 수행할 필요가 있다. 정부는 국민에게 사태의 심각성을 홍보하고 우리 산업계가 감당할 합리적인 감축 방안을 세워 우리의 다음 세대가 안심하고 살 수 있는 건강한 지구환경을 만드는 데 앞장서야 할 것이다.

_『세계일보』, 2007.10.22

🌱 환경을 또 다른 기회로

　20세기 들어 폭발적으로 늘어난 인구와 급속한 산업발달로 초래되고 있는 지구환경파괴와 오염의 증대는 그 한도를 넘어선 지 이미 오래다. 23일부터 닷새간 열린 제19차 유엔환경특별총회에 참석한 70여 개국의 정상들은 머리를 맞대고 범지구차원의 문제가 된 환경문제 해결방안을 논의했다. 이번 특별총회는 지난 92년 리우환경 정상회의에서 채택된 지구환경보전을 위한 행동계획 "의제 21"의 이행상황을 점검하고 향후 5년간의 "추가행동계획"과 지구환경 보전을 위한 정상들의 정치적 의지를 재확인한 회의였다.

　이번 회의에서는 온실가스 배출규제문제와 세계산림보호가 가장 심각하게 논의되었다. 특히 온실가스 배출과 관련해서는 우리나라가 세계 제1위의 화석연료사용 증가율을 기록하고 있어 전 세계적인 온실가스 배출규제노력에 동참하는 동시에 지속가능한 산업발전을 도모해야 하는 어려운 입장이다. 우리는 양쪽 측면을 고려한 균형 잡힌 국가입장을 정립, 97년 12월 일본 교토(경도)에서 개최예정인 기후변화 회의에서 적극 대응하는 것이 관건이라 하겠다. 이번 회의에서는 또 국가 간 산림정책협의포럼을 설치하여 산림보호문제를 본격 협의키로 했다. 우리나라는 세계 제2위 열대목재 수입국으로서 세계적 산림보호 노력에 참여하면서 산림자원이용권을 확보해야만 한다. 김영삼 대통령은 비무장지대의 생태계 보존을 제의했다. 이는 동북아 온대지방에서 생물다양성의 보고로 널리 알려진 이 지역을 생태적으로 보존한다는 측면과 한반도의 긴장완화 등 안보문제를 환경보호라는 남북한 공동이익에 기초하여 간접적인 방법을 통해 접근할 수 있다는 데 의미가 있다고 하겠다.

이번 회의에서는 선진국과 개도국 사이에 환경보호를 위한 재정지원과 기술이전 문제를 둘러싸고 치열한 갈등이 노정되었다. 선진국들은 민간직접투자시행 등 시장원리를 통한 환경보호증진을 주장하였으며 개도국들은 대규모의 정부간 공적원조(ODA) 지원증대를 요청했다. 선진국들은 사기업 간 기술이전을 주장하고 개도국들은 선진국이 정부주도로 기술을 이전해 줄 것을 요청하여 합일을 이루지 못했다.

우리나라는 정부가 대개도국 기술이전의 촉매역할을 수행할 것을 제의하는 등 선진국과 개도국 간의 대립을 완화하고 건설적인 중간자 역할을 수행하기 위해 적극 노력했다. 한국대표단은 또 아태경제협력체(APEC) 차원의 지역환경협력 추진을 제안하고 지난 5일 "세계 환경의 날" 행사에서 채택된 "환경윤리 서울선언"을 특별총회 문서에 반영시켰다.

특히 핵폐기물 처리능력이 없는 국가에 대한 핵폐기물 수출금지와 생산자 처리원칙 및 핵폐기물의 국가 간 이전 시 잠재적 위해 당사국에 대한 사전통고원칙을 계속 협의해 나가도록 함으로써 대만 핵폐기물의 북한이전 저지를 위한 국제적 공감대를 더욱 공고히 했다.

우리는 지구환경 협력에 적극 동참하고 기여한다는 국가 이미지를 국제사회에 널리 알리고 산업이익 확보 또한 지속적으로 추진해야 하는 어려운 과제를 안고 있다. 환경중시의 세계 경제질서 형성 추세에도 동참하면서 새로운 환경상품, 기술과 서비스수출시장을 선점하고 깨끗한 지구환경을 후손에게 물려주기 위해서 환경을 위기가 아닌 기회로 포착, 이용토록 정부와 업계 국민이 발상의 전환과 비전을 갖는 것이 무엇보다도 긴요하다고 하겠다.

_『동아일보』, 1997.6.29

🌿 김선일 씨 사건의 교훈들

김선일 씨 피랍·피살사건은 처음부터 외교부의 부실 대응 의혹이 증폭되어 언론의 거센 비판을 받아왔다. 그러나 감사원이 7월 27일 국회의 김선일 씨 조사특위에 제출한 보고서는 외교부와 관련된 의혹을 상당히 씻어주고 있다. 즉 가나무역의 김천호 씨가 군납 유지 등 개인적인 이유로 피랍 사실을 대사관에 신고하지 않았고, 외교부는 김 씨 피랍을 조기에 몰랐으며, 사건인지 후에는 다각적 외교 노력을 했으나 효과적인 대처를 하는 데는 한계가 있었다고 지적했다.

이 보고서는 또한 외교부가 영사업무를 소홀히 하고, AP통신의 질의에 적절히 답변하지 못한 점 등을 지적했으나 기본적으로는 주어진 상황 하에서 사건의 대처에 큰 문제점이 없었던 것으로 해석된다. 외교부에 오래 몸담았던 필자는 앞으로의 유사 사태에 대비한 교훈으로 다음과 같은 점을 지적하고자 한다.

첫째, 세계화 과정에서 한국의 국제적 역할이 커가고 국민들의 해외 진출이 늘어남에 따라 정부나 국민은 모두가 국제사회에 대한 보다 성숙한 시각을 가질 필요가 있다는 점이다. 국제사회는 원칙적으로 우리의 주권이 미치지 않고 국제법이 지배하는 영역이다.

때문에 다른 나라의 권익도 인정하면서 우리의 이익을 최대한 증진해야 한다는 실용주의적 자세가 필요하다. 우리는 이제 PKO(평화유지활동)나 이라크 파병 등 국제사회에 대한 기여 과정에서 보람과 동시에 희생도 받아들일 수 있는 보다 성숙된 의식을 가질 때가 왔다.

둘째, 외교부도 이제 민원 부서로서의 자각과 반성으로 환골탈태의 변화를 하지 않으면 국민 신뢰를 되찾을 수 없다. 재외 공관 130여 개를 갖고 있는 외교부의 이미지는 날로 증가하는 해외여행자와 전 세계에 산재해 있는 우리 동포와의 접촉에서 이루어진다. 외교관의 지나친 엘리트 의식이나 스캔들은 외교부에 대한 국민의 평가에 매우 부정적 영향을 주고 있음을 명심해야 한다.

셋째, 우리 외교는 냉전이 끝난 후 지난 10여 년간 질적·양적 팽창을 거듭해 왔다. 하지만 엄청난 외교수요 증대에도 불구하고 우리 외교 인프라의 보강은 턱없이 부족했다. 이 와중에서 외교부는 국내 권력 기반의 취약성, 국제적으로 웃음거리가 되는 외교부 장관의 빈번한 교체 등으로 인해 외교인원 확충, 예산 증가 등의 면에서 오히려 후퇴하고 있음은 크게 염려스러운 일이다.

김 씨의 죽음을 둘러싸고 일어난 외교부 규탄 여론은 감사원 보고에 의하여 사실과는 상당한 거리가 있음이 밝혀졌지만, 그럼에도 불구하고 외교부는 김 씨 사건을 계기로 심각한 자기반성과 개혁의 기회를 놓쳐서는 안 된다. 외교부 조직의 구조적인 취약점을 극복하고 보다 효과적으로 일할 수 있는 환경을 만드는 것은 외교부의 노력만으론 부족하고 정부 차원의 협조와 국민의 지지가 필요불가결하다.

마지막으로 강조되어야 할 점은 감사원 조사나 국회 청문회가 '마녀사냥'이 되지 않도록 경계해야 한다는 것이다. 죽음을 각오하고 해외에서 돈벌이에 나선 우리나라의 실업인들, 그리고 나라를 위해 신념과 양심으로 밤늦도록 일하는 수많은 공직자가 없었던들 오늘의 우리나라를 상상할 수 있겠는가. 우리가 명심해야 할 사실은 김선일 씨의 비극적인 죽음이 본질적으로는 국제 테러리즘의 잔혹한 행위의 결과라는 사실이다.

_『조선일보』, 2004.8.3

09   다자외교를 위한 발걸음

 APEC, UR… 그리고 우리

지금 한국에서는 APEC정상회담에 뒤이어 국제화·세계화·개방화의 문제들이 열띠게 논의되고 있고 또한 UR(우루과이라운드) 문제가 경제적 성격을 넘어 정치적 쟁점화되어가고 있다. 냉전 이후의 세계에서는 경제가 어느 나라에서나 최우선 과제로 되어 있고 심지어 안보문제도 경제를 빼놓고 생각할 수 없다는 것이 상식으로 되어 있다. 예를 들면 미국의 대아시아 안보정책도 시장접근이 가장 중요한 요소로 되어 있어 원활한 경제·통상 관계없이 원만한 동맹관계도 성립될 수 없다는 입장이다.

APEC정상회담의 결과를 국회에 보고하는 자리에서 김영삼 대통령은 국제화·세계화·개방화정책을 강력히 추진해 나갈 것을 천명했다. 지금 경제와 기업경영의 세계화 내지 국제화 추세가 촉진되어 상품 서비스 자본과 기술이 국경을 초월하여 움직이고 있고, 기술혁신 정보 통신 교통의 발달이 세계를 1일 생활권으로 만들고 있음에 비추어 볼 때 우리가 신속하게 중장기 대응전략을 짜서 대처해야 한다는 것은 국가적인 과제가 아닐 수 없다.

이러한 면에서 볼 때 APEC정상회담의 결과와 UR의 방향은 우리나라 장래에 큰 영향을 주는 중대한 문제라 할 것이다. 그렇기 때문에 정상회담의 결과를 과장할 필요도 없거니와 과소평가할 이유도 없고, UR 문제도 보다 냉철하게 분석할 필요가 있다. UR의 타결은 불황에 허덕이고 있는 세계경제의 활력소가 될 것으로 관측된다. 국제화·세계화·개방화를 추진하는 우리 정부의 입장에서 볼 때 이러한 이익을 얻고 우리경제가 세계로 뻗는 길이 차단되지 않기 위해서라도 UR 성공에 적극 협조하여야 함은 당연한 일이다.

이제 우리나라도 개도국의 선두주자로서, 또 책임 있는 국제사회의 일원으로서 세계적 문제에 있어서 책임분담의 의지와 철학을 가져야 할 때가 왔다고 본다. 책임분담의 철학은 우리의 신외교가 표방한 것과 같이 인권 문제, 군비통제, 평화유지, 빈곤퇴치, 민주주의적 가치의 확산 등의 분야에서 응분의 책임을 다한다는 것을 의미하며 이것은 세계경제의 활성화를 위한 역할에서도 예외가 될 수 없다. 우리는 날로 촉진되어 가는 세계화와 국제화의 시대적 조류 속에서 지속적인 성장과 발전을 위해 APEC과 UR가 부여하는 기회와 도전을 냉정히 분석하여 지혜롭게 대처해 나가야 할 것이다.

첫째, 우리는 APEC이 무역·투자자유화를 촉진함으로써 역내 모든 국가들의 경제적 이익을 증진하고 안보적·정치적 안정에도 기여토록 해야 한다. 아·태지역에 있어서의 한국의 특수한 위치는 이러한 도전을 성공적으로 극복하는 데 결정적인 기여를 할 기회를 주고 있다. 차기 APEC정상회담이 김영삼 대통령에 의해 제기되어 앞으로 회담의 정례화 가능성이 높아진 것은 APEC에서의 한국이 갖는 역할의 중요성을 단적으로 시사하는 예라 할 것이다.

둘째, UR는 GATT에 기초를 둔 기존의 상품분야를 포함, 농산물·서비스·무역 관련 지적 소유권·투자·규범 및 제도 등 분야에서 선·후진국 구별 없이 인위적 장애물을 제거하고 공정한 규칙을 만드는 작업에 해당하므로 우리나라를 비롯한 많은 개도국들에 단기적으로는 경제발전도와 비교우위 여하에 따라 엄청난 부담을 줄 것이다. 그러나 중장기적으로는 우리 기업과 경제가 과감한 자기혁신과 구조조정, 신기술 개발 등을 통하여 국제경쟁력을 향상시킬 경우, 세계를 자유로운 활동무대로 갖게 될 것이다.

셋째, UR 타결 이후의 국제경제 과제는 상품과 서비스 교역의 영역을 넘어서 각국의 환경·산업·경제·노동정책 등 국내제도 문제에 초점을 맞추어 이들 분야에서의 새로운 국제규범을 만들어 나가는 데 있다. 이에 대비하여 우리는 국내제도를 국제수준에 맞도록 개혁해 나가는 등 만반의 준비를 지금부터 해야 할 것이다.

21세기는 분명히 무한경쟁의 시대가 될 것이다. 그 경쟁은 누가 가장 좋은 상품을 만들며, 누가 가장 많은 투자를 하며, 누가 가장 잘 훈련되고 숙련된 노동력을 갖고 있느냐는 물론 어느 정부가 국민을 가장 풍요롭게 하며, 어떤 제도가 부를 생산하는 데 가장 효율적인가에 이르기까지의 전면경쟁이 될 수밖에 없다. 이러한 경쟁에서 이기는 기업과 국가가 21세기를 지배하게 될 것은 두말 할 여지가 없다.

APEC과 UR의 방향을 지켜보면서 "상품이 국경을 못 건너면 군대가 국경을 건넌다"는 경구를 회상하게 된다. 다가오는 21세기에 통일되고 풍요로운 한국이 세계 특히 아태권에서 찾아야 할 위상과 역할에 대해서 우리국민이 거는 기대는 그 어느 때보다도 클 수밖에 없다. 따라서 우리는 국제화·세계화의 흐름에 부응하여 지구촌 시민으로서의 보다 성숙된 의식을 함양하고 내외의 도전에 슬기롭게 대처하는 예지를 발휘해야 할 것이다.

_『한국일보』, 1993.12.6

UR 협상 현장을 떠나며

▌농산물개방은 각국 특수성이 고려돼야

"상품이 국경을 자유롭게 건너지 못하면 군대가 국경을 건너게 된다"고 헐 전 미국 국무장관이 말한 바 있다. 또, 요즘에는 동구로부터 서구로의 대대적인 이민유입 현상을 두고 "상품이 국경을 자유롭게 건너지 못하면 사람이 국경을 넘지 않을 수 없다"는 경고가 나오고 있다. 이러한 경구들은 우루과이라운드(UR) 협상이 타결되지 않을 경우 일어날 수 있는 심각한 위기를 지적하는 말들이라 하겠다.

지난 2월 클린턴 행정부 취임 이래 미국·유럽공동체(EC), 미국·일본 간에 일어나고 있는 정부구매 및 반도체 관련 분쟁들과 지난 1월 미국 행정부가 취한 우리나라를 포함한 19개국의 철강제품에 대한 반덤핑 조치 등은 미국 신행정부의 무역정책 방향과 현행 다자무역체제의 취약성을 단적으로 드러내는 사례들이다.

자유무역 체제의 기수로서 자처해왔던 미국이 다자적인 접근방법보다 쌍무적인 또는 일방적인 조치에 의존하면서 소위 '공정무역'의 기치 아래 대외시장에서의 구체적인 수량적 결과를 추구하고 있다는 사실은 대단히 주목되는 현상이다.

지금 우리가 참가하고 있는 UR 협상은 바로 관세무역일반협정(GATT)에 기초를 둔 기존의 상품교역 분야를 뛰어넘어 농산물, 섬유, 서비스, 무역 관련 지적소유권 투자 등에 걸친 광범위한 분야에서 다자적인 교육규범을 창조하자는 것이다. 또 반덤핑 보조금 상계관세 긴급수입 제한조치 등 현행 GATT 규범을 강화함으로써 일방주의와 보호주의를 막고 세계무역의 원만한 성장을 기하자는 데 그 목적을 두고 있다.

지난 1986년 UR 협상이 시작된 이래 많은 진통을 겪은 후 91년 12월 20일 최종협정 초안이 마련되어 공식 UR 무역협상위원에 보고되었다. 이 초안은 15개 협상분야에 걸친 5백여 페이지의 법조문이며 그중 약 85%는 협상결과를 반영한 것이고 나머지 약 15%가량은 소위 협상그룹 의장의 중재안으로 구성되어 있다. 이 중재안 중에서 현재 심각한 논의의 대상이 되고 있는 것은, △농산물 분야의 예외 없는 관세화 문제, △규범분야의 반덤핑 문제, △섬유교역의 자유화 속도, △국제무역기구(MTO)를 새로 설치하는 문제 등이라 할 수 있다.

이 최종 협정안은 대체적으로 우리가 수용할 수 있는 내용이나 문제가 되는 것은 소위 농산물에 대한 예외 없는 관세화 방식이 최종협정 초안에 포함됨으로써 쌀 등 기초 농산물을 관세화의 예외로 만들려는 우리의 입장이 반영되어 있지 않다는 점이다. 따라서 우리는 그 후 다양한 협상과정에서 각국의 특수성을 고려치 않은 관세화 방식은 수락할 수 없다는 점을 강조해왔고 또 앞으로도 이 방향에서 우리의 협상노력이 집중될 것은 의심할 여지가 없다.

예외 없는 관세화 문제에 대해서는 일본, 스위스, 멕시코, 캐나다 등의 국가들도 상당한 반대 입장을 보이고 있어 이들 대표들과 공동 전략을 협의 실천하고 있고 여타분야에서 '흥정거리'를 찾으려고 노력하고 있다. 그러나 이들 국가 중 일본을 제외한 멕시코 스위스 등 다른 나라들은 관세화는 받아들이되 이행기간과 개방분야 등에서 많은 신축성을 보이고 있다.

현시점에서 UR 협상 결과를 전망하기에는 아직도 변수가 너무나 많다. 둔켈 GATT 사무총장도 과거 세 번이나 타결시한을 설정, 타결을 예언했으나 그 예언은 빗나갔다. 그러나 지역경제의 블록화와 일방주의, 보호주의가 초래할 수 있는 무역전쟁의 가능성을 예방하고 GATT에 기초를 둔 다자체제의 확대발전이 세계무역의 원활한 성장은 물론 우리나라의 경제적 이익을 위해서도 필요불가결하다는 점에서 UR는 반드시 타결되어야 하며 실제로 금년 말 또는 내년 초까지 UR 협상이 타결될 가능성도 적지 않다.

우리 경제는 수출주도형 경제이므로 현행초안을 기초로 할 때 UR 타결을 통해 규범분야(특히 반덤핑 상계관세규제 긴급수입 제한조치 등) 등에서 가장 큰 실익을 얻을 수 있으나 일부 농산물 분야에서 문제점을 안고 있으므로 전 분야에 걸친 과학적이고도 수량적인 분석을 기초로 최선의 합리적인 선택이 요청된다. 이런 면에서 우리들은 UR의 도전을 정부와 국민이 중지를 모아 우리 국익을 최선으로 증진하는 방향에서 함께 극복토록 노력해야 할 것이다.

_『동아일보』, 1993.4.12

외교 위기론의 허와 실

　미국의 국제정치학자 한스 모겐소는 그의 저서『국가간의 정치』에서 국력의 요소로 자연자원으로부터 정부의 자질에 이르기까지 아홉 가지를 들고 그중에서 '외교의 질'을 가장 중요한 요소라고 지적한 바 있다. 다른 요소들은 국력을 구성하는 원료의 성격을 띠고 있으나 외교의 질은 다른 요소들을 하나로 통합하여 국익을 최대로 보장할 수 있게 하는 기술이라는 것이다. 최근 외교위기론이 심각하게 거론되고 있다. 그 원인은 지난 8월, 북한 핵 문제와 관련한 제네바 합의에서 연유되었으며 중국의 군사정전위 대표 소환조치에 의하여 더욱 증폭된 것으로 보인다.

　위기론을 분석해 보면 첫째, 제네바 합의가 북한 핵개발의 동결을 '과거' 규명보다 우선하여 과거를 묵인한 듯한 인상을 준 것을 들 수 있다. 미국이 핵확산금지조약 체제를 유지하고 북한의 플루토늄 양산체제를 저지하는 데 큰 이해관계를 갖고 있음은 말할 필요도 없지만 과거 규명을 포기하고서는 NPT 체제의 실효성을 보장할 수 없음도 사실이다.

　따라서 북한 핵의 '과거' 규명문제는 핵개발 동결과 양자택일의 문제라기보다 북한 핵 문제의 최종적 해결과정에서 우선순위의 문제라고 봄이 타당할 것이다. 이 문제와 관련하여 주의해야 할 것은 '과거' 투명성 확보가 핵 문제 해결 구도에서 시간적으로 지나치게 뒤로 밀릴 경우 우리에 대한 안보위협은 크게 증대될 수도 있다는 점이다.

　둘째, 제네바 합의에 의한 북·미 간의 상호연락사무소 설치는 양자간의 관계정상화를 위한 첫걸음임에는 틀림없으나 그것의 중요성을 과대 과소평가할 필요가 없다. 미국의 대북정식수교는 핵 문제의 종국적 해결 및 남북관계의 진전과 연계되지 않을 수 없다. 그러므로 현 단계에서 미국의 행동반경을 지나치게 제약, 핵 문제 해결에 부정적 영향을 주는 것은 바람직하지 않다.

셋째, 북의 대미 평화협정 체결 기도는 1974년 이래 일관되게 추진되어 왔으나 지금까지 아무런 효과를 거두지 못하고 있다. 이 문제가 최근 외교위기론에 가세한 이유는 물론 중국이 자국 대표를 군정위로부터 소환했기 때문이다. 그러나 이 문제에 대해서는 한승주 외무장관의 방미 결과 한미 간 의견일치를 재확인했으며, 또한 중국도 휴전협정의 유효성과 한반도문제는 관련당사국의 합의를 통하여 이루어져야 한다는 기본입장을 재확인하고 있다.

많은 분석가들은 냉전체제의 붕괴를 배경으로 한 북방정책의 성공, 특히 한국의 대(對)중국 대(對)러시아 수교는 한반도에서 남북 간에 불균형적 역학관계를 만들어 냈고, 이러한 불균형관계는 남북 간 경제력의 격차, 군사균형의 재편 등에 의하여 더욱 심화되었다고 보고 있다. 이러한 시각에서 볼 때 북한 핵 문제의 해결 과정에서 북미, 북일관계 개선이 이루어지는 것은 한반도의 불균형구조를 시정하여, 중장기 적으로는 오히려 동북아의 안정에 기여한다고 볼 수 있다.

그럼에도 불구하고 최근의 북미관계 개선 움직임에 대해 국내여론이 우려의 반응을 보이는 이유는 한반도 상황의 이중성에 기인한다. 냉전의 붕괴가 몰고 온 화해의 기류는 한반도 주변을 흐르고 있으나 한반도에는 특히 북한 핵 문제로 인하여 냉전의 잔재가 그대로 남아 있기 때문이다. 중국의 한반도에 대한 「불통불란」적 입장, 미국 일본 등의 대북관계정상화 움직임 등은 주변 4강의 한반도 현상유지정책 방향을 시사하고 있다. 우리는 이러한 4강의 정책경향을 단순히 도덕적으로 규탄하기

보다는 이를 우리의 중장기적 통일정책 구도에 잘 접합시키는 현실주의적인 접근을 필요로 한다.

▌일희일비 말아야

따라서 4강의 정책과 관련한 우리의 외교적 도전과 과제는 통일한국이 분단한국보다 4강의 국익증진이나 동북아의 평화와 번영에 더욱 기여할 것임을 설득, 그들이 능동적으로 우리의 통일노력을 지지하도록 유도하는 것이다.

이렇게 볼 때 외교위기론과 관련해서 아래 사항이 강조돼야 할 것이다. 첫째, 정부는 핵 문제와 관련한 일련의 현안들에 대한 국민의 인식과 실제 현실 간의 거리를 없애기 위한 진지하고도 지속적인 노력을 전개하여 국민의 공감대를 넓혀야 한다. 둘째, 핵 문제가 위기론의 핵심을 이루고 있는 만큼 특히 미국과의 긴밀한 협조를 통하여 '과거' 투명성 확보를 우리 안보를 위협하지 않는 합리적인 시한 내에 해결하도록 하며, 대북 경수로 제공에 있어서도 한국의 실질적 참여가 확보되도록 해야 할 것이다. 셋째, 구소련으로부터의 위협이 사라진 탈냉전시대에 있어서의 미국의 대한반도 시각이 냉전시대의 그것과 반드시 같을 수 없다는 점이 인식돼야 한다. 오는 23일부터는 경수로와 북·미 간 연락사무소문제를 구체화하기 위한 고위급회담이 열리기로 돼 있다. 북한 핵문제는 성격상 철저하고도 광범위한 접근이 필요하다. 또 아직도 넘어야 할 단계가 많으므로 사태진전 때마다 일희일비하기보다 인내심을 가지고 대처하는 것이 무엇보다 필요하다.

_『동아일보』, 1994.9.16

한국 기업도 지구 계약(Global Compact)에 동참하자!!

최근 우리나라 경제계에서도 2000년 이래 유엔과 기업 지도자들 간에 중요 화두로 떠오른 '지구 계약(Global Compact)'에 주의를 기울이게 된 것은 다행이다. 1999년 다보스 세계경제포럼에서 코피 아난 유엔사무총장은 세계화 과정에서 그 영향력이 날로 커져가고 있는 기업이 인권·환경·노동 등 분야에서 국제적으로 합의된 규범(10개 원칙)을 이행하자는 '지구 계약'을 제안했다. 시장경제의 결함을 보완하고 지속적인 경제성장을 이뤄 세계화의 이익이 모든 사람에게 골고루 공유될 수 있도록 하자는 취지다. 이 계약은 기업이 그들의 활동 영역에서 인권을 존중하고 환경 훼손을 예방하며 아동노동을 철폐하고 모든 형태의 부패행위에 가담하지 않는다는 등의 내용으로 돼 있다. 물론 세계인권선언, 환경과 개발에 관한 리우선언, 노동에 관한 국제노동기구(ILO) 권리선언, 유엔 반부패 협약 등에도 이미 담겨 있는 내용이다.

2004년 8월 현재 이 계약에 참가하고 있는 기업 수는 세계적으로 무려 1,500여 개에 이르고 있으나 한국 기업의 관심은 상대적으로 낮다. 정보 부족 또는 이 계약이 인권·환경·보호 등 분야에서 기업에 큰 부담을 주는 듯한 인상을 주기 때문인 것 같다. 그러나 이 계약은 기업의 행동을 규제하기 위한 것이 아니고 대화와 투명성의 힘을 통해 모범 기업의 좋은 사례를 확산시킴으로써 기업의 사회적 책임과 브랜드 가치를 높이고 동시에 인권존중·환경보호 등과 같은 보편적 가치를 실현하는 데 목적을 두고 있다. 따라서 기업은 자발적인 이니셔티브로 이 계약과 법률적 규제와의 상호 보완관계를 염두에 두면서 '책임 있는 기업의 시민정신'으로 10개 원칙 이행에 솔선수범을 보이게 된다.

주목되는 점은 '지구 계약'에 참가하고 있는 기업이 해마다 증가한다는 사실이다. 인권, 환경보호 원칙 등이 적용될 경우 단기적으로는 기업활동을 위축시킬 수 있다는 우려도 있을 수 있다. 그러나 크게는 유엔이 지향하는 세계평화와 경제적 번영에 기여할 수 있고, 중장기적으로는 기업의 경쟁력 제고에도 큰 도움이 된다는 사실은 이미 잘 알려져 있다.

우리나라 기업, 특히 다국적 기업들도 더 이상 '지구 계약' 참여에 주저할 이유가 없다. 오히려 참여에서 얻는 이득을 보다 적극적으로 추구할 때다. '지구 계약'의 이행 문제를 주제로 유엔에서 매년 정기적으로 개최되는 회의는 유엔사무총장의 주관하에 기업, 인권고등판무관(UNHCHR), 국제노동기구(ILO), 유엔개발계획(UNDP), 주요 비정부기구(NGO) 등이 한자리에서 세계화와 기업의 시민정신에 관련된 문제, 관련 유엔기구와 기업 간의 파트너십, 그리고 기업의 모범 사례를 다른 기업에 확산시키는 방안 등을 심도 있게 토의한다.

다국적 기업의 행동 규범에 대해서는 경제협력개발기구(OECD) 가이드라인, 유엔인권소위가 채택한 기업의 인권존중 책임에 관한 선언 또는 권위 있는 NGO가 발행한 지침서 등이 있으나 효과 면에서 선언적 의미를 넘지 못하고 있다. 그들과 '지구 계약' 간의 큰 차이점은 후자가 유엔사무총장과 관련 유엔기구, 다국적 기업, 유력한 NGO들의 연례적 회동으로 이미 제도화됐다는 점이다. 또 그들이 공통으로 추구하는 비전이 인권·노동·환경·반부패 등 분야에서 이미 국제적으로 규범화된 보편적 가치를 세계 시장에 접목함으로써 기업의 건전한 시민정신을 고취하고 세계화의 구조적 취약점을 극복하고자 하는 데 있다. 바로 이러한 차이점이야말로 한국 기업이 조속히 '지구 계약'에 참여해야 할 중요한 이유이기도 하다.

　세계경제 11위를 이끄는 주축이 되고 있고 정치적 국경에 구애받지 않고 활동하는 한국 기업이 '지구 계약'에 참여하지 않고 있다는 사실에 세계 유력 기업과 국제사회는 회의 어린 눈길을 보내고 있음을 유념해야 한다.

_『중앙일보』, 2005.2.17

글로벌 거버넌스 시대, 대학에서 찾는 희망

글로벌 거버넌스의 핵심인 '화합과 협력을 통한 공존'은 대학에서도 예외가
아니다. 달라진 시대, 대학은 무엇을 준비하고 어떤 인재를 길러내야 할까?
한국인 최초로 국제순수응용·화학연맹(IUPAC) 회장을 지낸 진정일(고려
대학교 화학과) 명예교수와 국제대학원 석좌교수인 박수길 유엔협회세계연
맹회장이 만나 글로벌 거버넌스 시대 대학의 역할과 인재양성에 대한 의견
을 나누었다.

▌"한국, 글로벌 거버넌스 사회 중심 돼야"

○ **진정일**: 만나서 반갑습니다. 말씀은 많이 들었지만 실제로 뵙기는
오늘이 처음이네요.

● **박수길**: 이렇게 불러 주셔서 오히려 영광입니다.

○ **진정일**: 우리나라의 큰 경사인 G20이 얼마 남지 않았습니다. 대사님

께서는 외교관 생활을 오래 하셨으니 더 감회가 크실 것 같습니다.

● **박수길:** 그렇습니다. 제가 외교관이 된 것이 1960년대인데 그 당시 우리나라는 국제사회에서 최빈국 중 하나였습니다. 우리 국가의 운명이 선진국들의 이해관계와 국제정세 변화에 크게 영향을 받던 시절이었지요. 그런데 이제 세계의 질서와 규범을 만들어 나가는 20개 국가들의 모임, 즉 G20의 일원이 되었습니다. 게다가 의장국으로서 지금의 금융경제 위기를 종식시키고 향후 세계경제의 지속가능한 성장을 이루기 위한 협력방안을 주도하게 되었습니다. 정말 뿌듯한 일이지요. 우리는 이러한 기회를 국운 융성과 통일을 향한 또 하나의 계기로 만들어야 할 것입니다.

○ **진정일:** 저도 이번 G20의 서울 개최는 대단히 큰 의미를 지닌다고 봅니다. G7 국가가 아니면서 G20 정상회의 의장국이 된 것은 우리나라가 처음이라고 알고 있습니다. 이는 우리나라 국력이 반영된 결과이며 '녹색 성장'을 앞세우고 있는 우리나라가 '지속가능 발전'이라는 세계적 화두를 이끌 수 있는 절호의 기회로 봅니다. 우리나라 경제, 외교, 정치의 커다란 성과인 이 기회를 통해 분단 국가의 이미지를 뛰어넘고, 우리나라 역사·문화의 우수성을 세계에 알리게 되었으면 좋겠습니다.

● **박수길:** 그런데 이번 G20 정상회의 덕분에 글로벌 거버넌스와 경제협력체로서의 G20에 대한 관심이 커졌습니다. 글로벌 거버넌스라고 하면 많은 사람들이 UN을 떠올리지요. UN은 보편적 국제기구로서 정치, 경제, 안보, 문화, 개발, 기후변화 등 여러 분야에서

거버넌스를 포함하고 있으며 지난 60여 년간 대표적인 글로벌 거버넌스의 역할을 해 왔습니다. 하지만 현재는 경제문제는 G20이 담당하고, 기후변화는 UN이, 무역은 WTO가 담당하는 등 분야별 거버넌스가 있습니다. 우리나라도 이러한 분야별 거버넌스에 적극 참여하여 글로벌 사회에서 우리의 위상을 세워나가야 할 것입니다.

○ **진정일**: 우리나라는 경제 규모에서는 세계 12~13위를 자랑하고 있지만 글로벌 거버넌스에서는 훨씬 뒤져 있지 않습니까? 국제기관이나 단체에서 리더로 계신 분들이 많지 않고, 또 미래의 거울인 우리 학생들의 국제적 활동이 얼마나 활발한가를 살펴보면 솔직히 아직 갈 길이 멀다고 느낍니다. 학자들의 국제활동이 늘고는 있지만 여전히 부족함이 많습니다. 그런 점에서 반기문 UN 사무총장님이 우리에게는 커다란 기둥입니다.

● **박수길**: 교수님께서도 한국인으로는 처음으로 세계화학자들 학술기관인 국제순수·응용화학연맹(IUPAC) 회장을 지내셨지요? 우리나라 화학자들에게는 매우 뜻 깊은 일이었을 것으로 짐작됩니다.

○ **진정일**: 대사님께서 외교관으로서 G20을 바라보는 감회와 비슷합니다. IUPAC는 100여 년 전에 창립된 세계 유일의 화학연합체로 현재 80여 개국이 회원으로 가입돼 있습니다. 대한화학회가 IUPAC에 가입한 것은 1963년인데, 워낙 어려웠던 시절이지만 선배들의 노력과 한국화학(현 한화그룹)으로부터 회비 전액 지원이 있어 가능한 일이었지요. 미래를 내다본 선배들 덕에 제가 2008~9년에

한국인으로는 처음으로 회장이 되었고, 2015에는 세계화학올림픽이라 불리는 IUPAC의 총회와 학술회의가 우리나라에서 열립니다. IUPAC는 세계적 문제해결에 화학적 지식을 동원하는 데 앞장서고 있습니다. 미래 화학이 갈 길에 대해 전 세계 대표자들이 함께 토론하는 커다란 장이 우리나라에서 열린다는 것은 참으로 큰 의미를 갖습니다.

▌ "대학은 글로벌 지식 거버넌스 구축에 중추적 역할 담당해야"

● 박수길: 모든 분야에서 국력의 신장을 느끼게 됩니다. 시대가 달라진 만큼 대학의 역할도 달라져야 한다고 생각합니다. 고려대의 경우 세계 명문대학들의 협의체인 Universitas 21, APRU(환태평양대학 협회), APAIE(아시아 태평양 국제교육협회) 등에 가입해 주도적인 역할을 하고 있는 것으로 알고 있습니다. 지성의 전당으로서 대학은 정치·경제·사회·문화 등 각종 문제에 대한 깊은 통찰을 통해 실질적인 대안을 제시할 수 있어야 하며, 산업부문과의 긴밀한 협력을 통해 산업현장의 요구를 충족시켜야 합니다. 특히, 세계 각국이 정치·경제·사회적으로 긴밀히 연결되어 있는 현실에서 대학은 글로벌 지식 거버넌스 체제 구축에 중추적인 역할을 해야 합니다. 대학은 기업과 국가에 비해 자유롭고 활발한 교류가 가능합니다. 우리 대학들이 세계 유수대학들과의 적극적인 교류·협력을 통해 경쟁력을 높이는 동시에, 세계 경제의 지속 성장, 기후 변화, 빈곤 등 전 지구적 과제의 해결에 노력함으로써 우리나라는 물론 국제사회에 기여해야 한다고 생각합니다.

○ **진정일:** 동감합니다. 최근 고려대를 비롯해 국내 여러 대학들이 국제협력에 적극성을 띠고 있는 현상은 글로벌 거버넌스 관점에서 보면 매우 바람직합니다. 대학은 새로운 지식창출의 장인 동시에 지식의 보고이며 지식이 전파되는 곳입니다. 지식의 창출과 전파에는 국제교류 및 국제협력이 매우 중요합니다. 다시 말해 글로벌 거버넌스의 중요성, 그에 대한 참여 및 리더십 발휘 등에 관한 트레이닝 장소로 대학이 더욱 중요해지고 있습니다.

● **박수길:** 중요성이 커지는 만큼 대학교육의 변화도 요구되겠지요.

○ **진정일:** 맞습니다. 세계적 문제를 우리의 문제로 보는 인식의 변화와 함께 이에 대한 올바른 교육이 필요합니다. 글로벌화 시대에 우리가 보는 가장 뚜렷한 현상은 국지적 문제가 쉽사리, 빠른 속도로 세계적 문제(Global Issue)화되는 점입니다. 세계 속의 농산품 및 공산품의 빠른 이동, 질병의 확산, 자원의 공급 및 분포에 따른 문제, 천재지변 그리고 국지 및 국제적 영향, 지식과 인력의 흐름 등을 생각해 보면 대학교육에 어떤 변화가 요구되는지 쉽게 이해할 수 있다고 봅니다. 다시 말해 대학이 글로벌 거버넌스 시대에 차지할 몫은 계속 커질 것이며, 대학은 이런 사명을 다할 수 있도록 진화하여야 합니다.

● **박수길:** 제 생각도 같습니다. 특히 글로벌 지식 거버넌스 시대에 고려대가 중추적인 역할을 잘 수행하여 빠르게 발전할 것으로 낙관합니다. 최근 고려대 학생은 과거의 일반적 인식과는 달리 유연하고 개방적인 사고를 가지고 국제적 감각도 풍부해졌다는 평가를

받고 있습니다. 저는 우리 학생들에 대한 기대가 매우 큽니다. 역시 학생들은 활짝 열린 마음으로 온 세계를 무대로 생각하면서 큰 꿈을 키워가야 합니다. 모든 세계인과 경쟁, 협동하면서 마음껏 뛸 준비를 해야 합니다. 또한 연구와 인재양성에 힘쓰고 있는 교수들, 교내 인프라의 개선과 국제협력을 위해 노력하고 있는 교직원들, 각자의 위치에서 모교의 발전을 위해 적극적으로 노력하고 있는 교우들과 더불어 고려대는 글로벌 지식 거버넌스 시대에 잘 적응해 세계 유수의 대학으로 발전할 수 있을 것이라고 확신합니다.

○ **진정일:** 그렇습니다. 사회가 요구하는 인재상도 예전과는 확실히 달라졌습니다. 무엇보다 우리나라, 고려대, 자기 자신 모두를 세계라는 거울을 통해 볼 수 있는 능력을 키워야 합니다. 세계 구석구석에서 어떤 일이 일어나고 있으며, 그 사건 및 소식의 역사 및 문화적 배경, 정치 경제적 현황 등을 이해하고 그 해결책을 고민하는 태도를 지녀야 합니다. 세계는 빠르게 변하고 있으며 새로운 질서가 마련되는 과정을 거치고 있습니다. 글로벌 거버넌스가 가장 중요한 시대가 우리 앞에 와 있다는 것을 학생들이 꼭 명심했으면 좋겠습니다.

● **박수길:** 요즘 학생들은 고용없는 성장의 경제구조하에서 대학에서도 치열한 경쟁으로 자신의 미래에 대한 설계와 준비를 여유롭게 하지 못하고 인생에 대한 시계(視界)가 단기적이라는 느낌이 듭니다. 기성세대로서 미안하면서 안타까운 마음이 큽니다. 비록 현실은 힘들고 고단하겠지만, 자신의 꿈을 잃지 않기를 바랍니다. 또한 자신의 위치가 어디에 있는지 수시로 점검해야 합니다. 자신에

대한 치열한 성찰이 없다면, 인생의 방향을 잃기 쉽고 세월은 빠르게 흐릅니다. 아시다시피 고려대학교의 교훈은 '자유(LIBERTAS)', '정의(JUSTITIA)', '진리(VERITAS)'입니다. 고려대학교 학생들이 대학에서 인간적 자유를 실현하고 진리 탐구에 열정을 바치는 것 이외에 앞으로 살면서 정의를 실현하는 데 노력하기를 바랍니다. 최근 자주 논의되고 있는 '공정한 사회'라는 화두에서 알 수 있듯이, 치열한 경쟁 속에서 '정의'라는 개념은 사회의 유지와 발전에 매우 중요합니다. 우리 학생들이 각자의 성공뿐 아니라 국내 및 전 세계의 여러 문제에 관심을 지속적으로 가지고 이의 해결을 위해 각자의 위치에서 기여하기를 바랍니다.

_『고대 TODAY』(2010 가을, 통권 42호)

국제사회의 주도국가로 나설 때다

유엔안전보장이사회의 비상임이사국인 한국이 국명의 영어 알파벳 순서에 따라 지난 5월 한 달간 의장직을 맡았다. 이 기간은 자이르 모부투 정권의 실각과 시에라리온의 쿠데타 성공, 아프가니스탄 내전 격화 등으로 인해 그 어느 때보다도 세계 분쟁 지역의 갈등이 최고점에 달했던 시기로 모두 4건의 안보리 결의와 8건의 의장성명이 채택됐다.

안보리 초임국인 한국은 또 5월 21일 '분쟁지역의 난민들에 대한 인도적 차원의 보호'라는 주제로 안보리 공개토론회를 주관하고, 이를 토대로 6월 난민 학살 및 인권유린 집단에 대한 안보리의 경고를 담은 의장 성명을 이끌어냈다. 이 토론회에는 안보리 공개토론회 사상 가장 많은 40개 회원국 대표들이 발표자로 참석해, 최근 자이르 난민 학살 인권 유린 등에 쏠린 각국의 높은 관심도를 반영했다.

주유엔대사로서 가장 바쁜 한 달을 보낸, 주유엔 한국 대표부의 박수길 대사를 한국 대표부 내에서 만나 토론회의 의의와 안보리 의장의 역할, 한국의 전반적인 유엔 외교 등에 대한 이야기를 들었다. 朴 대사는 유엔 외교가에서 '코리안 이니셔티브'로 알려진 '난민 보호' 토론회와 관련 "그동안 주로 국가 간 지역 내 물리적 분쟁 해결에 주력해 온 안보리의 국제평화 유지 임무를 '국가 안보(national security)' 개념에서 '인간 안보(human security)' 쪽으로 전환하는 계기를 마련하고자 했다"고 말했다.

▋ 인간안보

한국이 안보리 의장을 맡으면서 '난민 보호 토론회' 개최를 주도
하게 된 배경은 어디에 있습니까?

A 이 문제의 심각성은 자이르 사태를 보면 대번 알 수 있습니다.
작년 9월부터 시작한 동부 자이르 사태는 5월 17일 모부투 정권
의 몰락으로 일단 매듭지어졌지만, 아직도 20여만 명에 이르는
후투족 난민들의 행방이 묘연하지 않습니까. 또 카빌라 반군이
승승장구하는 동안에도 투치 반군들의 후투족 난민들에 대한 조
직적인 학살과 인권 유린 보고는 끊이지 않았고, 지금도 현지 민
간 구호단체들을 통해 반군들의 후투족 학살 케이스가 계속 유엔
에 접수되고 있어요.

79년 이래 사실상 계속 내전중인 아프가니스탄을 보십시오. 무려
3백80만 명의 난민이 고국을 떠나 인근 국가를 떠돌고 있지만,
내전이 격화되면서 유랑 난민의 발생과 이들에 대한 인권 유린사
례는 끝이 없어요. 따라서 '국제평화를 저해하는 주요 이슈로서
이제 이 난민 문제에 대해 적극적으로 대처하자' '인권 유린과 고
통을 받는 난민들을 인도주의와 국제법에 기초해 보호해야 한다'
는 것이 토론회의 주된 취지입니다.

▋ 가장 많은 국가가 참석한 토론회

Q 안보리 경력이 짧은 한국이 각국 대표들이 참여하는 '난민 보호'
안보리 공개 토론회를 주도한다고 하여, 회원국들 간에 토론의

주제만큼이나 성공 여부에도 관심이 쏠렸습니다. 그만큼 위험부
담이 컸다는 얘기인데, 성사되기까지 어땠습니까?

A 이 토론회는 '난민 보호' 문제의 안보리 의제 채택에서부터 실제
토론회 개최에 이르기까지 완전히 '코리아 이니셔티브'였습니다.
이미 4월 말부터 안보리 각국과 접촉을 하면서 '난민 보호'를 안
보리 의제로 채택하자고 발제를 했죠. 우리로서는 투자를 무척
많이 했어요. 안보리에서 의장국이 주도해 공개토론회를 열고 이
를 의장 성명으로 결론짓기는 최근 안보리 역사에서 제 기억으로
는 작년 8월 독일이 의장을 맡으면서 '지뢰 문제'를 다룬 이래 두
번째입니다. 그만큼 의장을 맡은 국가에서는 한번 의욕을 부리고
싶으면서도, 선뜻 나서지 못하는 게 바로 이 공개토론회입니다.
특히 '난민 보호'는 안보리가 그동안 별로 관심을 쏟지 않은 분야
였고, 안보리의 권능에 대해 새 지평선을 열었다고 해도 과언이
아니지요. 역대 안보리 공개토론회 중 가장 많은 국가들이 참석
했어요.

이론도 없지 않았어요. 이미 '유엔고등난민판무관실'이나 '유엔고
등인권판무관실,' 각종 구호 기구가 난민 보호에 간여하고 있는
데, 안보리의 권한이 너무 강화되는 것 아니냐는 의견도 있었어
요. 중국도 이게 '내정 불간섭' 원칙에 위배된다 해서 토론회 개최
를 처음엔 망설이더군요. 솔직히 '한국이 주도하지 않았으면 토
론회 개최 자체에 반대했을 것'이라고 했어요. 그래서 중국 대사
와도 수차례 만났습니다. '아프가니스탄이나 구 자이르 난민 사
태를 봐라. 안보리가 이 문제를 계속 외면할 수 있느냐'고 이 문
제의 심각성을 설명했어요. 당일 토론은 오전 10시부터 오후 8시
반까지 진행돼 모두 40개국 대표와 유엔고등난민판무관실, 유엔

아동기금, 국제적십자사 대표들이 발표를 했어요.

나중에 유엔인도지원국의 야스시 아카시 사무차장을 비롯한 각국 대사들로부터 '한국이 이 문제에 적극적으로 나서서 국제사회의 관심을 이끌어줘 고맙다'는 인사를 많이 받았습니다(안보리는 자이르 내전이 한창이던 작년 12월 캐나다 주도로 난민 보호 목적의 '다국적군' 파견을 승인한 바 있으나, 이는 끝내 실현되지 않았다. 이 탓에 '유엔고등인권판무관실' 및 각국의 민간구호 단체들로부터 안보리가 '인권 보호'에 소극적이라는 비난이 많았다). 한국으로서는 또 이번 토론회를 통해 우리의 국가 이익이 직접 걸리지 않은 분야에서 국제사회에 적극적으로 기여하는 역할을 했다고 봅니다.

▌의장의 역할

Q 토론 내용을 살펴보면, 민간 구호단체들이나 유엔 산하 인도주의 기구들은 "분쟁지역에 '인도적 목적의 난민 보호군(軍)'을 파견해야 한다"는 주장인 반면에 강대국들은 "군(軍) 파견은 '현실적'이어야 한다"는 의견이 많았습니다. 토론의 결론을 어떻게 보시는지요.

A 안보리가 '분쟁 지역하의 난민 보호'에 대해 뚜렷한 관심을 나타냈다는데서 우선 의의를 찾아야 합니다. 토론에 참석한 회원국 중 거의 대부분이 '난민 보호'의 필요성을 역설했어요. 우리가 이미 초안을 짜, 같은 비상임이사국인 케냐가 비동맹국가안(案)으로 다음 달에 제출할 의장성명에는 '난민을 학살하고 그 인권을 침해하는 집단이나 나라에 대해서는 안보리가 제재위협을 가하겠다는 메시지를 담고 있습니다(朴 대사와 인터뷰를 하는 시점에서는

아직 의장 성명이 발표되지 않았다).

Q 안보리 의장의 역할로 화제를 돌리겠습니다. 거부권을 지난 상임 이사국들의 세력정치 구도 내에서 이사국 대사들이 그저 순서대로 맡게 되는 의장직은 상징적일 뿐, 그 권한은 제한돼 있다는 견해가 있는데요.

A 안보리를 들여다보면 상임이사국들 간에 서로 영향을 유지 확대하려고 이해관계가 대단히 맞서는 게 사실입니다. 유엔의 한정된 자원을 어떻게 쓰느냐를 놓고 의견이 팽팽하게 맞섭니다. 예를 들어, 미국은 그루지야, 타지키스탄과 같은 러시아 주변 중앙아시아 국가들에 대해서는 러시아 세력권으로 보고, 유엔의 자원을 그쪽에 쏟는 것을 별로 원치 않아요. 그러나 저쪽에서는 당연히 조금이라도 더 가져가려고 하죠. 반대로 중미의 아이티는 미국의 영향권이라 생각해서, 러시아와 중국은 유엔 차원의 개입에 소극적입니다. 또 분쟁 지역마다 주도하는 국가들도 달라요. 아프리카의 시에라리온이나, 그리스계와 터키계가 계속 다투는 사이프로스는 모두 과거 영국이 주도권을 쥐려고 하고 … 콩고(구 자이르) 사태를 보는 시각도 프랑스와 미국이 서로 다릅니다. 따라서 형식은 기계적일지 몰라도, 의장은 이러한 이해관계의 충돌을 막고 유엔이 갖고 있는 자원을 가장 효과적으로 활용할수록 다이내믹하게 조정해야 합니다.

▮ 카다피 외유 놓고 신경전 벌이기도

Q 이사국 간의 이해관계 조정이라는 문제를, 보다 구체적인 사례를 들어 말씀해 주시지요.

A 5월 초순에 리비아 지도자 카다피가 리비아 비행기를 타고, 니제르와 나이지리아를 오갔습니다. 그런데 지난 92년의 안보리 결의안은 리비아가 그해 스코틀랜드 상공에서 발생한 여객기 폭파사건의 주범들을 인도하지 않는다 해서, 리비아 비행기의 다른 국가 이착륙을 금지하고 있어요. 이번 사건은 안보리 결의에 명백히 위배된다는 것이 미국의 입장이었어요.

미국 측에서는 아예 카다피의 이름이 명시된 의장성명 초안을 들고 저한테 왔습니다. 아주 강경했지요. 그런가 하면, 이미 수상까지 지냈던 리비아의 도다르 신임 대사는 이를 막는 데 결사적이었고, 같은 안보리 이사국인 이집트 중 아랍권 국가들도 이런 의장성명에는 소극적이었지요. 우리나라는 미국뿐 아니라 리비아와도 밀접한 경제관계를 갖고 있는 나라 아닙니까. 이걸 의장국인 한국이 이해관계가 얽힌 각국과 수시로 접촉을 해서, '결의안 위반'이라는 문구가 들어가는 대산 '카다피'의 이름은 빼기로 절충해 20일에 의장성명을 냈지요.

의장 임기 막바지인 29일에 낸 콩고(구 자이르) 관련 의장 성명 채택 때도 마찬가지입니다. 성명의 주 내용은 '자유 민주 선거 실시, 후투 난민 학살설에 대한 유엔 조사단 수용' 등이었어요. 이걸 미국이 초안을 만들어 왔는데, 중국이 '내정 불간섭'의 원칙을 들어 안보리의 공식적인 반응에 반대한다 이겁니다. 의장인 저는 이 문제가 워낙 골치가 아프니까, '15개 이사국들끼리 전문가 그룹을 짜 보다 합의된 문안을 갖고 올 때까지 기다리자'고 했어요. 그런데 미국의 빌 리처드슨 대사가 회의에서 아예 '한국이 중재를 해, 타협안을 만들어 달라'고 했고, 이사국들이 찬성을 해 버렸어요. 미국으로서는 또다시 실무회의에 맡겨버리면 얼마나 시간이 또 지체될지, 문구가 어떤 식으로 수정될지 좀 불안했던 것 같아요. 그래서 의장실에서 하루 종일 이사국 대사들과 개별 접촉을 가졌어요. 중국은 '내정 불간섭에 관련되는 부분을 좀 완화하고, 선거 관련 언급도 약화해 달라'는 거예요. 그래서 제가 중국 대사에게 '중국도 인민의 선택을 존중하지 않느냐. 이를 가장 바람직하게 실현하는 것이 자유롭고 공정한 선거 아니냐'고 했고, 정권 장악에 성공한 자이르의 반군 지도자 로랑 카빌라에게 '학살 진상 유엔 조사단'을 수용하라는 요구를 중국이 '내정 불간섭'이라는 이유로 반대한다면 명분이 약하다고 계속 설득을 했지요. 결국 미국이나 중국이나 발표된 의장성명 문안에 만족을 표시했습니다.

■ "비토도 제한해야 한다"

Q 일부에서는 안보리가 '국제평화와 안전의 유지'라는 헌장에 명시된 임무를 벗어나 너무 내정에 개입한다고 주장하는데요.

A 냉전 후에 국제 전쟁은 이라크의 쿠웨이트 침공 하나뿐입니다. 나머지는 수단이니 르완다 학살이니 부룬디 쿠데타, 동부 자이르 사태, 아프가니스탄, 아이티니 모두 국내 사태죠. 문제는 이게 다 그 지역의 평화와 안정에 바로 직결된다는 데 있어요. 아프가니

스탄도 형태는 내전이지만, 이란, 타지키스탄, 투르크메니스탄이 다 연결돼 있어요. 안보리가 개입할 수밖에 없지요. 법률적으로는 상당히 비판이 있을 수 있습니다. 유엔헌장 2조 7항에 '내정 불간섭'이 들어가 있으니까. 그러나 이는 '법의 진화'로 봐야 할 겁니다. 헌장 개정이 쉽게 안 되니까, 법이 현실에 맞춰가면서 스스로 발전해 가는 거죠.

Q 안보리 개혁문제로 화제를 돌리겠습니다. 한국은 '비상임 이사국만 증설하자'는 입장입니다만, 이로 인해 상임이사국 진출을 노리는 일본 측과 관계가 미묘하지는 않습니까.

[A] 우리 입장은 기본적으로 '지금 민주화가 세계적인 추세인데, 왜 선거 치르지 않는 상임이사국 특권층을 더 늘리려 하느냐, 왜 유엔은 시대를 거꾸로 가려고 하느냐'는 겁니다. 다만 일본은 우리를 자꾸 의심하죠. '자기네 때문에 한국이 상임이사국 증설을 반대한다' 이거예요. 그래서 제가 일본 대사에게도 여러 번 설명을 했어요. '일본의 상임이사국 진출 문제는 부차적이다. 거기에 대해선 조금도 오해하지 말라. 먼저 21세기 민주화 시대에 걸맞은 유엔의 밑그림을 그려야 하는 것 아니냐'라고요.

또 비토 5개를 갖고도 진저리를 내는데, 어떻게 또 비토를 쥔 상임이사국을 더 만듭니까. 더 나아가서 '비토도 제한해야 한다'는 게 우리 입장입니다. '사무총장 뽑는 데 비토 쓰지 말자', '분쟁조정, 평화 조치에 비토 쓰지 말자'는 거죠. 헌장 7장에 의한 강제조치에만 쓰자는 게 대세 아닙니까.

▌"너희 비동맹 잘돼 가느냐"

Q 상임 이사국들의 생각은 어떻습니까.

A 안보리 개혁은 권력정치의 핵을 건드리는 것입니다. 미국은 '상임, 비상임 15개국 해 봐도 많다'는 겁니다. 자기네들 마음대로 해야 하는데, 중국이 말을 안 듣고, 프랑스도 세력권이 다르니까 말을 안 듣고 … 여기다 상임이사국을 다섯 개 더 설치해 거부권을 주면 통제 불능이라는 겁니다. 그런데 일본과 독일이 들어오는 것은 좋다는 거예요. 영국과 프랑스도 찬성이고요. 두 국가가 들어오면 미국은 25%인 지금의 예산 분담금을 20%로 줄이고 이를 일본과 독일이 더 분담하게 한다 이거죠. 미국은 상임이사국에 개도국 3개가 들어오는 것에 대해선 확실한 태도를 보이지 않습니다. 그러나 비공식적으로는 '거부권 없이 들어온다면야 꼭 반대할 필요는 없다'는 생각인 것 같더군요.

근데 중국이나 러시아는 일본, 독일 들어오는 문제에 대해 분명치가 않아요. 특히 일본에 대해서 … 개인적인 생각이지만, 중국이 어떤 경우에도 일본이 거부권을 갖고 들어오는 것은 용납하지 않을 겁니다. 동북아시아에서 중국이 지금 거부권을 갖고 엔조이하고 있는데, 앞으로 이 지역 문제가 언제 안보리에서 토의가 될지 모르는 마당에 이를 일본과 공유하려 하겠어요. 그러면 '거부권 없이 들어오는 일본에 대해서는 찬성을 하겠느냐는 것인데, 상당히 의문이 제기됩니다. 상임이사국은 선거 없이 계속 안보리에 있는 것인데, 중국과 러시아가 이를 어떻게 볼지 …

Q 유엔이 다변적인 외교무대의 핵심인데, 우리와 비동맹국가들과의

관계는 어떻습니까.

A 냉전이 끝나면서 비동맹 세력이 이제 힘을 못 쓸 것이라는 얘기가 많았어요. 그런데 유엔에서는 정치, 경제에서 비동맹세력이 자꾸 증가하고 있습니다. 우리는 안보리에서 다섯 개 비동맹 이사국들의 비공식 모임인 '비동맹 코커스'에 옵서버로 들어가 있습니다. 비동맹 외교가 매우 중요하기 때문입니다. 그래야 정보를 우리가 많이 얻을 수 있습니다. 전에 일본이 비상임이사국을 할 때 당시 일본 대사가 하는 말이 '프랑스, 미국, 러시아 대사들이 우리한테도 정보를 안 줘서 겉돌 때가 너무 많다'는 거예요. 내 건의를 받고 공로명 당시 장관께서 결단을 내려 안보리 비상임이사국이 된 뒤 바로 비동맹 코커스에 들어갔죠. 그랬더니 이북이 항의를 했어요. 그러니깐 안보리의 이집트 대사가 '이건 안보리 비동맹 모임인데 너희가 무슨 상관이냐'고 우리 편을 들어줬어요. 요즘은 스웨덴도 옵서버로 참여하고 있습니다.

그 다음에는 지금 국무장관인 미국의 올브라이트 대사가 반대를 했어요. 내가 '이건 정보 공유를 위해서 들어간 것이고, 당신들한테도 도움이 될 거다'라고 했더니, 올브라이트 대사 얘기는 '한국이 거기 가 앉아 있는 것이 남한테 주는 퍼셉션이 중요하다' 이겁니다. 미국의 우방인 한국의 비동맹그룹 참가는 영어로 'oxymoron(모순된 어휘의 조합)'이라는 거예요.

미국이 우리 정부에도 여러 번 항의를 했어요. 그래서 제가 올브라이트 당시 대사한테 '우리가 비동맹에 참가하는 것에 대해 반대하는 나라가 희한하게 두 나라 있다. 하나는 미국이고, 다른 하나는 북한'이라고 농담한 적도 있습니다. 요새 빌 리처드슨 미국 대사는 나한테 '요즘 너희 비동맹 잘돼 가느냐'고 농을 건넵니다.

한국이 통일을 하는데도 미국의 협조는 필요조건이고, 전 세계의
지지와 후원을 받아야 하지 않겠어요.

▌"미국과 의견 다른 부분도 많아"

Q 그러다 보면 전통적이 대미 외교 기조와 마찰을 빚을 수도 있을
텐데요. 작년 말 부트로스 부트로스-갈리 사무총장의 재선 투표
에서도 우리가 찬성을 한 것을 놓고 유엔 외교가에서는 상당히
이례적으로 받아들였던 분위기도 있었고요.

A 우리 외교는 과거 단선적인 외교였습니다. 우리의 대일-대미관
계가 그렇게 할 수밖에 없었고. 그러나 이제 우리나라가 커지니
까, 외교가 다원-다변화가 되면서 아프리카, 남미 국가들, 제3세
계와도 강력하게 관계가 설정될 수밖에 없어요. 안보리에서도 우
리가 미국과 의견을 달리 하는 부분이 많습니다. 하지만 전에 올
브라이트 대사에게도 '우리가 미국의 의견에 90% 동의하고, 10%
달리하더라도 이것은 한국이 성장했기 때문에 있을 수 있는 거니
까, 조금도 오해하지 말라'고 얘기한 적이 있어요. 물론 지금 한
미 동맹에는 조금도 영향이 없어요. 우리 외무부와 미국 국무부
와도 협조가 아주 잘되고 있고요.

지난번 부트로스 부트로스-갈리 사무총장 선거 때 본부(외무부)
에서는 '기권을 하자'고 했어요. 그때 나는 '그러면 우리가 지금까
지 제3세계에 쌓아 놓은 것을 완전히 망치게 된다'고 했습니다.
이때 미국이 거부권을 행사하고, 한국이랑 영국이 기권하고, 또
예를 들어 팔레스타인 문제에 대해서 미국이 거부권을 행사하고

한국이 기권한다면, 한국의 대외 이미지가 어떻게 되겠습니까. 본부에서는 대통령에게 이미 보고된 사항이라고 하는 것을 제가 고집했어요. 미국에게도 충분히 설명을 했습니다. '당신들은 한국이 부트로스 부트로스-갈리를 지지하더라도 이를 소화할 수 있지만, 우리는 이를 반대하면 한국의 대외 이미지는 치명적인 영향을 받을 수 있다'고요.

Q 지난 4월 초 뉴델리 비동맹 외무장관 회담에는 한국이 게스트 자격으로 참석했는데, 우리가 비동맹회의에 초대된 것은 처음 있는 일 아닙니까.

A 비동맹 국가들의 유엔대사들이 회담 1주일 전쯤 뉴욕에서 대사급 조정회의를 가졌습니다. 여기서 게스트를 결정하는데, 원래 비동맹 결정이라는 게 콘센서스로 합니다. 그런데 이 콘센서스라는 것이 해석하기 나름이에요. 한 나라가 반대하는 것을 극복할 수도 있고, 못할 수도 있고… 그때도 북한이 아주 강력하게 반대를 했지만, 케냐, 기니-바소, 칠레 이런 나라들이 '어떻게 한 나라가 반대하느냐'면서 우리를 밀어줬어요. 우리로선 비동맹 회의에 게스트로 초청받기가 처음이니까 아주 획기적이었죠. 일본도 지난번 회의 때는 '안 된다'고 했었는데, 우리가 되니까 이번에 따라서 '게스트'로 초청된 겁니다. 거기 가서 북한의 김영남 외교부장을 리셉션장에서 만났는데, 내가 '안색이 좋습니다' 했더니 '내가 세계에서 제일 행복한 나라에서 와서 그렇지 않습니까'라고 하더군요.

Q 유엔에서의 북한의 활동은 어떻습니까. 북한 대표부와는 더러 교류가 있나요.

A 북한은 완전히 '실패한 국가'쯤으로 취급되고 있어요. 우선 이런 저런 모임에 통 나타나지를 않고, 사교 행사도 전혀 없고 … 안타까운 일입니다. 글로벌라이제이션(globalization)이라는 세계 흐름에 전혀 동참을 못하고 있으니 … 보도자료를 보면 아직도 '미제국주의의 주구' 등과 같은 냉전 시대의 극단적인 언어로 우리를 비방하고 있어요. 세계정치의 주류에 참여해야 하는데, 매우 고립된 상태죠. 북한 김형우 대사는 얼마 전에 케도 리셉션에서 본 것이랑, 작년 9월의 잠수함사건 때 사무처 로비에서 마주친 게 전부입니다. 김 대사가 '일을 많이 하나 보죠' 하길래 '당신들 잠수함 사건 때문에 그렇소'라고 말한 적이 있어요.

▌ "엄청난 책임감 느꼈다"

Q 다시 안보리 얘기로 돌아가겠습니다. 전에 의장직을 시작할 때 '한국이 한 달간 한반도의 주변 4강들을 이끌고 국제 분쟁을 조정한다는 점에서 뜻 깊다'는 얘기를 언론에 하셨는데, 실제 해보니까 어떻습니까.

A 유엔 외교가에서 일어나는 모든 공식 비공식 행사에서 안보리 의장은 최상석에 앉습니다. 안보리 의장이라는 자리가 초청을 워낙 많이 받아서 일일이 다 참석하지 못할 정도였어요. 이를 통해 바로 세계 외교 무대에서 한국의 영향력이 증대해가는 것 아니겠어요. 제 개인적으로는 과거 김현희 KAL 폭파사건, 김만철 씨 일가 탈출사건, 제네바 쌀협상 등에서 실무로 뛴 적이 있지만, 30여 년의 외교관 경력 중에서 우리가 안보리 이사국인 동안에 유엔대표부

대사를 맡아 의장을 할 수 있었던 것은 더할 수 없는 행운이었습니다. 또 동시에 엄청난 책임감을 느끼지 않을 수 없었고요. 다행히 본부에서 외무부 인재들 중에서도 우수한 인력들을 배려해 주셔서 큰 힘이 됐습니다. 저도 새벽 5시면 일어나서 서류를 검토했지만, 우리 직원들은 새벽부터 밤 12시까지 계속 안보리의 원활한 진행에 매달렸습니다. 공개 토론회나 각종 결의문-의장 성명 문안의 협상과정에서 우리 직원들의 탁월한 능력이 큰 힘이 됐고, 덕분에 의장직을 수행하는 동안에 '한국이야말로 효율성, 공정성의 대변자'라는 찬사를 참 많이 들었습니다. 제가 의장직을 수행하는 동안 북한의 중대한 도발이 없었던 것도 다행스러운 일이지요.

Q 한국은 올 연말에 임기가 끝나는데, 언제 다시 안보리에 들어올 수 있을까요.

A 안보리의 비상임 의석은 지역의 지지를 받아서 대표로 나가는 경우가 많습니다. 우리 자리는 연말에 아시아 지역에서 바레인이 지지를 받아서 혼자 선거에 나갑니다(한국은 올해 12월 말로 비상임 이사국 2년 임기가 끝난다). 올해 아주 이례적으로 한국 일본 중국 등 극동 아시아 국가들이 안보리의 아시아 자리를 다 차지하고 있으니까, 아랍 국가들이 '다음번은 우리 것'이라고 캠페인을 많이 했어요. 하지만 안보리 기능이 계속 확대되고 있으니까, 갈수록 선거가 치열해질 겁니다. 10년 뒤 자리를 놓고 벌써부터 후보로 나서겠다고 공식발표하고 있어요.

제가 운 좋게 이사국 대사를 지낼 수 있었지만, 앞으로도 우리가 10~15년 주기로는 안보리에 참여할 수 있도록 전략을 수립해 건의할 생각입니다. 그러려면 우리가 유엔이나 국제사회에 보다 구체적으로 기여해야 합니다. 국제사회의 성숙한 주도 국가라는 인식을 심어야지요. 구체적으로는 이제 우리도 경제가 나아지면, 재정 면에서도 유엔에 상당히 기여를 해야 한다고 봅니다. 우리는 올해부터 유엔 정규예산 분담금을 바로 정월에 내고 있습니다(한국은 올 1월 1백85개 중 8번째로 8백80여만 달러를 냈다). 올 가을에 각국의 분담금 비율 조정이 이뤄지면 전체 예산의 0.8%에 불과한 우리 분담금도 좀 올라가리라 봅니다.

그러나 이밖에 유엔 내에 설치돼 있는 자발적인 각종 기금에도 적극 참여해야 합니다. 또 UNDP(유엔개발계획), UNICEF(유엔아동기금)와 같은 유엔 산하 각종 기구에도 우리가 적극적으로 기부해 국제사회에 한국의 위상을 높여 나가야지요.

_『월간조선』, 1997.7(이철민 기자)

전환기 세계질서와 유엔의 역할 **10**

 나토공습과 유엔안보리

부트로스 부트로스-갈리 전 유엔사무총장은 1994년 아프리카 루안다에서 발생한 종족분쟁으로 50여만 명의 투치족이 살육되었을 때 서방세계가 방관했으나 유럽 심장부에 있는 보스니아 내전에는 엄청난 물량을 투입하여 적극 개입했던 사실을 비판했다. 그는 전자를 서방으로부터 버림받은 '고아의 전쟁'으로, 후자는 서방이 도와준 '부자의 전쟁'으로 비꼬아 비유했다. 지난 수일 동안 북대서양조약기구(나토) 공군의 유고 공습이 진행되고 있는 가운데 발생하고 있는 수많은 피난민과 코소보에서 자행되고 있는 대량학살은 발칸반도에 인도적 위기상황을 초래하여, 코소보전쟁이 어떻게 불리든 하루속히 종결되어야 할 전쟁임을 웅변하고 있다.

현 코소보 사태에 대한 주된 책임은 밀로셰비치 유고 대통령에게 있다고 국제여론은 보고 있다. 그는 냉전체제가 붕괴된 1989년 코소보 알바니아인의 자치권을 박탈하는 한편, 91년에는 세르비아 민족주의를 부추겨 슬로베니아, 크로아티아, 보스니아의 세르비아 민족에게 내전을 유발케 했다. 그래서 '大세르비아' 건설을 기도했으나, 강대국의 개입으로 현재의 '小세르비아'로 후퇴하고 말았다. 그는 미국, 프랑스, 러시아 등 6개국 그룹이 최근 코소보의 자치를 내용으로 한 평화안을 제시했을 때, 그것은 나토 평화유지군의 코소보 주둔을 전제하고 있다는 이유를 들어 거부했고, 나토는 밀로셰비치 대통령으로 하여금 평화안을 수락케 하는 유일한 방법은 무력사용밖에 없다는 결론에 도달한 것이다.

▌중국 등 "안보리 승인 없어 국제법 위반" 주장

한편 나토공군의 유고 공습은 유엔과의 관계에서 심각한 법적·정치적 문제를 제기했고 국제여론의 분열도 야기하고 있다. 코피 아난 유엔사무총장은 지난 3월 24일 성명에서 "유엔안전보장이사회는 유엔헌장상 국제평화와 안전의 유지에 대하여 주된 책임을 지고 있으므로 무력사용 결정에 당연히 관계해야 한다"고 언명했다.

나토 공습 후 소집된 안보리 긴급회의에서 미국, 영국, 프랑스 등 국가들은 나토의 군사적 조치는 인도적 재앙을 방지하기 위한 부득이한 조치로서 유엔헌장상 용인되고 또 과거 안보리가 채택한 코소보관계 결의에 의해서도 정당화된다고 주장했다. 그러나 러시아, 중국, 인도 등 국가들은 나토의 군사조치가 안보리의 승인 없이 자행된 것이므로 유엔헌장 및 국제법 위반행위라고 주장했다.

이와 관련하여 한 가지 주목되는 점은 지난 3월 27일 러시아가 제안한, 나토 공습 중단 촉구 결의안의 처리결과이다. 이 결의안에 대해서는 러시아, 나미비아, 중국이 찬성하고 여타 13개국이 반대하여 부결되었으나, 국제여론의 분화는 그 후 더욱 심화되었고 미국과 러시아, 미국과 중국 간의 관계는 긴장되었다. 물론 코소보 사태는 기본적으로 정치적 문제로서 정치적·외교적 해결책이 요구되는 것이므로 법적 측면에서만 처리될 문제가 아닌 것은 명백하다. 그러나 유엔안보리가 지역기구의 무력사용 결정에 참여하지 않았다는 사실은 유엔의 권능과 안보리의 신뢰성에 대한 심각한 손상이 아닐 수 없다.

코소보 사태는 인도적 면에서나 발칸지역의 평화를 위해서나 조속히 해결되어야 할 분쟁이다. 이 분쟁은 알바니아, 마케도니아, 불가리아 등 주변국가에 잠재하는 종교적·인종적 반목과 민족주의에 불을 지펴 발칸반도의 비극적인 역사를 되풀이할 수 있는 폭발적 위험을 내포하고 있다. 세르비아와 전통적 우호관계에 있는 러시아의 프리마코프 총리가 엊그제 베오그라드를 방문, 밀로셰비치 대통령과 중재안을 논의한 것으로 알려져 있으나 그것은 공습중지를 전제하고 있어 전망이 밝지 못한 것으로 보인다.

이번 나토의 무력사용을 둘러싼 러시아와 중국, 그리고 미국 등 나토 국가의 상충하는 입장에 비추어볼 때 그것이 중·장기적으로 유엔안보리의 평화유지기능에 미칠 부정적 결과를 과소평가해서는 안 된다. 그것은 냉전 붕괴 직후 걸프전에 대한 안보리의 사전승인이 상임이사국 전원의 지지로 채택된 것과는 대조되는 사실로서, 21세기를 앞두고 안보리의 기능을 효율화하는 국제적 노력에 암운을 드리운다.

미국의 헌팅턴 교수는 최근 한 논문에서 "양극체제하에서는 많은 나라들이 미국을 소련에 대한 그들의 보호자로 환영하였다. 그러나 오늘의 세계에서는 유일한 초강국(미국)은 자동적으로 다른 중요국가들에 대한 위협이 되고 있다. 이제 미국은 현재의 세계가 일극체제인 것처럼 말하고 행동함을 지양해야 한다"고 경고하고 있다. 헌팅턴 교수의 충고는 미국이 '지배'하기보다 '지도'하는 입장에서 유엔의 다원주의 원칙을 더욱 강화하는데 기여해야 함을 시사한다고 할 수 있으나, 그것이 권력정치의 현실에 대한 만족할 만한 대답을 주는 것은 아니다.

_『문화일보』, 1999.4.1

🌱 냉전 이후 유엔의 새 과제

냉전종식으로 인류는 보다 평화로운 세상에서 살 것으로 기대했으나 보스니아, 소말리아, 르완다 등 사태에서 보듯 지구상 여러 곳에서 아직도 많은 분쟁이 계속되고 있다. 유엔 통계에 의하면 94년 말 현재 29개국에서 분쟁으로 인한 인명살육이 계속되고 있고 이로 인해 3천만 명이 넘는 난민이 긴급한 인도적 구호의 대상이 되고 있다. 유엔이 이러한 사태에 대처하기 위하여 평화유지활동 등을 강화하고 있는 것은 지극히 당연하다. 그러나 유엔의 활동과 관련하여 한 가지 주목할 사실은 최근 보다 근본적이고 장기적 시각에서 분쟁에 대처해 나가고 있다는 점이다.

즉, 유엔에서는 요즈음 '개발을 위한 과제' 토의, 사회개발정상회담개최 등 개발문제 논의가 한창이다. 금년 들어 설립 반세기를 맞는 유엔은 다가올 새로운 세기의 진정한 세계평화는 경제·사회적 안정이 뒷받침되어야 한다는 것을 인식하게 되었다. 경제·사회적 안정은 개발을 통해서 이루어질 수 있고 또 개발은 평화의 전제조건이다. 냉전시대에는 무력에 의한 평화와 안보윤리가 국제사회를 지배했으나 이제는 인간의 삶의 질을 향상시켜주는 경제·사회개발문제가 인류 초미의 관심사로 등장하게 된 것이다.

지구상에는 현재 57억의 인구가 있다. 이 중 4분의 1에 해당하는 14억 이상의 인구가 절대빈곤 속에서 살고 있다. 그런데 인구는 매년 약 9천만 명씩 증가하고 있다. 인구증가로 인한 식량부족 환경황폐화 천연자원 고갈현상은 가속화되고 있다. 여기에 더해 세계는 냉전시대 정치

우선으로 개도국의 개발이 등한시되어 선진국과 후진국 간 빈부의 격차가 커졌다. 선진국에 속하는 인류의 약 20%가 세계 GNP와 무역의 80% 이상을 차지하고 있다는 사실은 국제사회의 불안정성을 그대로 나타내고 있다.

유엔의 판단에 의하면 세계는 지금 '조용한 위기'를 맞고 있는데 그것은 핵폭탄의 위협과 함께 '저개발의 폭탄'이라는 위협을 안고 있다는 것이다. 이를 계속 방치한다면 국제평화와 안정에 중대한 위협이 된다고 판단된다. 그래서 무력에 의한 안보유지보다 개발을 통해 다수의 빈곤층에 최소한의 기본 욕구를 충족시켜 주는 인간안보 마련이 시급한 과제로 부상하고 있는 것이다. 인간안보는 국제평화와 안전유지에 대한 사후처방이 아니고 사전예방이다. 빈곤추방 문제가 금년 3월 코펜하겐에서 개최될 사회개발정상회의의 핵심주제로 채택되었으며, 다가오는 21세기 국제사회의 가장 중요한 과제로 인식되고 있는 이유도 바로 여기에 있다.

유엔은 90년대에 들어서 참된 평화는 개발 없이는 이룩될 수 없다는 명제 아래 개발문제를 인류가 당면한 가장 큰 과제로 다루기 시작했다. 교통과 통신의 급속한 발달과 경제활동의 범세계화 등 국가 간 상호의존관계가 심화되어 세계는 지구촌화하고 있다. 국경을 초월하는 환경문제가 그렇고, 보스니아의 총성이 모든 나라의 안방에서 들리며, 대량난민이 모든 나라의 문턱에 와 있다.

그래서 이제 모든 나라들은 상호협력의 필요성을 절감하게 됐다. 선진국들은 가난한 나라의 사람들이 기아 질병 문맹을 극복하고 건전한 환경에서 살면서 일자리를 갖도록 도와주는 것이 곧 자기들의 평화와 안보에 도움이 된다는 것을 인식했다. 개도국들 또한 핵비확산 환경 인구 등 범세계적 문제 해결을 위한 협력이 결국 그들의 이익에 귀착됨을 인정하지 않을 수 없게 되었다. 유엔이 90년 이후 대규모의 경제·사회개발회의를 이미 개최했거나 예정하고 있는 것이 이를 잘 반영하고 있다.

92년 6월에는 리우에서 '세계환경과 개발회의(UNCED)'가, 94년 9월에는 카이로에서 '세계인구 및 개발회의(ICPD)'가 개최된 바 있다. 또 금년 3월의 코펜하겐에서 사회개발정상회의가 개최될 예정이고, 9월에는 북경에서 세계여성회의가 열린다. 이제 국내에서 국민복지증진에 대한 정책제시가 없으면 통하지 않는 것처럼 국제사회에서도 인류의 복지증진에 대한 정책 비전이 없으면 통하지 않게 되었다.

개발문제와 관련해 유엔이 당면한 도전은 산적해 있다. 그 첫째가 개발재원 마련이다. 70년 국제사회는 선진국들이 GNP의 0.7%를 공적개발원조(ODA)로 제공할 것을 권고했다. 그간 선진국의 평균 ODA는 0.35% 정도를 유지해 왔으니 최근에는 오히려 감소상태에 있다. 둘째, 개발에 관한 국제협력을 효과적으로 추진하기 위해 개발문제를 다루는 국제기구를 개혁하는 문제이다. 이를 위해 정치 분야의 안보리와 같은 경제안보이사회(Economic and Security Council)를 설립, IMF와 세계은행을 유엔 체제 내로 편입시키는 문제 등이 검토되고 있다.

우리 정부가 금년 최우선 국정문제로 세계화전략을 추진하고 있고 또 가까운 장래에 유인안보리 이사국이 되어 보다 역동적인 활동을 할 것을 추진하고 있음에 비추어 볼 때 우리가 국제적 개발증진 노력에 동참하고 기여해야 함은 말할 필요도 없다. 세계화전략은 이미 국내적으로 정치·경제 등 광범위한 분야에서 커다란 변화를 야기하고 있는데, 국제적인 차원에서도 그것은 우리에게 보다 성숙된 자세와 능동적인 공헌을 요구하고 있다. 이러한 면에서 볼 때 김영삼 대통령의 코펜하겐 정상회의 참석은 국제사회에 대한 우리의 기여를 다시금 평가하는 중요한 계기가 될 것이다.

_『매일경제』, 1995.2.21

테러가 안보 우선순위 바꿨다

미국 9·11테러사태 이후 국제질서는 한층 복잡해지고 있다. 미 공화당 정부의 싱크탱크인 헤리티지재단 에드윈 풀너 이사장과 박수길(朴銖吉) 경희대 평화복지대학원장(전 유엔대사)의 대담을 통해 미 테러사태 후 급변하는 국제정세와 남북 및 북미관계를 조망해본다.

■ 생화학무기 위험성 커져

● **박수길:** 9·11테러는 미국만이 아닌, 세계에 대한 공격이었다. 국제사회가 매우 단호하게 대응하는 것은 그 때문이라고 생각한다. 부시 행정부는 테러 이후 신중한 접근을 하고 있다. 미국의 군사작전은 아프가니스탄 국민이나, 아프가니스탄에 대한 것이 아니라 오사마 빈 라덴의 테러조직에 대한 것임을 이해하고 있다. 이번 사태는 국제질서에 큰 영향을 미칠 것으로 본다. 미국의 대외정책 또한 크게 바뀔 것 같다.

○ **에드윈 풀너:** 65개국 국민들이 희생된 9·11테러는 모든 문명세계에

대한 공격이었다. 미국의 테러전쟁은 아프간 국민이나 영토 정복을 위한 것이 아니라 전 세계 국민들에게 위협이 되는 사악한 테러리스트들을 제거하기 위해 나선 것이다. 이번처럼 미국 정계가 하나로 뭉치는 것은 보지 못했다. 국제사회도 하나로 뭉치고 있다. 이슬람권 사회도 과격한 이슬람주의자들과 반인도적인 범죄로 인해 극심한 혼란을 겪고 있다. 이번 테러는 미국에는 '자명종'이다. 지난 20년간 미 구축함 콜호와 동아프리카 미국대사관 2곳에 대한 공격 등 '잠을 깨우는' 자명종 소리가 있었지만, 미국은 단추를 누르고 다시 잠을 청하고 말았다.

- **박수길:** 부시 행정부 인사들이 반드시 일방주의자들이라고 생각지는 않는다. 미국의 국익에 대해 빌 클린턴 정부와는 다른 접근을 하고 있을 뿐이라고 생각한다. 이번 테러 이전에도 전 세계 여론을 집중시킨 일련의 경고가 있었지만 이번엔 미국과 국제사회가 모두 심각하게 받아들이고 있다. 카타르에서 열리고 있는 OIC 회의에서도 미국이 시작한 테러와의 전쟁을 지지했다. 그러나 이슬람권 일각에서는 미국의 공격이 이라크로 확산되는 것을 우려하고 있다. 현 사태를 문명의 충돌이라고 해석하는 일부 전문가들의 견해는 전적으로 틀렸다고 생각한다.
- **에드윈 풀너:** 동감이다. 이슬람을 테러리즘과 동일시하는 생각은 받아들일 수 없다. 몇 년 전 모로코 국왕의 수석자문역을 만났었는데 그는 유태인이었다. 다른 많은 이슬람국가에서 가톨릭 성당을 방문한 기억도 있다. 테러리스트들은 언어와 종교와 문화적 배경에 상관없이 문명사회의 적이다. 문명사회와 비 문명사회의 충돌이 정확한 표현이다.

● **박수길:** 문명사회를 공격하는 사람들은 모두 테러리스트다. 이슬람은 평화를 의미한다. 극소수의 사람들이 문명사회의 파괴에 참가하고 있을 뿐이다. 따라서 테러와의 전쟁이 생산적인 성과 없이 장기간 수행될 경우 부작용이 있을 것이라는 우려도 있다. 이번 전쟁의 형태나 방식이 다르고 장기전을 위한 준비가 필요하다고 생각하지만 이슬람권 일각의 반발도 무시할 수 없다.

○ **에드윈 퓰너:** 미국의 21세기 첫 전쟁인 테러와의 싸움은 아주 장기간 수행될 것이다. 단기간에 해결될 문제가 아니다. 국경이나 전선이 없는 다른 형태의 전쟁이다. 테러리스트들이 갈 곳이 없게 만들어야 한다. 빈 라덴이 아프간에 있는 것은 우연이다. 그는 수단에도 있었다. 테러리스트는 새로운 적이다. 폭격과 설득이 병행돼야 한다.

● **박수길:** 아프간 반군인 북부동맹에 대해 의심스런 시각도 있다. 아프간 역사를 볼 때 외부의 도움으로 집권한 정부는 오래가지 못했다. 북부동맹의 집권이 테러와의 전쟁에서 긍정적인 도움이 되겠는가 하는 점에 의문이 든다.

○ **에드윈 퓰너:** 자신들의 정부를 선택하는 것은 아프간 국민들의 문제다. 미국은 아프간 국민들에게 특정 정부를 강요하지 않는다. 미국은 탈레반에 반대하는 어떠한 세력과도 함께 일할 것이다. 그러나 북부동맹의 집권이 반드시 필요하다고는 생각하지 않는다.

▎美 대외정책 큰 변화 없을 듯

● **박수길:** 미국의 안보정책으로 화제를 돌려보자. 이번 사태는 향후

몇 년 내에는 아니더라도 장기적으로 미국의 동아시아 정책에 어떠한 형태로든 영향을 미치리라고 본다.

○ 에드윈 퓰너: 미 국방부는 「4년 단위 국방전략 재검토(QDR)보고서」를 최근 완성했다. 200쪽 분량의 이 보고서는 비(非) 재래식 전쟁과 해외주둔 미군의 감축 필요성 등이 담겨 있다. QDR보고서 기획자 등은 세계 102곳에 주둔 중인 미군 가운데 20곳을 (감축대상으로) 지목하고 있다. 하지만 주한·주일 미군의 철수가 우선순위라는 말은 아니다. '우리는 미국과 함께 한다'고 단호하게 나서는 국가로는 우선 영국·독일·프랑스·이탈리아 등을 꼽을 수 있다. 동아시아에선 단연 한국과 일본이다. 장기적으로 미국의 대외관계에 변화요인은 없다고 생각한다. 미사일방어(MD)계획도 그렇다. MD는 미 본토 방위의 핵심내용이다.

● 박수길: MD의 경우 소규모 테러리스트들이 미국을 공격할 수 있다는 사실이 입증된 만큼 필요없다는 분석이 있는가 하면 오히려 필요성이 증대됐다는 견해도 있다.

○ 에드윈 퓰너: 9·11테러는 우리가 새로운 형태의 전쟁에 직면해 있다는 점을 상기시켰다. 핵과 생화학무기의 위험성은 우리가 생각했던 것보다 더 커졌다. (생화학무기의) 운반은 작은 손가방만으로도 가능하다. MD시스템은 큰 도움이 안 될 수도 있다. 그러나 불량국가나 불량그룹들로부터 미사일이 날아올 가능성은 여전하다.

● 박수길: 한반도 상황으로 넘어가 보자. 북한이 反테러리즘 견해를 밝힌 것은 흥미롭다.

○ 에드윈 퓰너: (북·미 간에) 협상이 아니라 최소한의 대화라도 … (있다

면) 좋은 일이다. 북한이 (테러 비난) 성명을 발표한 것을 보고 반가웠다. 북한의 의도가 사실인지 아닌지는 시간이 말해줄 것이다.

- **박수길:** 그럼에도 북·미대화의 난관은 여전히 남아 있다. 미 행정부가 북한의 핵무기 및 미사일 능력 검증에 더욱 관심을 기울이고 있기 때문이다.
○ **에드윈 퓰너:** 북한의 태도를 미국은 주의 깊게 보고 있다. 군사분계선 이남에선 (경의선) 철도건설이 완료됐지만, 북한 쪽은 아니다. 이산가족 상봉합의는 좋은 일이다. 그러나 어째서 협상이 그리 오래 걸리고, 왜 그리 작은 규모인지 유감이다. 현재 북한은 아시아에서 미국의 원조를 가장 많이 받는 나라다. 작년에 3억 5천4백만 달러가 식량원조로 제공됐다. (전력지원 문제는) 전략적·군사적으로 중요한 의미를 띠므로 미국이 신중한 자세를 보이고 있는 것도 사실이다.

▌ 김(金) 위원장 답방 약속 지켜야

- **박수길:** 김정일 북한 국방위원장은 서울 답방에 대해 아직 서울을 방문할 상황이 아니라고 말하고 있다.
○ **에드윈 퓰너:** 김 위원장의 중국 상하이(上海) 방문 때 중국 관계자들은 김 위원장이 어느 날 갑자기 모든 일정을 취소하는가 하면, 장쩌민(江澤民) 중국 국가주석을 2시간 가까이 기다리게 해 당혹감을 느꼈다고 털어놓았다. 이는 한 국가를 다스리는 신중한 자세가 아니라고 본다. 약속했으면 책임을 져야 한다. 김 위원장은 하

루빨리 서울을 방문해야 한다.

● **박수길:** 테러사태 후 일본의 행보가 관심을 끈다. 자위대파병 등 군
   사적 역할을 증대하고 있는 것에 대해 한국 등은 우려의 시선을
   보내고 있다.

○ **에드윈 퓰너:** (교과서 문제나 신사참배 등을 보면 일본이) 얼마나 어리석
   은 결정을 하고 있는지 모르겠다. 완전히 잘못된 결정들이었다.
   누군가가 그들에게 올바르게 행동하는 방법을 가르쳐야 한다.

_『경향신문』, 2001.10.12

21세기 국제질서 변화와 유엔의 역할

안보정치, 경제, 사회문화 등 모든 분야에서 국제협력을 증진시키는 역할을 하는 국제연합은 전쟁을 방지하고 평화를 유지하는 데 큰 성과를 남겼습니다. 초기 국제연합은 미국, 소련 등 강대국들 의사를 관철하기 위한 기구로 이용되었지만 탈냉전기 걸프전에서는 국제적인 단합을 과시한 적이 있었습니다. 요즘은 보다 적극적인 UN의 역할이 기대되고 있는데요, 우리나라도 UN에 가입한 지 올해로 11년이 되었습니다.

세계화 시대에 국가 간의 협력이 긴밀해지고 있는 이 시점에서 UN의 역할은 더욱 중요해지고 있습니다. 오늘 이 시간에는 전 UN대사이시면서, 현재 경희대 평화복지대학원장과 UN인권소위원회 위원으로 활동하고 계시는 박수길 원장님을 모시고 21세기 UN의 역할은 무엇이고 유엔서의 한국의 위상을 점검해보는 시간을 가져보기로 하겠습니다.

Q 세계화 시대에 UN의 역할은 무엇이며, UN대사의 역할은 무엇인지 소개해 주시겠습니까?

A 『뉴욕타임스』의 토마스 프리드먼(Thomas Friedman)은 세계화란 단어에 체제(system)을 붙여서 '세계화 체제'라는 표현을 쓰고 있

습니다. 냉전체제 다음으로 따라오는 시스템이 바로 '세계화 체제'임을 자신의 저서 '렉서스와 올리브 나무'라는 책에서 말하고 있어요. 세계화는 잘 아시다시피 정보, 통신기술의 발전, 상품, 서비스, 자본이 국경에 구애받지 않고 움직이는 상황을 통하여 우리의 세계가 아주 조그마한 마을처럼 축소되었다는 이야기입니다. 말하자면 '1차 세계화' 즉, 19세기 중엽부터 1차 대전 전까지 있었던 세계화를 거쳐 1989년 냉전체제 붕괴로 시작된 2차 세계화까지 약 12년간을 '2차 세계화'라고 하는데, 요즘 흔히 말하는 세계화란 바로 냉전 시대 이후의 '2차 세계화'를 말합니다. 재미있는 것은 1996~7년 국가적으로 재정 위기가 왔을 때 월스트리트의 한 광고를 보면 '이제 세계화의 연령은 열 살이다'라는 간판이 있습니다. 냉전체제가 무너지고 세계화가 시작된 지 십 년이 넘었다는 말이죠.

세계화의 여파는 각국이 글로벌 이슈로부터 자유롭지 못하다는 겁니다. 예를 들면, 작년에 9·11사태도 그런 경우가 되었는데, 테러리즘도 세계적으로 파급 영향을 갖고 세계적인 네트워크에 기초해서 발생한 것이지요. 그리고 AIDS다, HIV다 이런 것도 세계적으로 퍼져나가고 있고, 범죄도 국제화되고 있으므로 아무리 강한 국가라도 혼자 힘으로 이런 문제를 해결할 수 없다는 뜻입니다.

이런 현상이 21세기 있어서 UN의 새로운 과제이며 도전이라고 말할 수 있습니다. 그래서 21세기는 그야말로 UN의 기능이 확대되고, 범세계적인 문제에 대해서는 세계적 차원의 대처가 필요한데, 그 중심적 역할을 할 수 있는 것은 UN뿐이 아니냐는 시각이 많아지고 있습니다. 저는 21세기에 있어서 국제평화 유지뿐 아니라 민주주의의 확산, 복지향상 및 인권의 세계적 보급과 감시, 이런 일들을 국제연합이 중심이 되어 처리해야 한다고 생각합니다. 이런 면에서 저는 UN대사직을 했다는 것을 긍지로 여김과 동시에 급격하게 변화하고 있는 세계를 보다 깊게 이해할 수 있는 좋은 기회였다고 생각하고 있습니다.

사실 UN대사직은 특별한 의미를 가지고 있습니다. 대사들은 일반적으로 한 나라만을 상대로 합니다. 워싱턴 주재 한국 대사는 미국만을 상대하듯이 … 그런데 UN대사는 유엔에 파견되어 있는 전 나라를 상대로 하거든요. 이번에 스위스 가입으로 이제 전 유엔회원국이 190개 국가로 늘어났습니다. 세계 모든 나라가 다 들어온 결과가 되었는데, 190개 나라의 대사들을 상대로 경우에 따라서는 쌍무적인 이야기도 하지만, 보통의 경우는 글로벌 이슈, 세계화의 결과로 나타나는 모든 글로벌 이슈들을 토의하고 공통의 입장을 마련하여 결의안 형식으로 결정을 내리지요. 그래서 유엔에서 일하는 사람들은 인류의 공동복지를 위해 무엇을 해야 한다는 자긍심을 갖고 있다고 말씀드릴 수 있겠습니다.

Q 이야기를 들어보니까 UN대사직에 대해서 굉장한 자긍심을 갖고 있다고 이야기 해 주셨는데, 또 현재 말씀을 들으면서 생각나는 것은 UN대사로 재직하실 때가 IMF 때가 아니겠습니까? 그만큼 어려운 일도 많았을 것 같고요. 또 거기에 보람을 느낀 일도 많으셨을 텐데, 에피소드 좀 소개해 주시겠습니까?

A 97년 IMF 재정 위기가 왔을 때 마침 우리 공관 건물이 건축되고 있었습니다. 공관이 11층짜리 건물인데, 세계적으로 유명한 미국의 건축가인 아이엠페가 디자인을 했지요. 이때 한국 경제의 위

기를 빗대어 '한국 경제 발전은 허상이다' '건물 공사도 모두 빌린 돈으로 했다'는 소문이 퍼졌는데, 동료 대사들에게는 "박 대사, 저 건물이 예정대로 올라가겠느냐?" 이런 질문도 받았던 기억이 납니다. 특히 나중에 브라질 외무장관을 지낸 사람이 "한국이 OECD 선진국 그룹의 멤버가 되고 난 후에 얼마 되지 않아서 재정 위기가 닥쳤다"면서 "사실 브라질도 한국의 예를 따라 OECD 선진국 모임에 가입하려 했는데, 브라질은 가입을 재고하기로 했다"라고 농담 반 진담 반 말했습니다. 참 특별히 악의 없는 대화였지만 당시에 충격을 받은 기억이 납니다.

그리고 그때만 하더라도 우리나라 재무장관이나 대통령이 여러 번 우리 경제의 펀더멘탈(fundamental)은 아주 튼튼하다고 주장해 왔는데 IMF사태가 터지고 나니까 그 충격이 참으로 컸다고 말씀드릴 수 있습니다. 그래서 그 후에 IMF에서 구제금융을 지원받고, 2~3년 만에 극복의 계기를 마련하지 않았습니까? 어떤 의미에서는 그러한 재정위기를 겪었던 것이 한국의 경제를 더 튼튼하게 했다고 말할 수 있죠.

그러나 당시 IMF사태는 UN 차원에서도 나와 한국의 자존심을 크게 상하게 한 것이 사실이고 그야말로 '이건 정말 심각한 사태다' 이렇게 생각을 했죠. 그런데 이 경제 위기가 한국에만 국한된 것이 아니고, 도미노처럼 터키에서부터 한국, 인도네시아, 러시아, 브라질로 옮겨가며 세계적인 위기로 치닫는 상황이었습니다. 하지만 한국 국민들이 이 위기를 슬기롭게 극복을 했지요. 그 어려운 상황 속에서도 '금 모으기 운동'을 통하여 위기를 극복하려 노력할 때 국제사회에 굉장한 감동을 주었습니다.

이러한 배경에서 독일, 일본, 미국, 세계은행 등이 한국의 위기상황을 될 수 있는 대로 빨리 또 많이 도와주었고 상황은 상당히 좋아져 다시 1인당 GDP 일만 달러 시대로 돌아갔고, 유엔에서도 한국의 기여도가 높아졌다 하겠습니다. 아시다시피 지난 56차 유엔총회는 우리나라 한승수 씨가 총회 의장까지 했으니깐요.

Q 지금 말씀하셨습니다만, 저희가 유엔에 가입한 지 12년이 지나다 보니 과거 한국의 위상과 비교해 볼 때, 위상에 많은 변화를 가져왔고 IMF 위기를 극복하면서 자긍심도 가지게 되고 그만큼 기여도 많아졌다 이런 지적을 해주셨습니다. 다만 또 UN 그 자체로서는 한계성이 있지 않나 하는 생각을 하게 됩니다. 예를 들면 UN이 한국의 부흥이라든가 개발 원조를 하는 것에서는 긍정적인 측면이 있지만 또 내란에 관여한 것에는 논란이 있지 않습니까? 그런 의미에서 UN의 한계성을 어떻게 평가할 수 있겠습니까?

A UN은 첫째로 '보편적인 참가'의 원칙에 입각해 있다고 합니다. 그러기 때문에 '세계에 있는 모든 나라가 회원국이 될 수 있는 보편적인 기구다'라고 말합니다. 그리고 둘째로는 UN은 정통성을 가진 기구입니다. 왜냐하면 모든 주권국가들이 자진해서 들어왔기 때문이죠. 인류의 평화 유지라든가 세계의 공동 번영을 위한 공통적인 노력을 하기에 정통성이 있다는 것이죠. 셋째로는 UN이 처리하는 문제들이 범세계적 문제들, 테러리즘, 인권, 빈곤, 개발, 핵무기비확산 등이 전 세계 인류의 현재와 미래 세대에게까지도 영향을 주는 이슈들이니까 유엔은 합목적성을 가지고 있다고 봅니다. 즉, 정리해서 말하면 UN의 보편성, 정통성 그리고 합목적성이지요.

다만 이제 190개 주권국가들이 모여 있으니까 사실 UN이 할 수 있는 힘의 한계라는 것은 190개 국가가 원하는 그 이상도 이하도 아닙니다. 다시 말해 주권 국가들이 전부 합의를 해주어 공동의 목적을 달성할 수 있는 것이지요. 하지만 아시다시피 10만 이하의 인구를 갖고 있는 미니 국가부터 중국 같은 12억의 인구를 갖고 있는 미니 대국, 군사적, 문화, 경제적으로 초강국이 되어 있는 미국 같은 나라가 있는데, 그 나라들이 1개국 1투표라는 주권 평등의 원칙 밑에서 의견 통일을 해서 UN의 목적을 합의해서 추구하면 좋은데 사실 UN 내에서는 권력정치의 현실이 있는 겁니다. 대표적인 예를 말씀드리면 안전보장이사회가 가장 핵심적인 기구거든요. 국제평화와 안전을 위한 주된 기관으로 되어 있는데, 거기에서 아시다시피 다섯 나라가 거부권을 가지고 있습니다. 미국, 영국, 중국, 프랑스, 러시아 이 나라들이 자기 국가 이익에 반한다 생각하면 거부권을 행사하는 것입니다. 냉전체제가 무너지기 전에는 소련이 거부권을 너무 많이 행사해서 안보리가 마비가 되었죠. 그래서 이제까지 '유엔이 너무 제한된 활동밖에 하지 못했다', '유엔 기능은 마비가 됐다' 이런 이야기가 나왔던 것인데 막상 냉전체제가 무너지게 되어 UN의 르네상스 시대가 온 겁니다. 하지만 역시 10억 년이 지나고 나니까 전통적인 이슈들 즉, 국가 이익에 충돌하는 문제들이 다시 나타나서, 안보리가 제 기능을 다할 수 있을지에 대하여 의견이 분분합니다.

예를 들면 환경문제, 빈곤문제에 대한 선진국과 개도국의 대립, 영국, 불란서, 러시아와 미국, 중국 간에 안보문제에 대한 의견대립이 재부상을 하기 시작하니까, '과연 UN은 어디로 가고 있느냐' 하는 자성적인 질문이 생겨났습니다. 이러한 점에서 유엔개혁이 큰 의제로 등장하고 있습니다. UN은 그 고상한 목적과 상호협력을 하려는 주권 국가들의 뜻에도 불구하고, 현실주의적 입장에서 국가 이익을 추구하는 강대국들의 이해관계로 말미암아 상당한 정도의 한계가 있습니다. 이런 이유 때문에 안보, 평화 관련 활동에 대해 한계가 있는 것입니다. 1994년 르완다 내란 때, 50만 명이 종족 분쟁으로 살해되었거든요. 그런데 UN이 과감하게 개입을 못한 것입니다. 그것은 보스니아 사태도 마찬가지이고, 이런 문제들을 UN에서 어떻게 효과적으로 대처해 나갈 것이냐 하는 것이 우리가 직면하는 도전적 과제입니다.

Q 이야기를 쭉 듣고 있으니 UN의 역할이나 한계에 대해서 아주 소상하게 설명을 해주셨습니다. 그런 의미에서 보면 후학을 가르치시면서, 또한 유엔체제학회 회장을 맡고 계시면서 유엔의 역할에 대해 체계적인 학문적 성과를 위해 노력하고 계신 것으로 알고 있습니다. 유엔인권소위원회 위원으로도 활동하고 계신데요, 이기회를 통해 인권소위원회가 어떤 일을 하는 곳인지, 또 어떤 역할을 맡고 계신지 들어볼 수 있을까요?

A 지금은 인권관념이 확립되어 누구도 '인권은 지고한 보편적 가치이다'라는 사실에 대해 도전하는 국가는 거의 없습니다. 중국도 이것을 받아들이고 있고요. 중국 스스로도 인권 문제에 대해 이야기를 합니다. 재미있는 것은 내가 중국 인권 연구기관 세미나에 초청을 받았을 때였는데, 무척 놀랐습니다. 중국도 달라지려고 노력하는구나 하는 느낌이 들었죠. 인권이 대사의 임무 중에 중요한 비중을 차지합니다. 대사로 재직 시에 우루과이라운드 무역 협상이 진행되어 그게 가장 많은 관심을 받았는데, 저는 평소 인권에 관심이 많아 인권에 관련된 회의에는 꼭 참석했습니다.

그런 인연도 있고 하니까 외교부 후배나 관계자들이 그런 활동을 하면 좋지 않겠느냐 해서 저를 인권소위원회 후보로 추천해주어 결국은 26명 의원 중 한 사람으로 인권위선거에서 당선이 되었습니다.

유엔헌장전문은 처음에 'UN은 세계의 다음 세대를 전쟁의 참화로부터 구제하기 위하여 다음과 같이 결심한다'고 전제하고 '우리 UN 회원국 국민들의 인권에 대한 기본적인 신념을 재확인하고 사람의 존엄성과 가치를 존중한다'는 구절이 나옵니다. 그만큼 유엔은 인권에 대해 중요한 가치를 두고 있습니다. 인권 관련 실천기구로 제일 중요한 것이 제네바에 있는 유엔인권위원회입니다. 그 다음으로 '인권보호증진을 위한 유엔인권소위원회'가 있습니다. 소위원회는 정부 파견 자격이 아닌 개인 자격으로 위원에 선출됩니다. 그러기 때문에 소신을 갖고 과감한 발언과 제의를 할 수 있죠. 그래서 많은 위원들은 취약계층의 사람들, 예를 들어 캐나다의 에스키모, 한때는 광활한 미대륙의 주인이었는데 시대의 흐름에 따라 소수민으로 전락하여 인권보호조차 받지 못하는 계층이 되었지요. 미국의 경우에도 인디언 원주민의 인권 문제가 있습니다. 그런데 이 사람들이 전부 소외계층이 되어버려서 인간다운 대우를 못 받고 있는 겁니다. 이런 취약계층에 대해 인간으로서의 대우를 해주어야 함을 논의하고 그들의 인권을 보호, 신장하는 것이 인권소위원들의 직무이기도 합니다.

구체적인 예를 들면 중부 구라파 지역의 집시인종이 500만 명가량으로 추산되고 있어요. 우리는 집시를 낭만적으로 생각하지만 실제로 집시는 나치 밑에서 학살되고 인권이 박탈되어 많이 죽었습니다. 이들은 그들이 살고 있는 중부 유럽에서도 아이들이 6세가 되면 학교에 보내야 되는데 정신장애 학교에 보내지는 차별 대우를 받고 있습니다. 그리고 이들은 정착을 못하는 유목민이 되었지요. 이런 문제들을 인권위원회에서 전문적으로 연구하여 그들의 인권보호와 신장을 위한 조치를 상위기관인 인권위원회에 보고하지요. 그래서 '정상적인 교육을 시켜라', '평등한 기회를 줘라', '인간으로서 가치로 대우해줘라' 이런 것을 구체적으로 결의해서 인권위원회, 소위원회를 거쳐 유엔총회에서도 다뤄지게 되는 겁니다.

Q 네, 잘 알겠습니다. 그런데 박 대사님께서는 탈북자 문제에도 많은 관심을 가지고 계신 것으로 알고 있는데요, 최근에는 탈북자의 수가 크게 늘어나고 있는데 이를 중국이나 북한의 시각으로 봤을 때 원만하게 해결하기 쉽지 않을 것 같습니다. 이를 원만하게 해결하기 위해서 꼭 인권소위원회에서 다뤄줄 수밖에 없었는가에 대해 의문을 제기될 수 있습니다. 이에 대한 이야기를 들어볼 수 있을까요?

A 아주 중요한 문제를 지적해 주셨는데, 사실 탈북자 문제를 본격적으로 제기한 작년 53차 회의에 처음으로 제가 제기를 했고 금년(2002년)에 계속된 셈입니다. 결의안은 미국위원, 영국위원 등 인권 문제에 대해서 각별한 관심과 인권옹호자로서 소문난 사람들과 협의를 거쳐 만들었는데 제가 그런 결의안을 주도한 이유는 간단합니다.

지금 전 세계적으로 내란, 전쟁, 정치적 탄압 등의 이유로 자국을 자기의사에 반하여 떠남으로써 피난민 신분에 속하게 된 사람이 약 2,200만입니다. 이 난민들은 전부 유엔의 보호하에 있습니다.

유엔은 난민 보호를 위한 난민고등판무관실과 인권보호를 전담하는 인권고등판무관실(UNHCHR)기구가 있음에도 불구하고 북한을 탈출, 현재 중국에 은거하는 난민 수는 10만~30만으로 추산되고 있고 그들은 유엔인권기구로부터 효과적인 보호를 받고 있지 못하고 있습니다.

물론 우리 정부와 NGO, 종교단체 등이 이들을 보호하기 위해 노력하고 있지만 큰 효과를 거두지 못하고 있습니다. 그래서 제가 인권소위의 위원으로 당선된 2000년도부터 제네바에서 활동하고 있는 인권단체, 또 우리나라의 인권 NGO와의 협의하에 북한 난민 보호 결의를 제출하고 그것이 채택된 것입니다.

Q 제가 기억하기로는 인권 문제와 관련하여서는 한국의 종군위안부 문제를 빼놓을 수 없는데 1992년에 이 문제가 제기된 것으로 알고 있습니다. 이번 54차 회의에서도 관련된 재밌는 후일담도 있다고 들었는데요, 예를 들면 이 문제에 대해 일본의 전문위원이 일본 정부의 입장을 대변하자 북한 대표들이 신랄하게 공격했다는 후일담이 있는데요. 이 종군위안부에 대한 입장과 이 문제를 우리가 인권과 관련해 어떻게 풀어 나가야 할 지도 여쭤어보고 싶습니다.

A 종군위안부 문제는 90년데 후반에 인권소위원회에서 제기된 이후에 각 전문가들이 많은 의견을 내놓았습니다. 적어도 전시에 발생한 '성노예'는 전시범죄임과 동시에 인도에 반하는 범죄라는 내용의 보고서가 인권소위원회에서 채택되었습니다. 작년에 제가 본격적으로 성노예문제도 난민문제와 함께 제기했는데, 일본 위원이 일본의 관심 있는 사람들이 아시아기금을 마련하여 종군

위안부 배상 문제를 해결해가고 있다고 이야기했어요. 그의 발언은 회의장에서 상당히 심각한 논쟁으로 이어졌어요. 제가 그때 한 이야기는 제가 시골 벽촌에서 자랐는데 11살 난 옆집 소녀가 일본 헌병에 의하여 강제적으로 끌려가는 것을 보았다고 전제하고 일본인이 알아야 할 것은 이 문제가 돈으로 해결할 문제가 아니고 일본 정부와 일본인의 마음으로부터의 참회의 문제라고 강조했습니다.

결국 일본 위원은 공개석상에서 사과를 했습니다. 그동안에 한일 양국이 월드컵을 공동주최함으로써 양국 관계가 좋아졌기 때문에 저도 그 문제를 제기하지 않으려고 했습니다. 그러나 일본의 신사참배 문제 등 일본의 그릇된 역사인식이 성노예문제를 돈으로 해결할 수 있는 것처럼 말한 일본위원을 공개적으로 규탄하지 않을 수 없었지요. 그 회의에 참가하고 있던 북한 외교관도 발언권을 얻어 일본위원을 신랄하게 비판하게 되자 장내가 반일본 무드로 변하더군요.

재밌는 것은 북한 측이 난민 문제에 대해서는 우리 측 의견에 동의하지 않으면서도, '성노예' 문제에 대해서는 동의를 하잖아요? 역시 동족문제는 남북 간 항상 같이 갈 수 있겠구나 이런 생각이 들었습니다.

Q 얼마 전에 9·11테러사태 1주년을 맞아서 우리 한국 국민도 애도의 물결 속에 느끼는 것이 많았을 것 같습니다. 유엔안보리 의장을 지내셨기에 이라크사태에 대해 어떤 견해를 가지고 있을지 궁금한데요, 어떻습니까? 부시 대통령이 유엔 연설을 통해 유엔 결의를 이끌어 내려는 노력을 하고 있는데, 부시 대통령이 결의를

이끌어 낼 수 있을지, 만약 결의를 이끌어 내지 못한다면 미국이 단독행동을 할 수 있을지에 대해 초점이 모아지고 있는데, 여기에 대해 어떤 의견을 갖고 계신지요.

A 현재 가장 큰 관심이 모아지고 있는 이슈에 대해 물어보셨는데요, 부시 대통령이 유엔 연설에서 '이라크가 유엔사찰단을 다시 받아들이지 않는다면, 그리고 계속해서 이라크가 대량살상무기를 보유·개발하고 국제평화를 위협한다면 이제는 절대로 참지 않겠다'라는 요지의 발언을 했습니다. 유엔안보리가 합의에 도달하지 않더라도 그대로 있지는 않겠다는 말이지요. 그런데 미국의 대 유엔정책의 방향은 솔직히 말씀드려 일방적인 경향의 정책이었습니다. 초강국으로서 국익을 위해 일방적인 행동경향을 보이면서도 테러사건 이후로는 다자주의적인 태도를 보이며 중국, 러시아와 함께 협력하면서 테러와의 전쟁의지를 보이는 것은 좋은 일입니다.

그러나 역시 군사적인 면에서는 단일주의적인 모습을 많이 보여왔고, 유럽과도 견해 차이를 많이 나타내고 있습니다. 이번에 부시 대통령이 유엔에 와서 '유엔안보리를 통해 결의안을 통과시킨 후에 행동하겠다'라고 말하여 세계적으로 크게 환영받았습니다. 왜냐하면 일방적으로 이라크를 공격할 것이라 생각했는데 태도가 상당히 달라져서입니다. 국제연합 헌장하에서 전쟁을 승인할 권리는 안보리만 가지고 있습니다. 흔히 유엔에 대한 미국의 외교정책을 다자주의도 아니고 일방주의도 아닌 취사선택을 하는 소위 편의적 다자주의(A La Carte Multilateralism)라고 하는데 무슈 대통령이 유엔연설에서 안보리에서 승인을 받겠다는 의향을 표시해서 크게 환영을 받았습니다.

그런데 문제는 안보리에서 상임이사국 간에 합의가 되지 않을 경우입니다. 다행히 지금까지는 유엔에서 합의가 잘 되어가고 있습니다. 그저께 파월 장관이 5개 상임이사국과 협의를 했는데 이라크에 대해 유엔사찰단파견을 수락하는 결의안을 내되, 이라크가 이 결의를 거절할 경우 어느 유엔 회원국도 필요한 조치, 전쟁까지도 할 수 있도록 하는 결의안을 논의했다고 합니다. 사찰단을 수용하라는 대이라크 결의안은 금주, 내주 안으로 안보리에서 통과될 가능성이 있는 것으로 알려지고 있습니다.

이라크가 만약 안보리 결의를 거절하면 미국이 무력공격을 할 것이라고 보아야 합니다. 이라크 대표는 제가 안보리의장을 할 때 자주 만나서 잘 압니다. 아주 영리한 사람이지요. 제가 보기에는 그가 후세인 대통령을 설득해서 물러서게 할 것 같아요. 그러나 후세인 대통령이 거부할 가능성도 충분히 있습니다.

안보리에서는 중국의 태도가 다소 애매하지만 이라크가 물러나지 않을 경우 결국은 중국도 찬성, 무력 사용을 승인할 가능성도 있다고 봅니다. 그런데 지금 이라크의 입장은 이라크에 대한 모든 유엔제제를 해제하는 조건으로만 물러난다는 입장 같지만 미국은 이것을 수용할 수 없을 것입니다.

Q 그렇게 되면 한국으로서도 전투력 지원 등 많은 후속조치로서의 요구가 있을 텐데요. 이 기회를 통해 21세기 UN의 역할이 더욱 부각되는 시점에서 우리 정부나 민간인들에게 하고 싶은 말씀이 있으신지요?

A 제가 유엔체제학회에 대해서 언급했는데, 체제학회가 주최한 세미나 결과를 종합하여 UN에 대한 700페이지가량의 책을 출간한

바 있습니다. 제가 1998년 뉴욕을 떠나 한국에 온 후 학단에 서면서 학생들에게 강조해온 것은 우리국민도 21세기의 세계화 시대를 맞이하여 민간차원에서 UN의 목적과 이상을 실현하는 데 협력해야 한다는 점입니다.

우리나라는 경제적으로 세계 10위 내외의 국가입니다. 우리는 경제력에 부응하는 응분의 기여를 해야 하는데, 우리가 1년간 내는 유엔 기여금은 5천만 불 정도입니다. 이것은 OECD 국가 중 비율적으로 제일 꼴찌입니다. 제가 유엔에서 크게 부끄럽게 느꼈던 점은 한국이 내는 난민기여금은 1년에 백만 불도 안 됩니다. 5천만 불 중에 2,400불은 정규예산이지요. 나머지는 평화유지군 비용으로 들어갑니다. 그래서 자발적인 기금은 얼마 안 됩니다. 그렇게 많은 글로벌 이슈가 유엔에서 처리되고 있는데, 이러한 기여로서는 우리의 의무를 했다고 할 수 없지요. 외교부는 국회, 재경부를 설득하여 한국의 유엔기여 문제에 대한 인식을 새롭게 하도록 하여 그들의 적극적 협조를 얻어야 합니다. 우리는 이제 선진국입니다. 보다 넓은 안목으로 유엔을 적극 도와주어야 합니다. 우리는 UN과의 관계를 보다 강화해야 합니다. 유엔은 세계의 안보와 인류의 번영에 중추적 역할을 해야 합니다. UN은 국제평화 안전 그리고 지구적 번영을 추구하는 책임을 지고 있는 보편적 국제기구입니다. 유엔 무대는 증진국인 우리나라 외교관에게도 무한대의 가능성과 도전이 되고 있습니다.

우리나라가 UN에 가입한 지 11년이 되었는데, 11년 동안 우리의 활동범위가 굉장히 넓어졌습니다. 외교의 목적은 국가의 안보를 증진하고 경제적 번영을 추구하는 데 기본 목적이 있습니다. 우리는 세계에서 가장 보편적이고 정통성 있는 유엔이 21세기의 여

러 가지 도전에 보다 효과적으로 대응할 수 있도록 성숙한 국제
사회의 일원으로서의 책무를 다해야 할 것입니다.

_KTV, 2002.9.18(사회: 안인해 교수)

격랑 속의 한반도와 동북아시아,
그리고 유엔

　지정학적으로 그리고 역사적으로 한반도는 불안정과 불확실함이 함께한 그야말로 격랑 속의 운명이었다. 그러나 세계 속의 대한민국은 한강의 기적으로 알려진 경제발전과 민주화를 성취한 후 선진국 대열의 문턱에 서 있다. 1950년 1인당 국민총생산(GDP)이 70불도 안 되던 세계에서 가장 못사는 나라 중에 하나였던 나라에서 지난 60여 년 동안 800배의 경제성장을 이루어낸 세계 유일의 나라가 되었다. 경제협력개발기구(OECD) 가입, 20개국 정상회의(G20) 주최국, 나아가 반기문 유엔사무총장을 배출하고 세계은행 김용 총재 역시 다섯 살 때 미국으로 이민간 Korean-American이다. 삼성, LG, 현대는 이제 지구촌 구석구석에서 쉽게 발견할 수 있게 되었다. 이제는 우리가 미국과 동맹관계를, 중국과는 「전략적 협력동반자」 관계를 바탕으로 두 강대국 사이의 갈등을 완화하고 조정하는 역할까지 기대하게 되었다.

이러한 역할과 함께 한국이 중국과 협력적동반자관계를 어떻게 발전시켜 나갈 것이냐 하는 것에 한반도의 평화와 통일 그리고 동북아의 미래가 달려 있다고 해도 과언이 아니다. 더불어 북핵문제 해결을 위해서도 양국의 긴밀한 협력관계가 중요한 지렛대가 될 것이다. 박근혜 대통령과 시진핑 주석은 작년 초 취임 이래 벌써 4회의 정상회담을 가졌다는 것은 한중관계가 경열정열(經熱政熱)로 더욱 뜨거워지고 있다는 큰 의미를 갖는다.

나는 공직 생활을 시작한 1960년대 초반부터 1998년 공직을 떠나 세계 시민사회에 적극적으로 참여하고 있는 지금까지 많은 사건을 통해 많은 사람들을 만났다. 내 앞에 여러 갈래의 많은 길 중에 나는 외교관의 길을 선택했다. 대한민국 국민으로서 또한 세계시민으로 거시적인 평화의 신념도 함께하겠다는 선택이었다. 2012년 11월 브라질 리우데자네이루에서 열린 유엔협회세계연맹(WFUNA) 40차 총회 결정에 따라 회장직을 맡은 것도 이러한 맥락에서였다. 유엔협회세계연맹의 주된 사명은 120여 유엔회원국에 설립된 각국 유엔협회들이 결집된 힘을 통하여 유엔을 보다 강력하고 효율적인 기구로 만드는 데 있기 때문이다. 유엔회원국들은 그 전문에서 인류를 전쟁의 참화에서 구제하고 인간의 가치와 존엄, 기본적인 인권에 대한 신념을 재확인하고 보다 넓은 자유 속에서 사회적 발전과 보다 높은 생활수준을 향유하기 위하여 유엔을 설립한다고 선언하고 있다. 국제평화와 인권의 보호증진 그리고 지속적 개발의 3대 사명을 수행하고 있는 유엔기구의 사무총장이 한국인 반기문 씨라는 사실에 우리는 무한한 긍지와 자부심을 갖게 된다.

"한국의 UN통"
박수길 대사

지은이 **박수길** 대사는

각계에서 '한국의 UN통'으로 불리는 외교관 경력 36년의 전직 주유엔대사로 고려대와 미 컬럼비아대에서 수학했다. 1961년 제13회 외무고시 합격과 동시에 외무부에 입부한 이후, 외무부 조약국장 및 정무차관보, 주 모로코 대사, 주 캐나다 대사, 주 제네바 대사 등을 거쳐 외교안보연구원장을 역임했으며, KAL기 폭파사건, 김만철 일가족 탈북사건 등 대한민국의 중요한 외교이슈와 우루과이라운드 협상 등 국제사회의 핵심 다자외교문제들을 두루 다루었다. 1996~1997년 2년간 유엔안전보장이사회 한국수석대표 및 의장(1996년 5월), 2000~2003년 유엔인권소위원회 위원, 2005~2008년 인도적 지원을 위한 유엔중앙긴급대응기금(UN Central Emergency Response Fund)의 유엔사무총장 자문위원으로 활동하였다. 또한 박수길 대사는 2009년 8월 서울에서 개최된 제39차 유엔협회세계연맹(World Federation of UN Associations) 총회에서 만장일치로 회장에 선출되었고, 2012년 11월 40차 브라질 리우(Rio)에서 개최된 총회에서 전원 합의로 재선임되었다. 현재 유엔협회세계연맹 회장 및 국가인권위원회 정책자문위원장, 서울평화상 심사위원으로 재직 중이며, 고려대 국제대학원 석좌교수로서 풍부한 실무경험을 바탕으로 미래의 글로벌 지도자들을 키워내는 노력을 계속하고 있다. "순간을 잃는 자는 영원을 잃는다"라는 좌우명을 가지고 있다.

유엔외교 최전선에서

박수길 대사, 외교관 36년의 기록

인 쇄: 2014년 8월 25일
발 행: 2014년 8월 29일

지은이: 박수길
발행인: 부성옥

발행처: 도서출판 오름
등록번호: 제2-1548호 (1993. 5. 11)
주 소: 서울특별시 서초구 남부순환로 337가길 70 301호
         (서초동 1420-6)
전 화: (02) 585-9122, 9123 / 팩 스: (02) 584-7952
E-mail: oruem9123@naver.com
URL: http://www.oruem.co.kr

ISBN   978-89-7778-427-7   03300

* 잘못된 책은 교환해 드립니다.
* 값은 뒤표지에 있습니다.

이 도서의 국립중앙도서관 출판예정도서목록(CIP)은 서지정보유통지원시스템
홈페이지(http://seoji.nl.go.kr)와 국가자료공동목록시스템(http://www.nl.go.
kr/kolisnet)에서 이용하실 수 있습니다. (CIP제어번호: CIP2014023902)